SERVICE MANAGEMENT 4.0

서비스 경영 4.0

최정일 김연성 유한주 장정빈 황조혜

문우사
MoonWoo

서 문

서비스를 공부하는 재미를 만끽하라!

서비스 경영의 시대!

“시멘트를 생산하는 일은 제조업입니까? 서비스업입니까?”라는 질문에 학생들은 당황해하는 기색이 역력합니다. 문제가 너무 쉽고 질문 의도가 궁금해서일 겁니다. 물론 학생들은 제조업이라고 대답합니다.

세계 3대 시멘트 제조기업 중 하나인 멕시코의 세멕스(CEMEX)는 전통적으로 지인 간 “계”를 선호하는 고객 특성을 고려해서 매주 일정금액을 내는 클럽을 조직합니다. 곗돈을 탄 승자에게는 현금 대신 집을 증축하는 데 필요한 건자재를 받도록 하며 공사기간 동안 회사는 건설 관련 기술적 조언까지 해줍니다. 그러고는 시멘트를 배달함으로써 전체시장의 85%를 소매시장에서 창출하여 급성장의 발판을 마련하게 됩니다. 이는 세멕스가 산업을 보는 관점을 “기능적 제품”에서 “감성적인 서비스”로 전환한 덕택이었습니다.

현대와 같이 치열한 경쟁사회에서는 우수한 제품과 수준 높은 기술, 경쟁력 있는 가격은 말 그대로 모든 기업이 갖춰야 할 기본이 되어 버렸습니다. 이렇게 되자 이제 기업은 기본을 뛰어넘어 남과 다른 이러한 차별화된 경쟁력을 확보하는 전략으로 세멕스처럼 서비스 경영에서 그 해답을 찾고 있습니다. 물론 지금까지도 그래왔지만 향후에는 고객서비스가 더욱더 기업 성공의 결정적인 역할을 하게 될 것입니다. 이렇게 보면 기업의 경영자가 하는 일은 모두 고객서비스와 연결되어 있다고 해도 과언이 아닙니다. 바야흐로 서비스 경영의 시대가 된 것입니다.

고객은 이제 평범한 서비스는 기억하지 않습니다. 고객은 독특하거나 짜릿한 것만 오래오래 기억하며 그 기업의 평생고객이 됩니다. 우리는 기존의 고객만족경영에서 기업의 제품과 서비스가 소비자의 기대보다 높으면 만족, 기대보다 낮으면 불만족으로 결론지었습니다. 그러나 고객의 기억 속에 남아있는 만족도는 감성적 요소에 따라 얼마든지 달라질 수 있습니다. 야구에서 1회에 홈런으로 2점을 얻어 이겼을 때보다 9회 말에 터진 끝내기 홈런 한 방으로 2점을 얻어 승리했을 때의 그 짜릿한 느낌을 비교할 수 없는 것과 마찬가지입니다. 또한 고객은 제품의 성능이나 효용을 제시하는 것보다는 그 제품에서 느껴지는 경험이 함께 제시될 때 더 행복해합니다. 따라서 고객만족도 조사로도 밝혀내지 못한 고객의 숨겨진 심리와 감정까지 반영하여 이를 탁월한 고객경험으로 연결하는 방법이 중요해졌습니다. 이 책에서는 진화하고 있는 이러한 고객의 니즈(needs)와 트렌드(trend)를 고객이 '최고의 선물'이라고 느낄 수 있도록 하는 흥미 있는 방법들을 제시할 것입니다. 이것이 이 책의 제목을 〈서비스 경영 4.0〉으로 감히 붙인 이유이기도 합니다.

어느 기업이나 고객을 만족시킬 수 있는 방안을 모두 찾으라고 하면 100가지도 넘게 나올 것입니다. 하지만 기업이 가지고 있는 예산과 인력에는 한계가 있기 때문에 적은 비용으로 고객만족도를 극대화함으로써 재무성과를 향상시킬 수 있는 방안을 고심하고 있습니다. 몇 년 전, 미국 휴스턴 공항의 책임자들은 대기시간에 대한 승객들의 불만을 조사한 적이 있습니다. 상황을 파악해보니 승객들은 도착 게이트에서 수하물 찾는 곳까지 1분 동안 걸어가고, 거기서 7분을 기다려서 자신의 수하물을 찾았습니다. 이제 공항은 새로운 접근법으로 게이트를 터미널에서 멀리 위치하도록 하여 승객들이 수하물 찾는 곳까지 6분이나 걸어가게 하고 대기시간은 2분으로 단축시키자, 승객들의 불만은 거의 없어졌습니다.

우리 저자들은 서비스 경영을 기획하고 실행하며 평가하는 전 과정을 구분하여 생생한 현장사례를 통해 이론적인 개념을 설명하였습니다. 독자들은 이러한 사례와 기본적인 개념을 배우며 자사에 적용할 만한 아이디어를 찾아나가는 "서비스 경영"의 여행을 출발해 보시길 바랍니다.

이 책의 특징과 내용구성

이미 〈서비스 경영〉에 관한 이론서나 번역서가 꽤 등장했습니다만 이 책을 준비한 이유는 따로 있습니다. 우리 저자들은 서비스 경영에 관한 기본개념을 알기 쉽게 설명하고 기업 현장의 생생한 우수사례를 담아 서비스를 공부하는 학생은 물론 기업의 CS 추진담당자와 경영자들이 함께 보는 지침서가 필요하다고 생각했습니다. 이것이 이 책의 첫 번째 특징입니다.

〈서비스를 공부하는 재미〉에서 언급한 것처럼 최근 서비스의 트렌드 중 하나는 고객은 경험을 함께 구매하며, 이것이 제품과 서비스 자체보다 더 큰 부가가치를 만들어 낸다는 점입니다. 따라서 기존의 생산관리, 운영관리의 차원을 뛰어넘어 고객에게 최고의 경험을 선사하는 데 필요한 심리적 도구와 학습 개념을 모두 담아냄으로써 감히 〈서비스 경영 4.0〉으로 업그레이드시켰습니다. 이 점이 이 책의 제목을 선정한 또 다른 이유이자, 두 번째 특징입니다.

경영은 조직의 목적을 달성하기 위한 활동이나 과정을 말하는데 경영활동의 순환과정에서는 계획(Plan), 실행(Do), 평가(See)를 하는 PDS

사이클을 밟게 됩니다. 서비스 경영도 마찬가지입니다. 이 책은 이러한 경영의 순환 사이클에 맞추어 서비스 경영 전체를 모두 아우르는 욕심 대신 핵심내용만을 선정하여 서술하였습니다. 이것이 바로 이 책의 세 번째 특징입니다.

Part I에서는 서비스를 설계하고 교육하는 서비스 계획(Plan) 분야를 다루었습니다. 제조업에서 제품의 형태와 외양을 디자인하는 것을 제품 디자인이라고 하는 것처럼 무형적인 서비스도 체계적으로 계획하고 설계해야 합니다. 그리고 서비스 리더가 되기 위해서는 코칭 능력을 갖고 효과적으로 고객의 경험을 관리할 수 있어야 합니다.

Part II에서는 서비스 실행(Do) 부문으로 서비스 현장의 초점인 고객 접점(MOT)을 관리하는 서비스 인카운터와 물리적 환경인 서비스 스케이프를 다루었으며, 서비스의 수요관리를 통해 안정적이면서 표준화된 서비스 품질을 유지할 수 있습니다.

Part III에서는 서비스 평가(See) 부문으로 제품 품질과 마찬가지로 서비스 품질의 측정방법과 실패 발생 시 회복요령에 대해 다루었습니다. 보다 과학적인 서비스 품질의 측정으로 기존의 경험에서 우러나온 관리가 아닌 실증적인 서비스 운영관리가 필요하며, 서비스 실패에 따른 고객의 불만관리를 통해 부정적 구전 의도를 감소시키고 재방문 의도를 제고시킬 수 있습니다.

마지막으로 Part IV에서는 서비스 경영의 기반인 서비스 트렌드와 미래(Future)를 담았습니다. 제조기업들이 제품과 서비스의 통합을 통해 다양한 비즈니스 모델로 고객가치를 창출하고, 최근 사회적 관심이 높아지고 있는 공유가치창출(CSV)을 서비스 분야에서 어떻게 경쟁력 향상 모델로 연결시킬 수 있을지 제시하고 있습니다.

고객서비스의 중요성과 감사의 글

과거에는 기업의 목적을 주주의 이익을 극대화하는 것으로 전제하였습니다. 그러나 주주가치를 우선시하는 기업은 주주들에게도 아무런 이익을 주지 못했습니다. 주주가치를 극대화하기 위해서는 먼저 고객만족도를 높여야 합니다. 존슨앤존슨(Johnson & Johnson, J&J)와 프록터앤갬블(Procter & Gamble, P&G)처럼 주주가치가 아니라 고객가치를 최우선으로 삼은 기업들이 결과적으로 더 많은 수익을 자사 주주들에게 안겨줬습니다. 그래서 토론토 대학의 로저 마틴 교수가 현재 시기를 '고객 자본주의 시대'라고 얘기한 것은 정말 적절한 표현입니다. 오직 충성스러운 고객만이 기업의 수입과 이익의 원천입니다. 이 책이 고객에게 더 나은 서비스를 제공함으로써, 충성스러운 고객을 확보하고 그 결과 고객은 더 행복해지고 기업은 더 높은 수익을 창출하는 모두의 목적을 달성하는 데 보탬이 되기를 소망합니다.

우리 저자들은 본서를 집필함에 있어서 많은 노력을 기울였지만 아직도 더 고치고 다듬어야 할 여지가 있을 것으로 생각합니다. 앞으로 독자 여러분들의 건의나 제안을 반영하여 서비스 경영을 이해하는 데 더욱 적합한 서적이 될 수 있도록 계속 수정·보완할 것을 약속합니다. 끝으로 이 책을 멋진 책으로 세상에 나오게 해 준 문우사 식구들께도 깊은 감사를 드립니다.

2016년 7월

저자 일동

차 례

Part II 서비스 실행(Do)

Part III 서비스 평가(See)

Part I

서비스 계획(Plan)

Chapter 1

고객경험관리

제1절 고객경험관리의 정의와 등장배경

제2절 고객경험관리의 실행 프로세스

제3절 고객경험관리와 행동경제

도입사례

관객을 위한 쇼(show)다!

"아이들이 좋아해서 외국 만화영화를 보러 갔는데, 글쎄 화면에 한글자막이 나오지 뭡니까. 주로 아이들이 관객이니까 우리말 더빙이 된 필름을 틀어야 하잖아요. 영화관 측에서는 급히 상영을 중지하고 사과방송을 내보내고는 얼른 더빙으로 된 필름을 교체하겠다고 하더군요. 할 수 없이 잠시 기다리는데 영화관 직원이 객석을 돌아다니면서 다과를 대접하더군요. 그리고 아이를 동반한 고객께는 주인공 캐릭터가 새겨진 기념품을 하나씩 품에 안기는 겁니다. 그리고 영화가 끝나니까 '오늘 관객 여러분께 실수를 해서 죄송합니다. 다음에 다시 오셔서 제대로 된 서비스를 받아보세요'라고 다시 사과하면서 무료 초청권을 한 매씩 주더군요. 그날 영화를 본 관객들은 영화관 측 실수에 대해서 뭐라기는커녕 오히려 기념품과 무료 초청권을 받았다고 모두 흥겨워했지요."

나와 함께 세미나에 참석했던 동료 직원은 연방 감탄사를 내뱉었다.

"교수님, 실수를 훌륭한 서비스로 바꾼 아주 멋진 사례네요!"

그런데 동료 직원의 칭찬에 대한 내 대답은 이랬다.

"그건 영화관 측의 실수가 아니라 관객을 위한 쇼(show)다! 고객들에게 잊어버리지 않을 만한 경험을 하게 해주려고 영화관 측에서 사전에 치밀하게 디자인한 거라구."

출처: 장정빈(2009), 『리마커블 서비스』, 올림

위의 글은 『리마커블 서비스』라는 책에 소개된 사례로 어느 교수가 동료와 함께 영화관에 갔다가 겪은 일이라고 한다. 비록 쇼이긴 하지만 이 영화관의 사례는 고객의 경험을 어떻게 설계해야 하는지를 아주 극명하게 보여준다. 구체적이면서도 드라마틱한 고객경험의 설계와 연출의 전 과정을 실감나게 예시한다. 이 영화관은 사전에 어떤 시나리오를 가지고 있었을까?

- 영화의 더빙본과 자막본을 살짝 바꿔서 최초 2분간 방영한다.
- 사과방송을 준비하고 상영을 중지하며 사과멘트를 한다.

- 잠시 기다리는 고객을 위하여 다과를 준비하고 직원들이 서비스한다.
- 아이를 동반한 고객에게는 영화 주인공의 캐릭터가 그려진 기념품을 증정한다.
- (5분 정도) 잠시 기다려주신 것에 대해 감사멘트를 방송한다.
- 영화가 종료된 직후 거듭 사과방송을 하고 출구에서 무료 초청권을 배부한다.
- 더 달라는 고객의 요청에 응하기 위해 미리 충분한 기념품을 준비한다.

추측컨대, 영화관 측은 사전에 치밀한 시나리오를 짜서 아주 색다른 경험을 연출했을 것이다.

기업들은 치열한 경쟁에서 살아남기 위해 지속적인 차별화를 통하여 기존 고객의 이탈을 막고 새로운 고객을 끌어들이기 위해 노력한다. 하지만 차별화 요소라고 여겨졌던 항목들은 곧바로 다른 경쟁기업에 복제되어 더 이상 경쟁력 있는 요소가 되지 못하고 있다. 경쟁력의 핵심을 아직도 품질, 납기, 비용으로 생각하고 이것을 고객과의 커뮤니케이션으로 삼아서는 안 된다. 수많은 제품들 사이에서 소비자의 관심을 끌지 못하고 잊혀지기 때문이다. 이는 고객이 실제 원하는 것이 변했나는 점을 이해하지 못한 결과다. 이제 그들의 눈에는 제품과 서비스가 모두 그만그만하고 처리해야 할 정보가 너무 많다. 그래서 아무리 제품의 장점을 설명해도 잘 들으려 하지 않는다. 이런 상황은 어떻게 변화시킬 수 있을까? 다양한 변화를 시도할 수 있겠지만 제품의 기능과 장점으로 설득하지 말고 '경험'에 호소하는 것이다.

번트 슈미트(Bernd Schmitt) 교수의 "고객은 상품을 구매하는 것이 아니라 경험을 구매하는 것이다"라는 말에서 대답을 찾으라는 의미이다. 예를 들어 디지털 카메라를 사는 것은 높은 화소수나 손떨림방지기능 때문이 아니라 다시 돌아갈 수 없는 인생의 소중한 추억을 남겨 두고 싶기 때문이다. 그러므로 오늘날 기업들이 갖춰야 할 새로운 경쟁력의 원천은 품질, 납기, 비용이 아니라 고객경험이라는 관점에서 찾아야 한다. 즉, '멋있는가?', '자랑할 만한가?', '재미있는가?', '관심을 끌 수 있는가?', '즐거운가?', '쉽게 사용할 수 있는가?', '내가 꿈꾸던 것인가?' 등 고객의 구매 결정에 관련된 경험관리적인 요소에서 찾아야 한다. 이제는 해당 제품을 통해 얻을 수 있는 독특한 경험이 소비자의 핵심구매요인이다.

제1절

고객경험관리의 정의와 등장배경

(1) 왜 고객경험인가?

우리가 흔히 알고 있는 어느 패밀리 레스토랑에서는 고객에게 무릎을 꿇고 주문을 받음으로써 고객이 주문할 때 고개를 들지 않아도 되며(sacrifice), 다양한 음식에 대한 친절한 설명(satisfaction)을 덧붙이고, 생일을 맞은 고객에게 사진을 찍어 증정하는 등 즐거운 추억을 제공(surprise)하고 있다. 이러한 이벤트를 통해 고객의 오랜 기억 속에 만족스러운 경험이 새겨짐으로써 다시 찾는 레스토랑이 될 수밖에 없다. 고객이 가장 끈질기게 오랫동안 기억하는 것은 경험에 대한 기억이다. 고객은 제품이나 서비스 이외의 것에도 가격을 지불한다. 제품이나 서비스는 반드시 관련된 경험과 함께 구매할 수밖에 없기 때문이다.

이 식당의 비즈니스를 재정의해 본다면 '식당을 무대로, 음식은 소도구로 이용해서 고객에게 기억에 남을 만한 이벤트를 제공하고 그에 대한 입장료를 받는 영업'이어야 하는 것이다. 결국 돈을 받기보다는 고객의 마음을 얻는 것이 비즈니스의 본질이다. 음식을 파는 것이 아니라 앞서 인용한 레스토랑에서 보듯이 '기억에 남을 만한 경험'을 파는 것이다. 멋진 레스토랑에 가는 이유는 단순히 허기를 채우기 위한 것만이 아니다. 연인과 달콤한 분위기를 즐기거나 아내와 단란한 시간을 보내면서 마음의 허기를 채우려는 것이 레스토랑을 선택하는 더 중요한 요인일 수 있다.

그런 면에서 경험은 일반서비스와 다르다. 고객 또는 관객은 감정이 움직이는 수준까지 제공되는 것에 빠져들게 된다. 이에 따라 기업들은 고객들에게 기억에 남을 만한 이벤트를 제공하면서 그 대가로 '입장료'를 받을 수 있도록 서비스를 무대로, 상품을 소도구로 이용한다. 소비자에게 제품 자체가 아니라 제품과 서비스로부터 얻어지는 경험을 판매해야 한다.

환자와 기다리는 시간을 경쟁한다

미국 남동부에 있는 플로리다 주의 어느 의사는 그의 환자들과 기다리는 시간을 경쟁함으로써 대기시간을 줄인다. 15분 이상 기다려야 하는 환자는 수백만 달러의 당첨금을 탈 수 있는 5달러짜리 복권을 받는다. 이런 이벤트로 환자 대기실 분위기가 한결 좋아지고 직원과 환자 간에 활발한 대화가 오가는 계기가 된다. 물론 의사는 구체적이고 현실적인 시간 계획을 짜야만 한다. 그러지 않으면 계속해서 5달러씩 손해 보게 될 테니까.....

출처. 나다니엘 자네티(2009), 『고객을 행복하게 하라』, 한성철 역, 비전과 리더십, p. 158

최근 고객서비스의 트렌드는 이처럼 단순히 돈을 받기보다는 독특한 이벤트로 탁월한 경험을 통하여 고객의 마음을 얻는 것으로 바뀌고 있다. 진료 서비스와 음식을 파는 것뿐만 아니라 '기억에 남을 만한 경험'

을 파는 것이다. 고객은 경험을 가장 오래 기억하며, 경험하지 않은 것은 오래 기억되지 않는다.

델(Dell) 컴퓨터의 CIO인 제리 그레고어(Jerry Gregoire)는 "이제 고객경험(customer experience)이야말로 우리 모두가 경쟁해야 할 승부처이다"라는 말로 고객경험의 중요성을 강조하고 있다. 이처럼 기업들이 고객경험관리에 주목하고 있는 이유는 제품 및 서비스의 차별화가 점점 어려워지는 가운데 고객경험이 새로운 차별화 수단으로 부가가치를 창출하기 때문이다.

지금까지의 내용을 정리하여 보면, 고객경험이 중요하게 된 배경은 다음과 같다.

1) 고객들의 경험소비에 대한 욕구가 더욱 커지고 있다는 점이다

고객은 더 이상 제품의 특징이나 편익만으로 돈을 지불하려고 하지 않는다. 그들은 브랜드가 제공하는 독특한 생활양식과 제품을 사용하면서 얻는 총체적인 경험을 더 중요하게 생각한다. 예컨대 스타벅스 커피(Starbucks Coffee, 이하 스타벅스)는 일반 커피에 비해 몇 배나 비싸지만, 사람들은 스타벅스가 제공하는 커피 한 잔의 경험을 사기 위해 기꺼이 지갑을 열고 있다.

스타벅스는 경험을 판다

"스타벅스를 방문해 직원들에게 가장 많이 들은 말은 '우리는 커피를 파는 기업이 아니다'이다. 커피 회사가 커피를 팔지 않으면 무엇을 판다는 것인가?"

"단순한 음료로서 커피만을 팔았다면 오늘의 스타벅스는 탄생하지 않았을 것이다. 우리는 커피 장사를 하면서 커피의 무한한 가능성을 발견했다. 커피는 사람과 사람, 또 사람과 사회를 연결해 주는 매개체이며 가정이나 직장에서 느끼지 못하는 평온한 공간을 제공해 준다. 그것을 나는 '스타벅스 경험(Starbucks experience)'이라고 부른다.

우리 제품은 바로 스타벅스 경험이다."

출처: 『매일경제신문』, 2003. 3. 26.

2) 경험의 품질(quality of experience)이 기업의 성과를 좌우하고 있다

최근 많은 기업들은 제품과 서비스 차원이 아닌 경험을 판매하고자 노력한다. 또한 단순히 제품에 경험을 덧붙여 판매하는 것이 아니라 경쟁사보다 품질이 차별화되고 독특한 경험을 제공해야만 고객의 로열티를 높일 수 있다. 따라서 경험의 품질을 높이기 위한 기업의 활동이 절실히 요구되고 있는 것이다. 예를 들어 구글(Google)의 CEO인 에릭 슈미트(Eric Schmidt)는 "우리의 뛰어난 실적은 사용자 경험의 품질을 획기적으로 개선한 결과"라고 강조한 바 있다.

세계에서 가장 주가수익률이 높은 회사 중 하나인 구글의 홈페이지 첫 화면은 텅 비어있다. 반면에 경쟁 포털 사이트인 야후(Yahoo)는 화면상에 메뉴가 매우 많다. 광고수입을 올리기 위한 경쟁사와 달리 사용자 경험을 중시하는 측면에서 구글의 전략은 가히 독보적이다. 구글은 야후, 라이코스 등 경쟁사의 검색환경을 면밀히 분석한 후, 단순한 화면 구성과 페이지 랭크 기술을 획기적으로 개선함으로써 고객들이 보다 빠르고 정확한 검색을 할 수 있도록 하였다.

3) 고객관계관리(CRM, Customer Relationship Management)의 보완적 수단으로서 고객경험관리의 활용도가 매우 높다는 것이다

사실 요즘 많은 기업들이 활용하고 있는 CRM 역시 고객경험에 기반한 마케팅 기법으로 볼 수 있다. 데이터베이스 상에 기록된 고객들의 취향이나 구매 이력 등을 통해 최적의 고객경험을 제공하고자 하는 것이 곧 CRM이다. 예를 들어 금융기관들은 CRM을 바탕으로 우량 고객의 생일에 뮤지컬 공연 초대권 등을 보내는 등 타깃 마케팅을 통해 고객의 로열티를 높이려 노력하고 있다. 하지만 축적된 고객정보가 기대한 것만큼 활용도가 높지 않다는 평가도 있다. 실제로 2002년 미국 NCDM(National Center for Database Marketing) 자료에 따르면, CRM을 채택한 기업들의 약 62%가 그 효과에 대해 만족하지 못하고 있다고 한다. 이러한 이유로 인해 많은 기업들이 고객의 경험 사이클을 면밀히 관찰하고자 하는 욕구가 커지고 있다.

4) 경험은 더 오래 기억되고 소비자의 행복도를 높이는 전략이 된다

1억 원짜리 외제자동차를 사더라도 한 달 정도만 지나면 그냥 타고 다니는 비싼 교통수단이 되고 만다. 그러나 고생하며 다녀온 500만 원짜리 유럽 배낭여행은 세월이 가면 갈수록 더욱 즐거운 추억으로 남게 된다. 자동차가 주는 경험은 제한적이지만, 배낭여행이 주는 경험은 무한대이기 때문이다. 이와 관련하여 미국 콜로라도 대학의 리프 반 보벤(Leaf Van Boven) 교수와 코넬 대학의 토머스 길로비치(Thomas Gilovich) 교수는 단지 물건만 구매하는 소비에 비하여 경험이 제공된 소비가 월등히 더 높은 행복감을 제공한다는 것을 증명했다. 이들은 소비자 설문조사를 통해 단지 물건만 구매한 경우와 경험이 동반된 물건을

그림 1-1 경험 동반 여부에 따른 소비의 행복감 비교

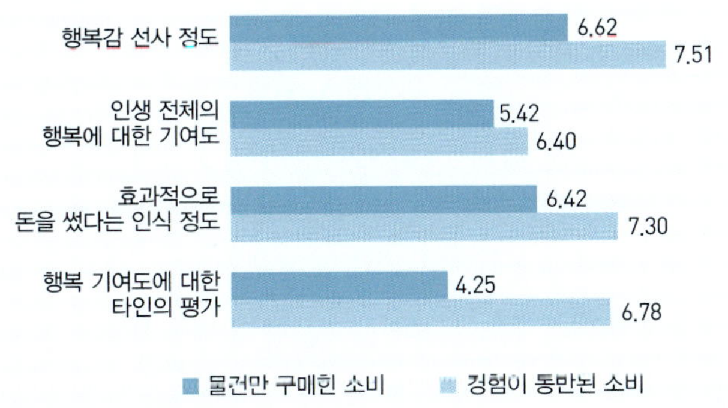

출처: Boven, L. V. and T. Gilovich(2003), "To Do or to Have? That Is the Question", *Journal of Personality and Social Psychology*, pp. 1193~1202

구매한 경우로 구분하고, 각각의 경우에 얼마나 행복했는지를 질문했다. 연구결과는 경험이 동반된 물건을 구매할 경우 단기적으로 더 행복감을 느끼고, 인생 전체에 더 긍정적인 영향을 주면서 더 효과적으로 돈을 썼다는 느낌을 주는 것으로 나타났다. 덧붙일 것은 타인의 눈에도 경험이 동반된 제품을 구매하는 것이 더 긍정적으로 보인다는 것이었다.

(2) 고객경험관리란 무엇인가?

고객만족(customer satisfaction)이론에 따르면, 만족이란 고객이 제품에 대해 기대했던 사전 '기대치'와 제품을 사용했을 때 느끼는 실제 '만족도'를 비교한 상대적 감성을 말한다. 만족도가 기대치 이상이면 고객은 만족할 것이고, 반대로 기대치 이하라면 불만족할 것이다.

그런데 사전 기대치와 실제 만족도의 차이를 통해 보는 기존의 고객

만족모델에서는 고객의 사전 기대치와 제품의 실제 만족도라는 것은 제품이 제공하는 기능적인 것에 국한된 제품 위주의 단어로서 고객이 제품을 사용하면서 얻는 모든 경험을 제대로 고려하고 있지 않다. 즉, 제품이나 서비스는 고객으로 하여금 어떤 느낌을 갖도록 하는가? 그리고 그때에 제품과 서비스에 대해서 고객이 갖는 감정적인 연상은 무엇인가? 등 고객의 경험세계를 이해하는 데는 한계가 있다. 예를 들어 자동차 산업에서는 고객을 만족시키기 위해 자동차의 여러 기능을 계속 개선하고 성능을 높여왔다. 그러나 자동차에 대해 만족한다는 것은 엔진이 부드럽게 움직이는 것 이상의 의미가 있다. 이제 많은 자동차들은 성능 면에서 볼 때 거의 대동소이하다. 더 중요한 것은 자동차를 운전하고 소유하면서 얻는 스타일링과 미적인 측면, 오락적인 요소와 생활양식에 대한 고려, 과시성 같은 요소는 '만족도 조사'에서는 거의 점검해 볼 수 없는 요소들이다.

따라서 기존의 고객만족모델은 고객의 경험에 신경 쓰기보다는 제품의 기능적 측면에 더 치우치고 있다고 볼 수 있다. 과정중심이라기보다는 결과중심적인 것이다. 이 점이 고객경험관리와 비교되는 대목이다.

고객경험관리(CEM, Customer Experience Management)는 제품이나 서비스에 대한 고객의 경험을 체계적으로 관리하는 프로세스를 의미한다. 즉 기업이 고객의 제품 탐색에서 구매, 사용 단계까지 모든 과정에 대한 분석 및 개선을 통해 긍정적인 브랜드 경험을 창출하는 것이다. 그래서 CEM은 마케팅 콘셉트가 아니라 완전한 고객중심 경영전략이다. 또한 결과가 아니라 과정에 중점을 두는 고객만족경영의 개념이다.

어떤 이들은 "고객경험이란 고객만족의 다른 표현이지 않습니까?"라고 질문할 수도 있을 것이다. 그러나 "만족하였습니까(Were you satisfied)?"라고 묻는 것과 "(즐거운) 경험을 하셨습니까(How was the experience)?"라고 묻는 것에 따른 대답은 서로 다를 수 있다. 예를 들어 만족이라는 개념은 "당신 차에 만족합니까?", "네, 핸들링이 아주 좋습니다"처럼 결과 지향적(outcome-oriented)이기 때문이다.

이와 대조적으로 경험은 과정 지향적(process-oriented)이다. 자동차에 대한 경험은 단순히 사고 싶던 걸 구입하는 것 이상의 의미가 있다. 자동차의 문을 닫을 때 어떤 소리가 나는지, 좌석시트의 느낌은 어떤지, 차 안에서 어떤 향기가 나는지, 매장의 영업사원이 어떻게 대하는지 등 모든 것이 고객경험의 일부가 된다.

'만족'과 '경험' 두 가지 중에 어떤 것이 더 고객에게 가치를 더해줄까? 대답은 '경험'이다. 왜냐하면 '만족'할 때까지의 상세한 과정이 바로 '경험'이기 때문이다. 고객의 경험을 관리하는 과정을 통하면 만족은 그 결과물로 얻을 수 있다. 경험은 만족보다 기업의 브랜드를 훨씬 더 차별화시켜줄 강력한 요소가 될 것이다. 그리고 그 차별화는 고객의 시각에서 보는 것이기에 훨씬 강력하다. 따라서 CEM은 제품의 기능적 특징에 대한 파악이나 개선사항뿐만 아니라, 고객의 의사결정, 구매, 사용과정 전반에 초점을 맞추고 있다. 고객경험은 지속적으로 고객을 만족시키는 동시에 이익을 창출해낼 수 있는 제품과 서비스를 만들어내는 데도 큰 도움이 된다.

(3) 고객만족경영과 고객경험관리의 차이는?

그럼 고객만족경영(CSM, Customer Satisfaction Management)과 고객경험관리는 도대체 무엇이 같고 무엇이 다른가?

표 1-1 고객만족경영과 고객경험관리의 비교

	고객만족경영(CSM)	고객경험관리(CEM)
출현 시기	1990년대 초 즈음	2000년대 초 즈음
출현 배경	재구매를 위해서는 고객만족이 필수라는 깨달음	고객만족과 접점에 대한 확장된 개념이 필요해졌음
기본 목적	만족한 고객의 추천을 통한 신규 구매 및 재구매	고객만족을 통한 기존 고객의 재구매와 고객경험 개선을 통한 잠재 고객의 신규 구매
제공의 본질	제품(유형), 서비스(유형)	(기억할 만한) 경험
대상 고객	기존 고객(미사용 고객은 만족시킬 수가 없음)	기존 고객 및 잠재 고객(사용 고객, 미사용 고객 포함)
특징	구매 및 사용 후 만족이 핵심 (구매 · 설치 · 사용 · A/S)	구매 및 사용 전후의 모든 접점에서 긍정적 경험 전달이 핵심(인지 · 탐색 · 고려 · 구매 · 배달 · 설치 · 사용 · A/S · 폐기)
접근 방법	상품 · 서비스 · 브랜드 등을 크게 분류하여 개선점 도출(결과 지향적)	고객과 접촉하는 경험의 과정을 세부적으로 나누어 긍정적이 되도록 설계하고 실행(과정 지향적)

기존 고객을 대상으로 하여 고객과의 접점에서 만족스러운 경험을 제공함으로써 재구매/추천 구매를 유도하겠다는 점은 똑같다. 그러나 고객경험관리는 아직 한 번도 우리 상품과 서비스를 구매해 보지 않은 잠재 고객들에게도 기업과 접촉하여 만족스러운 경험을 하게 함으로써, 이런 경험을 통해 구매에 영향을 미치도록 노력한다는 점에서 기존 고객이 주된 대상이 되는 고객만족경영과 뚜렷한 차이가 있다.

(4) 고객경험경제의 부가가치는?

콜롬비아의 커피 원두 농장에서 원두를 판매하면 1컵에 200원 정도 될 것이다. 그러나 원두를 캔커피처럼 포장된 제품으로 만들어 판매하면 1캔당 1000원 정도를 받고, 커피숍에서 팔게 되면 1500원 이상을 받게 된다. 더 나아가 스타벅스 같은 커피 전문점이나 고급 호텔에서는 1잔당 최소 4000원 이상 받을 것이다.

스타벅스가 거두는 이윤의 진정한 실체는 '색다른 경험'이다. 원재료가 200원도 안 되는 커피를 4000원 이상이나 받을 수 있게 하는 힘은 커피 그 자체가 아니다. 스타벅스가 파는 것은 편안한 휴식, 최고급 원두커피, 사회적 교류라는 경험이다. 그리고 'the third place' 즉, '집과 회사를 제외한 제3의 공간'을 팔고 있는 것이라고 그들은 말한다.

하나 더 크리스피 크림 도넛(Krispy Kreme Doughnuts, 이하 크리스피 크림)의 사례를 들어보자.

도넛 체인 크리스피 크림이 대성공을 이룬 비결은 무엇일까? 여러 가지가 있을 수 있으나 그중 중요한 한 가지는 크리스피 크림이 '제품 그 이상의 것'을 팔았다는 점이다.

여기서 '그 이상의 것'이란 고객이 도넛을 사러 매장에 들어선 순간부터 도넛을 사서 나올 때까지 고객들이 즐기는 독특한 경험이다. 크리스피 크림은 단순히 밀가루와 설탕과 기름이 혼합된 도넛만이 아니라 매장에서 느끼는 감성적인 친밀감을 줄 수 있는 총체적인 경험을 팔았다. '갓 나온 뜨거운 도넛 판매(Hot Doughnuts Now)'에 불빛이 켜지면 바로 그때 도넛이 제조되고 있음을 알 수 있고, 매장에서 줄을 서서 기다리는 동안에는 도넛이 기름에 튀겨진 후 그 위로 떨어지는 시럽 폭포를 지켜보는 재미를 경험할 수 있다. 그동안에는 고객들에게 갓 구어진 따끈따끈한 도넛을 공짜로 제공함으로써 재미있는 도넛 여행을 즐겁게 마무리할 수 있게 하여 크리스피 크림은 밀가루와 설탕값 1달러의 도넛을 레스토랑에서의 100달러짜리 케이크로 둔갑시킨다.

제품과 서비스는 이제 거래 개념으로부터 경험경제의 개념으로 변화

그림 1-2 경험경제: 부가가치에 따른 경제의 단계

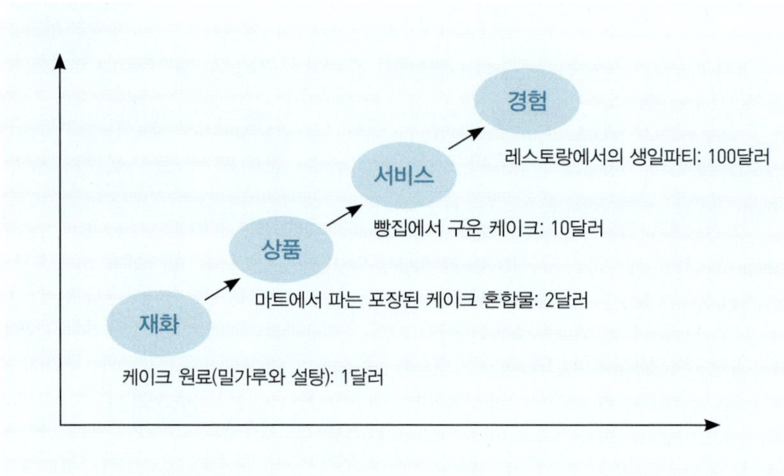

하고 있다. 스타벅스, 디즈니 월드와 같은 기업들은 그들의 서비스를 경험으로 정의하고 있다. 경험경제시대에서는 기업이 개인의 참여를 위해 의도적으로 서비스와 제조품을 사용하고 경험을 유도한다. 범용품은 대체 가능한 상품이고, 제조품은 유형의 상품이며, 서비스가 무형의 상품이라면, 경험은 인상적인 상품인 것이다. [표 1-2]는 제품과 서비스가 경험경제(experience economy)로 진화해 가는 과정을 자세히 보여주고 있다.

경험은 기억에 깊이 남게 하는 방식으로 고객을 개별적으로 참여시키고 연계시킴으로써 부가가치를 창출하게 된다. 서비스 기업이 연출한 감동적이고 기억에 남을 수 있는 경험을 고객에게 심어주고 그에 대한 대가를 요금으로 부가함으로써 서비스 경제는 새로운 경험의 경제로 옮겨가게 되는 것이다.

표 1-2 경험경제로의 진화

경제	제품	서비스	경험
시간 →			
경제적 제공	재화	서비스	경험
경제적 기능	제조	배달	공연
제공의 본질	유형	무형	기억할 만함
주요 특성	표준화	고객화	개인화
제공 방법	생산 후 저장	요구에 맞춰 공급	시간이 지남에 따라 공개
판매자	제조업자	제공자	공연자
구매자	사용자	의뢰인	관객
수요의 요소	형상	이익	감각

제2절

고객경험관리의 실행 프로세스

(1) 긍정적인 경험을 정의하는 방법은?

고객경험관리는 '경험은 과정 지향적'이라는 특성 때문에 결국 접점(touch point)관리라고 바꾸어 말할 수 있다. 고객은 TV, 인터넷, 매장, 친구 등 수많은 접점을 통해 기업의 제품이나 서비스를 경험하게 된다. 이처럼 다양한 접점에서 느끼는 경험은 해당 기업이나 브랜드에 대한 로열티를 만들기도 하고 파괴하기도 한다. 따라서 고객경험관리의 핵심은 고객이 중요하게 생각하는 접점에서 기업과 고객이 긴밀한 유대관계를 맺는 방법을 설계하는 것이다. 그러기 위해서는 고객의 관점에서 좋은 서비스, 나쁜 서비스, 훌륭한 서비스가 어떤 것인지를 눈에 보이도록 하는 구체화된 서비스 표준을 마련해야 한다.

단순히 직원에게 좋은 서비스를 하라고 말로만 강조하지 말고 눈에 보이는 구체적인 기준을 제시해야 접점 직원들은 회사가 원하는 서비스를 이행하게 된다. 최소한의 기대치(기대 표준)와 화가 나는 경험(부정적 경험)과 기대 이상의 수준(긍정적 경험)이 무엇인지를 눈에 보이듯

표 1-3 A/S 담당 콜센터 상담원과 통화 시 고객의 기대 행동

부정적 경험(-)	기대 표준(○)	긍정적 경험(+)
• 상담원의 말을 이해할 수가 없다. • 두 번 이상 전화를 해야 했다. • 녹음된 소리를 들으며 별로 환영받지 못한다는 느낌이 들었다. • 통화보류가 된 상태에서 너무 조용해 전화연결이 끊어진 줄 알았다. • 상담원은 마치 정해진 질문을 순서대로 따라하는 것 같았다. • 사무실에 찾아가 담당자를 직접 만나 얘기할 수 없었다.	• 한 번만 전화하면 될 것이다. • 시내전화일 것이다. • 친절하고 명랑할 것이다. • 이해하기 쉽게 분명히 말할 것이다. • 합리적인 시간 안에 대답하거나 해결책을 줄 것이다. • 상담원은 내 문제에 귀를 기울이고 내 요구를 완전히 이해할 것이다. • 상담원은 자신감이 넘치고 친절하며 이해심이 깊을 것이다.	• 상담원은 듣기 좋은 부드러운 목소리를 가지고 있었다. • 상담원은 내 문제를 진심으로 이해하고 어떻게 해야 할지 잘 알고 있었다. • 상담원은 내가 특별한 상황에 처해 있거나 긴급한 병원연락이 필요해 보통 때보다 빠른 보수를 해야 하는지 물어보았다. • 상담원은 마치 이웃처럼 우리 지역을 잘 아는 듯했다. • 상담원은 내 편의에 따라 일을 처리해 주겠다고 약속했다.

알려주는 것이다. [표 1-3]과 같이 도표나 청사진으로 그려놓는 것도 하나의 방법이 될 수 있다.

(2) 고객경험관리(CEM)의 실행 프로세스는?

1) 고객의 경험과정을 해부하라

기업이 고객경험관리를 수행하기 위해서는 무엇보다도 고객의 경험 세계를 철저하게 이해해야 한다. 고객의 경험은 크게 세 가지 차원으로 구분할 수 있다.

첫째, 제품과 서비스 자체이다. 제품과 서비스는 고객경험의 핵심 그 자체라고 할 수 있다. 고객은 제품과 서비스를 탐색, 구매, 사용하는 모든 단계에서 해당 제품의 브랜드를 경험한다. 이 내용은 "(3) 고객경험 사이클에서 핵심가치를 찾는 방법은?"에서 자세히 설명하겠다.

둘째, 커뮤니케이션이다. 제품과 서비스에는 그 특성과 이점, 판매성

과 이상의 것이 들어 있는데 이를 고객에게 어떻게 제안하느냐가 성공을 좌우한다. 고객은 브랜드가 제공하는 수많은 커뮤니케이션 채널과 접하고 있다. 예를 들어 고객은 온라인 홈페이지, TV 광고 , 건물 외관, 길거리 판촉 등 다양한 접점에서 브랜드를 경험하기 때문에 경험적인 광고는 정보와 함께 유익한 즐거움을 담아야 한다.

셋째, 사람이다. 고객은 기업의 임직원, 매장 직원, 친구, 기타 주변 사람들을 통해 브랜드를 경험한다. 예를 들어 매장 직원들은 해당 제품이 기능적 가치뿐만 아니라 그 제품이 고객을 얼마나 행복하게 할 수 있는지를 설명할 수 있어야 한다. 탁월한 쇼호스트는 제품의 기능이 아닌 '제품의 경험'을 설득의 핵심으로 삼는다. 예를 들어 디지털 녹음기를 판매할 때는 제품을 사용하게 되면 어떤 경험을 하게 되는지를 집중해서 이야기한다. "저는 침대 옆에 이 녹음기를 두고 아이디어가 떠오르면 즉시 녹음하곤 합니다", "초밥집에서 전화기 옆에 이 제품을 놓아두면 고객의 주문을 실수 없이 받을 수 있습니다"처럼 말이다.

그림 1-3 고객경험지도: 스타벅스

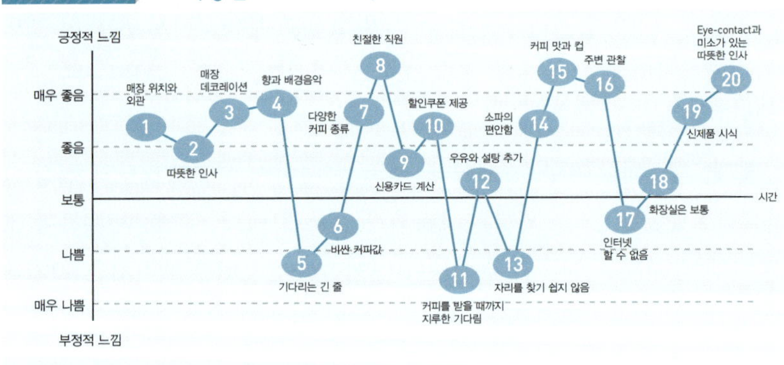

출처: 황혜정(2007), 「가치창출 고객경험에서 찾아라」, LG주간경제, p. 13

기업은 이러한 경험의 세 가지 차원을 바탕으로 구매 전 과정에서 고객 접점을 파악하여 타깃 고객의 경험요소들을 명확히 정의해야 한다.

[그림 1-3]은 스타벅스에 고객이 들어설 때부터 커피를 마시고 나올 때까지의 과정을 20개의 고객경험 단위로 해부하여 이것을 고객경험지도(customer experience map)로 그려내고 있다.

이 지도에는 고객의 세부적인 경험 단위별로 고객들이 어떻게 느끼는지가 자세히 그려져 있다. 고객의 총체적 경험의 합은 그것들의 단순 합이 아니라 곱이기 때문에 하나라도 부정적인 경험이 있으면 전체의 합은 제로가 될 수 있다. 지도를 통해 부정적인 경험이 발생하는 접점을 파악하여 고객경험을 관리하는 방법으로 사용할 수도 있다.

2) 차별적 경험을 디자인하라

기업이 고객의 경험세계를 정확히 분석하였다면 그 다음에는 경쟁사 대비 차별화된 경험을 설계해야 한다. 이를 위해서는 경험의 세 가지 차원에서 고객 접점별로 고객의 기대와 실제 경험과의 차이를 파악하여 만족, 불만족 요인들을 간파한 후 경험의 우선순위를 매겨야 한다. 마지막으로 우선순위를 바탕으로 USE(Unique Selling Experience) 즉, 독특한 판매 경험의 조합을 구성해야 한다.

3) 고객의 피드백을 반영하라

오늘날의 소비자는 생산적 소비자를 일컫는 프로슈머(prosumer)를 넘어, 최근에는 창조적 소비자인 크리슈머(cresumer: R&D, 생산 및 유통 등 기업의 프로세스 전 과정에 적극적으로 참여하는 소비자)로 불리고 있다. 기업은 고객의 의견과 경험에 대한 평가를 적극적으로 반영하여 독특한 경험에 대한 실효성과 매력도를 증대시켜야 한다.

나이키(Nike)의 경험적 가치약속(EVP, Experiential Value Promise)은, 경험적 포지셔닝을 통해 고객에게 무엇을 해줄 수 있는지 정확하게 설명하고 있다. 그것은 기능적으로 우수한 신발과 운동복을 제공하여 고객이 훌륭한 성과를 낼 수 있도록 하는 것이었다. 그것이 나이키가 고객에게 약속하고 장담하는 점이다.

나이키는 브랜드 경험을 실행할 때, 제품의 기능성을 강조한다. 나이키의 웹사이트에서는 자사 신발 성능과 보호기능에 관련된 과학기술에 대해서 상세히 설명하고 있다. 뿐만 아니라 나이키는 제품개발을 할 때 고기능성 신발에 대한 운동선수들의 요구사항을 세세하게 반영하고 있다. 각 종목을 대표하는 최고의 선수들을 직접 만나 경기 중 진정으로 필요한 것이 무엇인지 파악하여 그들의 의견을 바탕으로 신발을 디자인한다. 그리고 그 선수들이 최소 3주간 직접 운동을 하면서 경기력 향상 여부 등에 대한 그들의 평가를 반영하여 최고의 기능성 운동화를 만들어 내고 있다.

4) 일관되고 통합된 고객경험을 제공하라

고객경험관리(CEM)는 고객에게 일관되고 통합된 경험을 관리하려는 총체적인 접근법이지 단편적인 접근법이 아니다.

이를 위해선 다양한 접점을 통해서 고객경험의 질을 종합적으로 관리해야 한다. 일관된 경험이 제공되지 않으면 다양한 접점에서의 경험이 오히려 잡음이 되어, 기업이 의도했던 브랜드 메시지 전달이 실패할 수 있기 때문이다.

매장 판매직원이나 웹사이트에서 제공되는 정보에 이르기까지 또한

표 1-4 고객경험관리 설계 프로세스

고객경험 과정을 해부하라	차별적 경험을 디자인하라	고객의 피드백을 반영하라	일관되고 통합된 경험을 제공하라
• 고객의 경험세계는 제품과 서비스, 커뮤니케이션, 사람 등 세 가지 차원 • 구매 전과정의 접점을 파악하여 경험요소를 정의	• 고객 접점별로 고객의 기대와 실제 경험과의 차이를 파악하여 만족, 불만족 요인을 간파한 후 경험의 우선순위를 매김	• 고객 의견과 경험에 대한 평가를 적극적으로 반영함 • 독특한 판매경험에 대한 매력도를 증대시킴	• 다양한 접점의 고객경험이 일관성 있게 제공되도록 경험의 질을 관리함 • 고객경험관리부서를 지정

광고, 홍보, 매장 디자인을 포함한 브랜드 경험의 모든 요소들을 통합하여 한 가지 확실한 통합적인 메시지를 전달해야 한다.

우아하게 포지셔닝했던 TV 광고가 가격파괴 등 매장에서의 과도한 판촉 행사로 인해 값싼 이미지로 전락하는 경우가 그런 사례이다.

기업이 일관되고 통합된 경험을 제공하기 위해서는 경험을 체계적으로 관리하기 위한 조직을 활용하는 것도 고려해 볼 수 있다. 예컨대 HP는 통합된 고객경험을 제공하기 위해 고객경험관리부서를 적극 활용하고 있다. 고객경험관리부서는 매년 전 세계 4만여 명의 고객을 대상으로 글로벌 고객조사(global citizenship servey)를 수행함으로써 고객들이 제품과 서비스를 사용하는 과정상 겪게 되는 문제점 등을 진단하고 있다. 또한 고객경험표준(customer experience standards)이라 불리는 고객경험관리를 위한 기업 활동의 지침을 마련함으로써 전 세계 95,000여 명의 임직원들이 이를 완벽히 숙지하도록 교육하고 있다

(3) 고객경험 사이클에서 핵심가치를 찾는 방법은?

일반적으로 고객은 제품과 서비스를 탐색, 구매, 사용하는 과정에서 구체적으로 구매–배달–사용–보완–수리–폐기/처분이라는 6단계의 경험 과정을 거친다. 그렇다면 고객이 구매하고 싶어 하는 솔루션은 어떻게 만들어낼 수 있을까? 고객경험의 사이클을 살펴보면 그 방법을 알아낼 수 있다. 이는 『블루오션 전략(Blue Ocean Strategy)』의 저자 김위찬 교수와 르네 마보안(Renee Mauborgne) 교수가 제안한 것으로, 이러한 고객경험 사이클은 각 단계에서 발생하는 고객의 문제점과 니즈, 잠재적 애로사항 등이 무엇인지를 찾아내어 새로운 제품 개발이나 시장을 창출하는 데 활용된다. 기업 입장에서는 이 6단계 모두가 가치혁신을 도모할 수 있는 지점이 된다.

컴퓨터 회사 델(Dell)은 이 중에서 '배달' 단계를 혁신했다. 이전에는 베스트바이(Best-Buy) 같은 업체가 이 부분을 담당했는데, 델은 이를 완전히 없애고 직접 판매 모델을 고안하여 고객들에게 '원하는 기능을 갖춘 컴퓨터를 가장 싼 가격'에 살 수 있는 가치를 제공했다.

진동파운데이션은 '사용' 부분의 가치를 혁신한 경우다. 2012년 한 홈쇼핑 업체에서 처음 소개된 한경희 진동파운데이션은 선풍적인 인기를 끌었다. 인기의 원동력은 파운데이션이 아니라 진동장치였다. 파운데이션을 사용할 때 퍼짐이나 발림을 골고루 해주는 장치가 고객가치를 높여준 것이다.

2008년 세계 금융위기가 발생하여 실직에 대한 두려움으로 사람들이 소비를 줄이고 있을 때 미국 텔레비전에 방영된 한 광고가 화제가 되었다. '자동차를 구매하고 만약 1년 내에 실직을 하게 된다면 회사가 자동차를 다시 사주겠다'는 내용이었다. 사람들은 자동차 딜러에게 문의 전화를 걸었고, 언론에서도 관련 내용을 대대적으로 보도했다. 광고를 내보낸 현대자동차는 이와 같은 현대 보장성 프로그램(Hyundai assurance program)으로 미국 소비자들의 마음을 얻는 데 성공했고, 하위권에 머물렀던 브랜드 인지도를 빠르게 끌어올릴 수 있었다. 소비자의 걱정을 덜어준 솔루션이 자동차의 제품력을 뛰어넘은 것이다. 이는 수리 단계의 혁신이라고 할 수 있다.

고객경험의 사이클에서 혁신의 가능성이 더 큰 영역 중 하나는 폐기 단계일 수 있다. 음식점에서 배달을 하거나 그릇을 수거해 갈 때 "나가는 길에 음식물 쓰레기를 버려드릴까요?"라고 묻는 서비스 업체를 본 적이 없을 것이다. 이처럼 고객들이 생각지 못한 서비스를 제공한다면 큰 환영과 선택을 받을 수 있다.

항상 시장을 살피고 고객경험의 6단계를 수시로 들여다보면 고객을 놀라게 해줄 수 있는지에 대한 해답을 찾을 수 있을 것이다.

제3절

고객경험관리와 행동경제

고객 접점에서 우리 기업은 그간 전사적이고 혁신적인 CS 경영의 결실로 계량적이며 명시적인 고객만족도를 향상시키는 데 상당한 성과를 거두었다. 항공 회사라면 비행기의 정시 도착이나 고객 불만의 신속한 회신 등 명시적인 성과에 집중하였다. 반면에 미스터리 쇼핑, 고객만족도로도 표현하지 못한 고객의 심리적인 요인인 감정과 기분을 설계하고 이를 탁월한 고객경험으로 관리하는 방법에는 상대적으로 무관심해 왔다. 예를 들어 야구경기가 2:0 승리로 끝났을 때 1회 말에 홈런 한방으로 2점을 얻어 이긴 경기와 9회 말에 끝내기 홈런 한방으로 2점을 얻어 승리했을 때의 짜릿한 흥분과 멋진 경험은 크게 다르다.

기업은 계량적이며 명시적 성과만 잘 관리하면 훌륭한 고객경험을 제공할 수 있을 것이라고 생각한다. 그러나 유사한 고객 접점과 계량적인 서비스 성과가 동일하더라도 고객에게는 9회 말 끝내기 홈런과 같은 서비스가 고객을 더 흥분시키고 짜릿하게 만든다.

최근 고객서비스에 관한 중요한 트렌드는 이처럼 고객의 감성과 심리를 바탕으로 한 행동경제학에 초점을 맞추고 있다.

여기서는 행동경제학적인 지식을 바탕으로 고객의 경험을 드라마틱하게 설계하는 방법을 몇 가지 사례를 통해 알아보기로 하자.

(1) 마무리를 강하게 하라

사람들은 모든 순간을 기억하지 못하지만 몇 가지 중요한 순간만큼은 생생하게 기억한다. 사람들의 기억은 마지막 부분에 특히 강하다. 따라서 초기에 제공하는 서비스의 강도는 약하게 하고, 마지막으로 향할수록 점점 그 강도를 높이면 더 기억에 남는 경험이 될 수 있다. 즉, 끝맺음이 시작보다 더 중요하다.

행동경제학의 창시사이자 노벨경제학상 수상자인 대니얼 카너먼(Daniel Kahneman) 팀은 환자 154명을 대상으로 대장 내시경의 체감 고통에 관한 연구를 실시했다. 실험에 참가한 환자들의 고통 정도를 1분마다 0(고통 없음)부터 10(도저히 참을 수 없음)까지로 기록했다.

카너먼 팀이 환자들에게 고통의 정도를 물어 기록한 결과, 대장 내시경의 전반적 느낌은 고통이 가장 컸을 때와 마지막 3분 동안 느낀 고통의 평균치에 의해 좌우된다는 것을 알게 됐다. 검사시간의 길이는 검사의 전반적인 느낌과는 관계가 없었다. 이처럼 사람들의 과거 경험에 대해 평가할 때 전체를 종합적으로 평가하기보다 감정이 가장 고조(Peak)되었을 때와 가장 최근의 경험(End)을 중심으로 평가하는 것을 '피크엔드 효과(Peak-End Effect)'라고 한다. 이러한 피크엔드 효과를 활용하여 크루즈 여행에서는 여행이 끝나는 시점에서 선장은 특별한 저녁식사를 베푼다. 그리고 고객들에게 기억에 남는 기념품을 선물한다.

그러나 일부 기업에서는 이와 반대로 고객의 경험을 설계한다. 한 인터넷 쇼핑몰은 오픈 초기에 무료배송과 각종 사은품으로 많은 고객을 끌어들여 매출을 높였다. 그러나 점차 부담비용이 늘어나자 특정 금액 이상만 무료배송을 해주기로 공지했다. 그 결과 이미 무료배송 서비스에 익숙해진 고객들은 왠지 혜택이 줄어든다는 느낌에 사로잡혀 많은 수가 타 쇼핑몰로 옮겨갔다.

초기에만 고객의 기대를 높여놓고 지속적으로 그 기대를 충족시키지 못하면, 고객은 결국 떠나고 만다.

(2) 고통은 묶고 기쁨은 나누자

기업 입장에서는 할 수만 있다면 모든 고객의 마음속을 들여다보고 어떤 기억들이 이미 존재하는지를 확인해서, 긍정적인 기억에 맞춘 서비스를 제공하고 싶어 할 것이다. 사실상 고객경험을 설계하는 사람들의 목표는 고객의 기억관리라고 해도 과언이 아니다.

고객의 기억관리는 두 가지 측면에서 다루어진다. 첫째는 유쾌한 기억을 극대화하고 둘째는 불쾌한 기억을 최소화하는 것이다. “기쁨은 나누면 두 배가 되고 슬픔은 나누면 반으로 줄어든다”는 말은 경제학적으로도 사실이다. 그래서 행동경제학자들은 행복이나 이익은 좀 더 크게 만들고 손실이나 아픔을 줄여주는 방법을 쾌락적 편집(hedonic editing)이라고 한다.

예를 들어 결혼기념일을 맞아서 큰맘 먹고 아내에게 줄 목걸이와 반지를 샀다고 하자. 이때 목걸이와 반지를 한 번에 주지 말고 결혼기념일에 목걸이를 주고 아내 생일에 반지를 주는 것이 현명하다. 이처럼 쾌락적 편집의 첫 번째 원칙은 상대에게 이익이 되는 경우는 ‘합하지 말고 나누라’이다. 그래서 제품가격을 15% 할인한다고 가정할 때 한꺼번에 15% 할인이라 말하지 말고 나눠서 제공해야 한다. 회원고객 5% 할인,

주말고객 5% 할인, 휴가철 특별할인 5% 등으로 나눠서 제시해야 고객의 만족이 올라간다.

크루즈 여행은 짧은 휴가 동안 많은 이벤트를 실시한다. 매일같이 쇼, 경품행사, 경연대회의 순으로 하루의 일과를 설계한다. 요리시간, 요가, 댄스 등 다양한 활동들을 하면서 고객들은 휴가를 더 길게 느낀다. 이렇게 함으로써 즐거운 경험이 더 길게 느껴지게 할 수 있기 때문이다. 쾌락적 편집의 두 번째 원칙은 상대에게 손해가 되는 경우는 '나누지 말고 합하라'이다. 고통은 한 번에 느끼는 편이 훨씬 낫기 때문이다. 아이들이 좋아하는 놀이공원에서 자유이용권을 구매하도록 유도하는 것은 매번 표를 사는 것보다 고통을 한 번으로 줄이기 위함이다. 매번 지불하는 손실금액을 통합해서 고객의 손실지각을 최소화하는 것이다.

따라서 기업들은 서비스 설계 과정에서 좋은 경험은 여러 단계로 나누고, 좋지 않은 경험은 최소화하여 한 번에 처리하는 방법을 사용할 필요가 있다.

(3) 고객이 직접 선택하게 하라

기본적으로 사람은 누군가에게 당하고 싶어 하지 않는다. 물건을 살 때도 누가 권해서 구입하는 것이 아니라 자신의 의사로 구입했다고 생각하고 싶어 한다. 그렇다면 고객이 직접 선택하게 만들어 주어야 한다.

사랑하는 이에게 맘먹고 선물을 했는데, 정작 본인이 맘에 들어 하지 않아 속상했던 경험들이 더러 있을 것이다. 하지만 먼저 본인에게 선물 고를 기회를 주면 주고도 섭섭한 소리가 나올 우려도 없고 받는 사람의 기쁨도 배로 커진다. 사람들은 단 하나의 대안만 주어지는 것을 매우 싫어한다. 이를 '단일대안회피(single-option aversion)' 성향이라고 한다.

밀스(R. T. Mills)와 크란츠(D. S. Krantz)의 헌혈 실험(1979)에서 한 그룹은 어느 쪽 팔에서 피를 뽑을지 스스로 선택하도록 했고, 다른 그룹에게는 선택권을 주지 않았다. 어느 쪽 팔에서 피를 뽑을지에 관해 스스로 통제할 수 있었던 그룹은 헌혈이 덜 고통스러웠다고 보고했다.

고객들이 서비스에서 본인에게 통제력이 있다고 생각하는 경우는 선택권, 영향력, 인지적 통제력이 있다고 인식할 때이다. '선택권'이란 예를 들어, 비행기를 탈 때 "복도 쪽 좌석으로 주세요"라며 우리가 원하는 좌석을 선택할 수 있다는 뜻이다. '영향력'은 우리가 서비스 프로세스에 걸쳐 스스로 행사한다고 느끼는 힘으로, 식당에서 웨이터가 우리 테이블에 보다 세심하게 신경을 쓰도록 하는 경우를 들 수 있다.

'인지적 통제력'은 사건이 예측 가능하다는 인식으로, 이러한 인식은 경험에 의해 서비스 시스템을 충분히 지켜봐왔기 때문에 이를 신뢰한다는 데서 비롯된다. 예를 들어 우리는 병원에 도착한 순서대로 진료를 받게 되리라는 것을 알고 있으며, 이는 우리에게 일종의 통제감을 준다.

크루즈 여행은 서로 다른 가격에 다양한 객실을 제공한다. 편의시설 측면에서 고객들은 더 많은 비용을 지불할수록 더 많은 서비스와 더 큰 공간을 선택할 수 있다.

헤어숍을 처음 방문하면 대개 접수하는 직원은 손님들에게 헤어디자이너를 직접 선택하라고 권유한다. "어떤 디자이너한테 하시겠어요? 실장님께 하시겠어요? 실장님께 맡기시면 10%의 프리미엄이 추가됩니다", "파마만 하시겠어요? 모발을 보호하는 영양 마사지 추가하시겠어요?", "스타일은 어떻게 해드릴까요?" 등을 묻는 것은 모든 선택을 고객에게 맡김으로써 새로운 미용실과 헤어스타일에 대한 불안감을 줄여주려는 의도다.

(4) 고객의 귀인을 다르게 유도하라

스포츠 심리학에서는 당사자들이 승리와 패배를 어떻게 받아들이는지를 '귀인 이론(attribution theory)'으로 설명한다. 귀인(attribution)은 '원인의 귀착'의 줄임말로서, 한 개인이 타인의 행동이나 사건의 원인을 어떻게 설명하느냐와 관련이 있는 말이다. 예를 들어 컵을 실수로 떨어뜨려 깨뜨렸을 때, 옆에 있는 사람과 부딪혔기 때문에 떨어뜨렸다고 생각할 수 있고, 자신이 너무 덜렁대서 깨뜨렸다고 생각할 수도 있다. 이처럼 하나의 결과를 갖고도 원인으로 생각하는 것은 개인에 따라 다를 수 있으며, 다양한 귀인이 나타난다.

우리는 고객이 어떻게 사건을 평가하고, 원인을 파악하고 나서 비난이나 칭찬을 부여하는지에 대한 행동 과학적 연구를 바탕으로, 고객의 귀인을 다른 방향으로 유도하고 고객 응대에 활용할 수 있다면 이는 고객경험을 관리하는 대단한 서비스 전략이 아닐 수 없다.

고객들도 무의식적으로 자신의 자존감을 보호하는 편견에 귀인을 종속시킨다. 즉 고객들도 서비스의 성공에 있어서는 자신의 덕분이라고 하고, 서비스의 실패는 다른 사람의 탓으로 돌리는 것이다. 고객과 서비스업 종사원 역시 어떤 결과에 대해 누가 책임을 져야 하는가에 의견을 달리하는 경우가 많다. 심지어 이 결과가 성공인지 실패인지에 대해서도 고객과 견해가 일치하지 않을 수도 있다. 하나의 사례로 무릎 수술 후 서동에 약간 불편함을 느낀다면 환자는 수술이 잘못된 것이냐고 묻겠지만, 의사는 심하게 손상된 무릎 관절을 이 정도로 복원한 것만으로도 대단한 성공이라고 대답할지도 모른다. 분명한 것은 어떤 실수에 대해 회사와 고객이 각자 관점에 따라 주관적으로 인식하기 때문에 고객과도 귀인 관련 분쟁이 발생할 수 있다는 점이다.

따라서 고객불만사항을 관리하는 부서나 환불이나 반품을 처리하는 담당자는 고객이 어떻게 생각하고 책임을 부여하는지를 이해할 필요가 있다. 귀인에 대한 행동을 이해함으로써 고객만족도를 향상시킬 수 있는 구체적인 통찰력을 얻을 수 있기 때문이다.

(5) 의례를 제공하라

사람들은 반복적이고 익숙한 활동에서 편안함을 느끼지만, 기대했던 의식과 다를 때는 경험활동 전반에서 불만족을 느낀다. 오후의 티타임, 스낵이 곁들여 나오는 와인 타임, 호텔 룸에 들어서자마자 맞아주는 환영의 꽃다발처럼 일단 고객이 즐거운 의식을 기대한다면 서비스는 이를 만족시키도록 설계되어 있어야 한다.

이처럼 의례는 고객과 기업 사이에 매우 중요한 연결고리 역할을 하면서 고객의 경험지각에 중요한 영향을 미친다.

크루즈 여행에서 마련하는 선장과의 저녁식사, 영화시사회에서 주연배우들이 무대에 나와 인사하는 것, 연초에 회사대표의 이름으로 고객들에게 연하장을 보내는 행사도 의례의 맥락에 속한다.

참고문헌

다니엘 차네티(2009),『고객을 행복하게 하라』, 안성철 역, 비전과 리더십, p. 158.

박정현(2006),「고객경험관리(CEM)에 주목하라」, LG주간경제, p. 15.

번트 슈미트(2004),『CRM을 넘어 CEM으로』, 한언, pp. 38~41.

스리람 다수 외(2015),『고객서비스 솔루션』, 시그마북스, pp. 247~250.

장정빈(2009),『리마커블 서비스』, 올림, pp. 170~175.

______(2013),『고객의 마음을 훔쳐라』, 올림, pp. 64~65.

______(2016),『히든 서비스』, 올림.

황혜정(2007),「가치창출 고객경험에서 찾아라」, LG주간경제, p. 13.

Boven, L. V. and T. Gilovich(2003), "To Do or to Have? That Is the Question", *Journal of Personality and Social Psychology*, pp. 1193~1202.

Mills, R. T. and D. S. Krantz(1979), "Information, Choice, and Reaction to Stress: A Field Experiment in Blood Banks with Laboratory Analogue", *Journal of Personality and Social Psychology*, pp. 608~620.

Pine, J. and J. Gilmore(1998), "Welcome to the Experience Economy", *Harvard Business Review*, pp. 97~105.

Redelmeier, D. A. and D. Kahneman(1996), "Patients' Memories of Painful medical Treatments: Real-Time and Retrospective Evaluations of Two Minimally Invasive Procedures", Pain66(1), pp. 3~8.

Chapter 2

서비스 디자인

제1절 서비스 디자인 시대

제2절 서비스 디자인 활용

도입사례

정부3.0 국민디자인단 'iF 디자인 어워드' 금상 수상

그림 2-1 iF 디자인 어워드에서 서비스 디자인 분야

출처: http://ifworlddesignguide.com/if-design-award-2016#/

국민이 정부정책 수립에 직접 참여하는 행정 모델인 '정부3.0 국민디자인단' 운영 사례가 세계 3대 디자인상 중 하나인 'iF 디자인 어워드 2016'에서 서비스 디자인(정부/기관) 부문 금상을 수상했다고 산업통상자원부가 28일 밝혔다.

iF 디자인 어워드 금상은 디자인 분야 최고에게 수여되는 상으로, 영화계의 아카데미

상에 해당한다. 시상식은 지난 26일(현지시간) 독일 뮌헨 BMW 박물관에서 열렸다.

이번에 수상한 서비스 디자인 부문은 올해 iF 디자인 어워드에 처음 도입된 분야로, 정부3.0 국민디자인단이 금상을 수상함으로써 국민 참여형 정책개선 모델로서의 우수성을 세계적으로 인정받았다고 산업부는 설명했다.

정부3.0 국민디자인단은 2014년부터 산업통상자원부와 행정자치부, 한국디자인진흥원 등의 협업으로 디자인을 정책에 접목해 국민이 직접 정책에 참여하는 새로운 국민참여 모델이다.

정부3.0 국민디자인단은 국민과 서비스 디자이너, 공무원 등 7명 내외로 구성된다. 이들은 함께 정책현장을 방문하는 등 공동활동을 통해 겉으로 드러나지 않는 국민의 진정한 요구(needs)를 발견하고 해결하는 등 정책과정에 직접 참여한다.

2015년에는 중앙부처 및 지자체에서 정부3.0 국민디자인단 활동이 본격적으로 확산돼 한 해 동안 총 248개 국민디자인 과제가 추진됐고, 총 1,500여 명이 참여했다.

독일 인터내셔널 포럼 디자인사가 주관하는 iF 디자인 어워드는 세계에서 가장 오래된 디자인상으로, 미국 IDEA, 독일 레드닷(red dot) 등과 함께 세계 3대 디자인상으로 꼽힌다.

산업부 관계자는 "서비스 디자인이 정부3.0의 핵심 방법론으로 확대되고, 국민디자인단의 혁신 성과가 산업계 혁신으로 확산될 수 있도록 지원을 아끼지 않겠다"고 밝혔다.

출처: 연합뉴스(http://www.yonhapnews.co.kr/), 2016. 2. 29.

제1절

서비스 디자인 시대

(1) 서비스 디자인의 등장

사람들은 궁금한 것은 궁금한 대로 두지 못하고 찾아보려 애쓰는 경향이 있다. 인터넷 세상이 되면서 사람들은 궁금함을 인터넷에서 해소하려 한다. 우리의 친구 네이버(NAVER)나 위키피디아(Wikipedia)는 그래서 언제나 방문객들로 문전성시이다.

"서비스 디자인은 몇 학번일까?" 우리 대학 사회에서는 언제나 입학한 연도인 학번으로 서열을 매기는 경향이 있다. 그런 의미에서 서비스 디자인은 서비스 경영에서 어느 정도나 선배일지 궁금하다. 위키피디아에서 답을 찾아볼까?[1)]

"서비스 디자인은 경영 전공 82학번입니다."

뉴욕 시티은행(Citibank)의 마케팅 디렉터이자 부사장이었던 린 쇼스탁(G. Lynn Shostack)이 유럽 마케팅 저널(European Journal of Marketing)에 1982년 발표한 "How to Design a Service"라는 논문을 통해

1) https://en.wikipedia.org/wiki/Service_design

서비스 디자인을 "서비스를 계획, 설계하는 활동(activity of designing service)"이라고 정의하였다(Shostack, 1982). 그러니 서비스 디자인은 서비스 경영 전공의 82학번이라고 할 수 있다.

"서비스 디자인은 디자인 전공 91학번이 맞습니다."

그렇지만 디자인 영역에서 서비스 디자인은 1991년에 쾰른 국제디자인학교(Köln International School of Design, KISD) 마이클 에르호프 교수(Michael Erlhoff)의 소개에 의해 도입되었다. 따라서 서비스 디자인은 디자인 전공의 91학번인 셈이다.

"서비스 디자인은 컨설팅 업계 01학번입니다."

경영 분야와 디자인 분야의 선구적인 학자들의 제안과 연구와 더불어 컨설팅 업계에서 이를 적용하여 비즈니스로 연결하는 사례가 등장하였다. 최초의 서비스 디자인 컨설팅 회사인 "Live|Work" 사는 2001년에 사업을 시작하였고, 2000년에 런던에서 창립된 "Engine" 사는 2003년에 서비스 디자인 컨설팅 전문기관으로 사업을 전개하였다. 그러니 컨설팅 업계에서는 01학번이라고 하겠다.

그래서 서비스 디자인은 짧게는 10여 년, 길게는 30여 년 동안 공공부문은 물론 민간부문에서 사람들의 삶을 보다 즐겁고 행복하게 만드는 일에 도움을 주며 스스로 자리매김을 잘 해오고 있다고 하겠다.

서비스 디자인은 영국의 "Engine" 사와 영국의 "IDEO" 사가 주요 프로젝트를 수행하면서 확산되고 있고, 국내에서는 2010년에 한국디자인진흥원에서 공공부문을 중심으로 이론을 도입하여 적용되는 사례가 등장하고 있다. 국내 민간분야에서는 에버랜드, 롯데백화점, 삼성서울병원 등이 관련 활동을 진행하여 왔다. 특히 한국표준협회에서는 서비스 디자인 경진대회를 2014년부터 추진하여 서비스 디자인 확산에 기여하여 왔다.

그림 2-2 서비스 디자인의 확산

- 서비스 디자인 방법론은 2000년대 영국에서 그 개념이 시작되어 유럽, 미국 등에 널리 확산되고 있음
- 유럽은 영국 'Engine' 社가, 미국은 'IDEO' 社가 주요 프로젝트를 수행
- 국내에는 2010년에 한국디자인진흥원에서 공공부문 중심으로 도입 시작
- 에버랜드, 롯데백화점, 삼성서울병원 등이 관련 활동을 진행하고 있으며, 한국표준협회에서 서비스 디자인 경진대회를 2014년부터 진행하고 있음

국내 도입 기업

출처: 김연성(2015), 「고객만족을 위한 서비스 디자인」, 2015년 (사)한국서비스경영학회 추계학술대회 발표논문집, pp. 255~265

서비스 디자인이 등장하게 된 이유는 무엇일까? 또 이 분야의 컨설팅을 필요로 하는 기업과 조직이 생겨나게 된 배경은 무엇일까? 그동안 다른 방법으로 해결하지 못한 과제를 서비스 디자인을 통해서 말끔히 해소할 수 있기 때문이 아닐까?

"잔돈은 넣어두세요(Keep the Change)"라는 서비스 디자인 적용 사례를 한번 살펴보자.

뱅크오브아메리카(Bank of America)의 혁신팀은 IDEO의 제안대로 2005년 10월에 "비자 체크카드로 구매하는 물건값을 계산할 때 전체 금액 중 달러 이하의 단위를 반올림해서 결제하고 나머지 잔액은 고객의 계좌에 저축할 수 있는 저축계좌 서비스"를 시작했다. 그 서비스의 명칭

이 "잔돈은 넣어두세요(Keep the Change)"였다.[2)]

이 프로젝트를 준비하면서 목표 고객들인 주부들에게 무엇이 중요한 것인지 알게 되었다. 그들은 돈 그 자체보다도 절약하는 행동이 가장 중요하다고 생각하며 절약 자체를 감성적인 행위로 여긴다는 것을 알게 되었다. 물론 근본적으로는 돈을 절약하는 것이 해결책이겠지만, 은행은 이러한 해결책을 속 시원히 제공해 줄 수 없었다는 것도 확인하였다. 그래서 IDEO가 주목한 해결책은 두 가지 아이디어를 하나로 묶어 보는 것이었다. 즉, 구매할 때 계산을 쉽게 하도록 하는 것과 청구서에는 언제나 우수리가 남지 않게 하자는 일종의 반올림 청구라는 아이디어였다. 결국, 비자 체크카드로 물건을 살 때엔, 우수리 거스름돈은 받지 않고 그 나머지를 자신의 통장에 차곡차곡 입금해주는 새로운 서비스 제안을 한 것이다. "잔돈은 넣어두세요"에서 잔돈은 팁이라는 의미도 있는데, 그 팁이 나의 통장에 모이게 되는 것이다.

뱅크오브아메리카는 이 서비스 디자인 시스템으로 당좌예금 70만 구좌와 보통예금 100만 구좌를 신규 개설하는 성과를 올렸고 이것을 계기로 1,200만 명의 신규 고객을 유치하는 놀라운 실적을 보였다고 한다. 누이 좋고 매부 좋은 새로운 서비스의 제안으로 이 은행은 고객의 사랑도 받고 실적도 챙기게 된 것이다.

이처럼 서비스 디자인은 학계와 컨설팅 업계 그리고 산업계와 공공부문에서 주목받는 서비스 경영의 핵심 이슈로 등장하였다. 물론 앞으로도 더 많은 기업과 조직에서 서비스 디자인을 적용하여 보다 좋은 성과를 달성하여 고객과 국민을 행복하게 해 줄 수 있는 마법 같은 새로운 제안이 등장하리라 기대한다.

2) https://www.ideo.com/work/keep-the-change-account-service-for-bofa

그림 2-3 잔돈은 넣어두세요

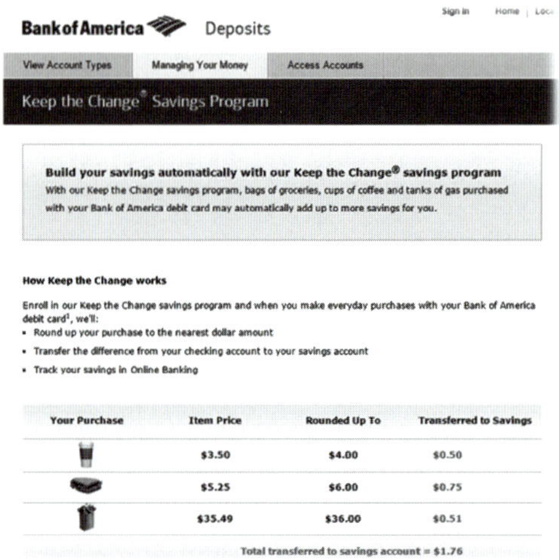

출처: www.bankofamerica.com/deposits/manage/keep-the-change.go?&statecheck=CA

(2) 서비스 디자인의 의미

서비스가 이루어지는 프로세스를 누구의 관점에서 볼 것인가에 대해서 한번 생각해 보자. 그렇게 할 수 있다면, 불편함, 기다림 그리고 실수를 줄여 고객에게 보다 나은 서비스를 제공할 수 있지 않을까? 보다 근본적인 고객의 니즈와 요구사항을 충족시켜 줄 수 있는 방안도 마련해 볼 수 있지 않을까?

고객(소비자, 사용자)의 관점에서 고객의 경험을 직접 관찰하고 분석할 수 있다면, 무엇이 진정으로 고객을 위한 활동인지 파악할 수 있을 것임은 복잡한 이론이나 다양한 사례를 제시하지 않더라도 쉽게 공감될 수

그림 2-4 서비스 디자인의 정의

- 서비스를 통해 경험하게 되는 모든 유·무형의 요소(사람, 사물, 행동, 감성, 공간) 및 모든 경로(프로세스, 시스템)에 대해 고객의 잠재된 요구를 포착하고 이것을 창의적으로 실체화함으로써 고객서비스 경험을 향상시키는 방법

"성공적인 서비스 디자인을 위해서는 동시에 세 관점(Business, Technology, Human Experience)에서 작업해야 한다."

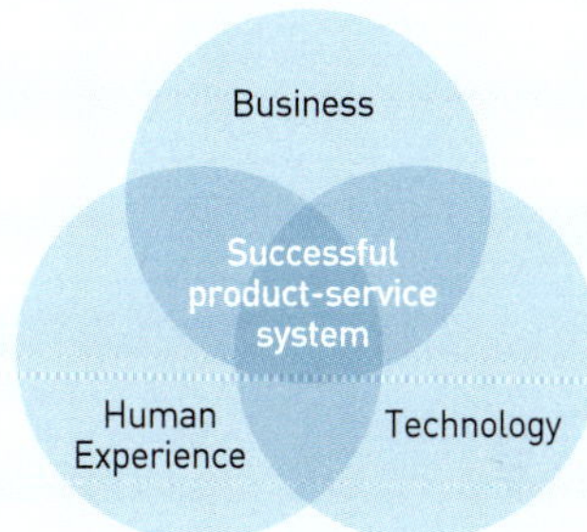

출처: 한국서비스디자인협회

있는 사항이다. 서비스 제공자는 이러한 점에 착안하여 기존의 서비스를 개선하기도 하고 전혀 새로운 서비스를 만들어 내기도 한다. 사실 이러한 활동은 서비스 디자인이라는 용어를 사용하기 이전부터 산업계에서 널리 수행되어 왔다. 이러한 활동은 서비스 디자인이란 개념으로 집합되고 정리되어 공유되고 확산되는 과정을 거치고 있다. 즉, 서비스 디자인 개념은 정체되어 있지 않고 현재진행형으로 진화되고 발전되고 있다.

이제 서비스 디자인의 의미를 정리해 보자. 한국서비스디자인협회에서는 서비스 디자인은 [그림 2-4]와 같이, 비즈니스와 기술 그리고 인간의 경험 관점에서 동시에 진행되어야 성공적일 것이라는 제안을 하였다. 이러한 관점을 반영한 서비스 디자인의 정의는 "서비스를 통해 경험하게 되는 모든 유·무형의 요소(사람, 사물, 행동, 감성, 공간) 및 모든 경로(프로세스, 시스템)에 대해 고객의 잠재된 요구를 포착하고 이것을

창의적으로 실체화함으로써 고객서비스 경험을 향상시키는 방법"이다.

서비스 디자인에 대한 관심과 활용이 점차 확대됨에 따라 서비스 디자인에 대한 정의도 다양하게 제안되었다. 학계와 관련 전문기관에서 정의한 내용과 컨설팅 업체에서 정의한 내용을 구분하여 다음의 표에 정리하였다.

표 2-1 서비스 디자인의 정의: 학계와 전문기관

구분	정의
Moritz (2005)	• 고객에게 더욱 유용하고 매력적인 서비스를 제공하고 조직이 효율적이고 효과적으로 서비스를 제공할 수 있도록 기존의 서비스를 개선하거나 서비스를 혁신하는 것
The Copenhagen Institute of Interaction Design (2008)	• 유·무형의 매개체를 사용하는 경험에 초점을 둔 새로운 분야 • 특히, 소매업, 금융업, 운수업, 의료업 등은 서비스 디자인으로 사용자 경험을 개선할 수 있는 분야 • 일반적으로 사용자에게 총체적인 서비스를 제공하기 위한 시스템과 프로세스를 디자인 • 디자인과 경영, 프로세스 공학의 다양한 방법을 조합한 학제적 분야
Mager (2009)	• 서비스 디자인의 목표는 서비스 인터페이스가 고객 입장에서는 편리하고 매력적이게 하며, 공급자 입장에서는 효과적이고 효율적이며 차별화될 수 있도록 하는 것
UK Design Council (2010)	• 유용하고, 사용 가능하고, 효과적이고, 효율적이고, 매력적인 서비스를 만들기 위한 모든 것
서비스 디자인 네트워크	• 유용하고 편리하며 바람직한, 효율적이고, 효과적인 서비스 창출을 목적으로 하는 고객경험에 초점을 둔 서비스 이용 품질을 핵심가치로 추구하는 인간중심적 접근방식 • 전략·시스템·프로세스·접점의 통합적 디자인을 고려한 전체론적 접근방식 • 사용자 지향적인 다학제적 접근, 지속적 학습을 통합한 체계적·반복적 프로세스
한국디자인진흥원	• 서비스를 구성하는 다양한 각 요소(서비스의 콘셉트, 절차, 시스템, 사용자와의 접점 디자인 등) 또는 이 모두를 전체적이면서도 맥락적인 관점에서 파악하여 이해관계자 간 잠재된 요구를 포착 • 이것을 창의적이고 협력적인 디자인 방법을 통해 가시화함 • 고객이 제품과 서비스를 이용하는 경험적 가치를 혁신적으로 향상시키는 방법 및 분야

표 2-2 서비스 디자인의 정의: 컨설팅 업체

구분	정의
31 volts service design (2008)	• 같은 가격에 같은 커피를 파는 두 커피숍이 나란히 있을 때, 서비스 디자인은 사람들이 첫 번째 커피숍 대신 두 번째 커피숍으로 들어가도록 만드는 것과 같은 것
Engine service design (2010)	• 훌륭한 서비스를 개발하고 제공하는 데 도움을 주기 위한 분야 • 서비스 디자인 프로젝트는 서비스를 제공하는 사람을 함께 고려하면서 환경, 의사소통, 제품 등의 사용성과 만족도, 충성도, 효율성을 개선함
Frontier service design (2010)	• 기업이 고객의 요구를 종합적이고 깊이 있게 이해하기 위한 총체적 방법
Continuum (2010)	• 고객과의 인터랙션과 서비스 환경을 디자인함으로써 최종적으로 고객의 경험을 디자인하고, 나아가 브랜드 메시지를 전달하는 활동
Live|Work (2010)	• 서비스 개발을 위한 디자인 프로세스와 역량 • 기존의 서비스를 개선하고 새롭게 혁신하기 위한 창조적이며 실질적인 방법
Peer Insight	• 서비스 혁신을 위해 커뮤니케이션, 공간, 행동, 사람, 사물, 도식 등 서비스를 이루는 유·무형의 요소를 총체적으로 배열하고 리서치에 근거해 디자인하는 것

이상의 정의를 종합하면, 서비스 디자인 개념은 "고객의 잠재 욕구를 발견하는 방법으로 서비스 제공자인 기업과 서비스 수요자인 고객의 경험을 모두 고려하고, 다양한 이해관계자들이 공동 참여하여 문제를 새로운 시각으로 정의하고 해결책을 제시할 수 있는 혁신적 방법론"으로 확장됐다고 할 수 있다(이경선·김연성·최정일·김서영, 2015). 또한 같은 맥락에서 서비스 디자인의 개념을 "서비스를 설계하고 전달하는 과정 전반에 디자인 방법을 적용함으로써 사용자의 생각과 행동을 변화시키고 경험을 향상시키는 분야"라고 [그림 2-5]와 같이 정리할 수 있겠다.

서비스 디자인에 대한 다양한 정의를 통해 매우 중요한 특징을 다음과 같이 네 가지로 정리하였다.

그림 2-5 서비스 디자인의 개념 정리

- 서비스를 설계하고 전달하는 과정 전반에 디자인 방법을 적용함으로써 사용자의 생각과 행동을 변화시키고 경험을 향상시키는 분야

01 집중적 디자인 리서치

02 다양한 이해관계자의 욕구를 반영케 하는 공동개발

03 맥락적이고 통합적 관점

04 빠른 반복 실행을 통해 개발

05 특화된 가시화 방법으로 혁신적 아이디어를 구체화함으로써 고객이 경험하는 제품, 서비스의 가치를 극대화함

출처: 서비스 디자인의 정의(2011), 쓸만한 웹 (http://cafe.naver.com/usable/1218, http://cafe.naver.com/usable/694)

첫째, 서비스 디자인의 초점이 고객중심적이며, 고객의 경험을 모두 고려하려는 것이 특징이다.

둘째, 서비스 디자인의 목표는 서비스 개선 또는 서비스 혁신이라는 점이다. 바로 이러한 특성 때문에 점차 많은 기업과 기관에서 서비스 디자인에 관심을 기울이는 것이며, 성공적인 서비스 디자인은 서비스 품질 향상을 통해 서비스 성과 창출로 연계된다는 점에 주목할 필요가 있겠다.

셋째, 서비스 디자인은 종합적인 시각에서 바라보는 총체적인 관점을 요구한다는 점이다. 단순한 물리적인 환경의 개선만이 서비스 디자인의 영역은 아닌 것이다.

넷째, 서비스 디자인은 디자인과 경영 그리고 공학 등 다양한 전문가

가 함께 참여하여 공동 창작을 해야 하는 분야라는 점이다. 기업에서도 많은 부서의 다양한 임직원들이 참여할 때 보다 나은 서비스 디자인을 도출할 수 있다.

즉, 서비스 디자인은 고객 입장에서는 유용하고 편리하며 바람직한 서비스를 받을 수 있게 하며, 서비스 공급자인 기업(또는 기관)의 입장에서는 효율적이며 효과적이고 매력적인 서비스를 제공할 수 있게 하며, 이해관계자의 입장에서는 행복하며 건강한 서비스를 공유할 수 있게 한다는 점에서 의의가 있다. 그래서 서비스 디자인의 결과는 기존 서비스의 개선 또는 새로운 서비스의 혁신이 될 것이다.

그림 2-6 서비스 디자인의 특징

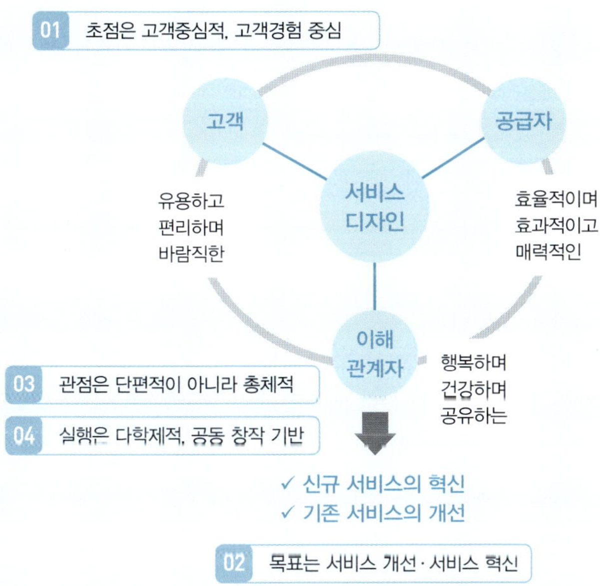

제2절

서비스 디자인 활용

(1) 서비스 디자인 방법

서비스 디자인의 등장과 활용이 본격화됨에 따라 서비스 디자인을 수행하는 방법론에 대한 요구와 연구가 다양하게 진행되었다. 그래서 개념적인 제안에서 시작된 서비스 디자인은 실제 적용 가능한 프로세스로 거듭나게 된 것이다. 다양한 컨설팅 회사와 전문기관에서 제시하는 독자적인 프로세스는 언뜻 보면 상이한 것 같으나 그 본질은 거의 유사하다. 이 가운데 가장 대표적인 방법론이 영국의 디자인 카운슬(Design Council)이 제시한 "더블 다이아몬드 디자인 프로세스 모델(The Double Diamond Design Process Model)"이다. 발견(Discover), 정의(Define), 개발(Develop), 전달(Deliver)의 4단계로 구성된다(Design Council, 2015). 이 모델을 중심으로 다양한 프로세스를 비교하여 정리하면 다음의 [그림 2-7]과 같다.

더블 다이아몬드 디자인 프로세스 모델의 특징은 아이디어의 발산과 수렴을 반복하는 것이다. 우선은 수많은 아이디어를 나열한다(발산적 사고). 다음은 최적의 아이디어를 도출하기 위해 아이디어를 정제하

그림 2-7 서비스 디자인 프로세스 – 다양한 접근법

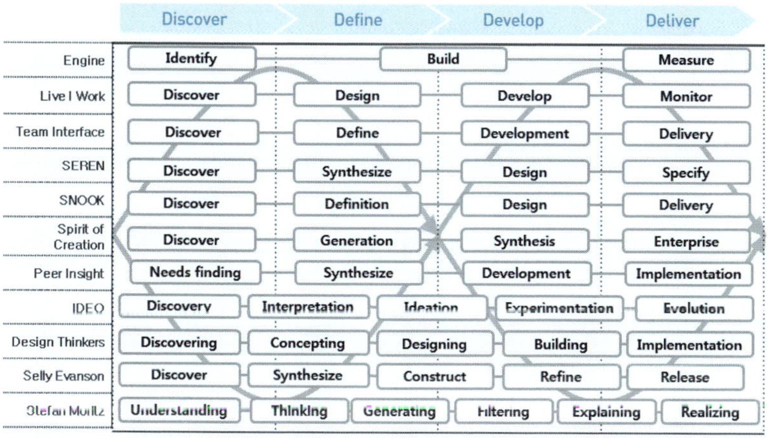

고 구체화시킨다(수렴적 사고). 아이디어의 숫자가 넓혀졌다가 다시 좁혀지기 때문에 다이아몬드 형태를 지닌다. 이런 과정을 두 번 거치기 때문에 "더블 다이아몬드" 모델이라고 부른다. 먼저 문제를 발견하고 확인하는 과정에서 의견이 1차적으로 수렴되어야 한다. 이후 실제적이고 구체적인 해결책을 마련하는 과정에서 한 번 더 의견을 수렴한다. 일반적으로 해결책 찾기에 집중하면 문제의 정의를 소홀히 할 수도 있다. 문제가 제대로 정의되어 있지 않으면 해결책을 찾더라도 올바른 솔루션이 되지 않을 가능성이 있어서 유의할 필요가 있겠다.

이러한 서비스 디자인은 일반적으로 4단계(4D)의 프로세스를 통해 고객의 경험을 재정립할 수 있다. 서비스 디자인의 프로세스는 발견(Discover), 정의(Define), 개발(Develop), 전달(Deliver)의 4단계로 구성되어 있으며, 확산적 사고와 수렴적 사고의 반복과정을 거치며 진

그림 2-8 서비스 디자인 프로세스: 더블 다이아몬드(4D) 모델

- 서비스 디자인을 적용하는 프로세스는 4D(발견-정의-개발-전달)로 구성된다.

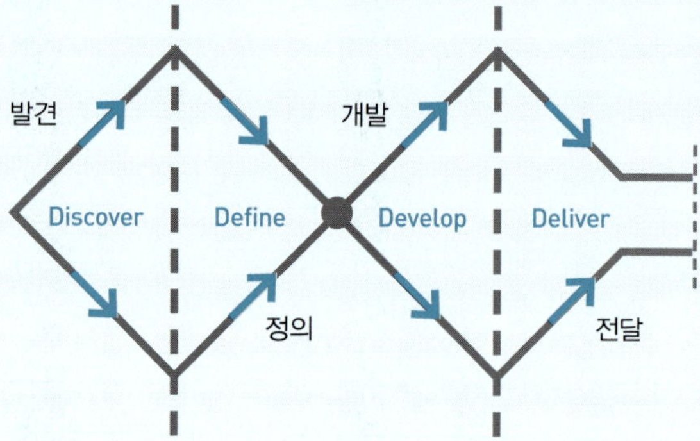

Discover (발견)	• 도전과 목표를 정의하고, 될 수 있는 한 많은 가능성을 찾아내는 것이 목표 • 여러 사람을 만나서 이야기를 나누고 문제가 무엇인지를 이해하는 단계
Define (정의)	• 추려진 내용들을 다듬어서 다시 늘리고 확장하는 과정 • 모든 가능성을 생각하면서, 아이디어를 더 좋게 향상시킬 수 있게 하는 단계
Develop (개발)	• 중요한 것을 추려내어 전체적 방향을 잡는 단계 • 고객을 위한 디자인을 한다는 것에 염두를 두고 우선순위를 매겨가며, 수집된 정보에서 패턴과 주제를 찾아내는 단계
Deliver (전달)	• 의견들을 다시 수렴하여 그동안 만들어낸 콘셉트를 명료하게 전달 • 모든 사람들이 이해할 수 있도록 구성하며, 고객의 피드백을 받는 단계

출처: www.designcouncil.org.uk/news-opinion/design-process - what-doublediamond

행되는 것이 특징이다.

첫째, 발견(Discover) 단계에서는 고객과 서비스 이해관계자들의 요구분석을 통해 쟁점사항을 도출하고 서비스 개선 및 개발 방향을 수립한다.

둘째, 정의(Define) 단계에서는 고객이 경험하는 서비스 환경 및 숨겨진 니즈를 분석하여 차후 서비스 전략 및 콘셉트를 도출한다.

셋째, 개발(Develop) 단계에서는 도출된 서비스 전략 및 콘셉트가 실제 환경에서 실현 가능한가를 검증하고, 서비스 실행을 준비한다.

마지막으로 전달(Deliver) 단계에는 검증된 서비스 전략 및 콘셉트를 명료하게 전달한다.

(2) 서비스 디자인 도구

서비스 디자인 프로세스를 따라 서비스 디자인을 수행하려면 각 단계별로 도구(tools)가 필요하게 된다. 예를 들면, 고객관찰, 인터뷰, FGI 등 일반적으로 사용되는 방법론 외에도 서비스 사파리(대상의 정확한 이해를 위해 직접 경험하면서 서비스를 관찰), 페르소나(전형적 사용자의 모습을 묘사하고, 예상되는 고객특성을 구체적으로 제시), 고객여정지도(시공간적 순서에 따른 터치 포인트를 고객이 어떻게 경험하는지 묘사), 서비스 청사진(각 역할을 중심으로 누가, 무엇을, 어떻게 제공할지에 관한 사항을 정리) 등의 방법을 사용할 수 있다.

서비스 경영 분야나 디자인 분야에서 서비스 혁신과 서비스 품질 향상을 위해 이미 사용되었던 도구들이나 이를 서비스 디자인 프로세스 단계별로 적용하고 실행하기 위해서는 각 단계의 요구사항에 적합하게 다양한 도구를 복합적으로 선택하고 활용하여야 한다.

이를 위해서 서비스 디자인 프로세스 4D 모델의 단계별로 적용 가능한 서비스 디자인 도구를 매핑하여 정리하면 [그림 2-9]와 같다. 여기에 제시한 도구들은 다양한 서비스 디자인 프로세스 방법론에서 사용되고 있는 것을 망라한 것으로서, 그 가운데 비교적 공통적으로 널리 활용되는 도구를 20개 선별하여 정리한 것이다.

여기서는 서비스 디자인 프로세스별로 활용 가능한 20개의 방법론을 제시하고 있지만, 상황에 따라 기존의 모든 혁신 도구들이 분석 및 개선의 도구로 활용될 수 있으며, 다양한 도구는 문제 해결의 목적에 따라 다양한 형태로 변화되어 사용될 수 있다.

발견(Discover) 단계에서는 문제를 이해하고 파악하기 위한 정보수집의 단계이며, 공동 창작(Co-Creation), 관찰(Observation), 브레인스토밍(Brainstorming), 인터뷰(Interview), 쉐도잉(Shadowing), 센

그림 2-9 4D 단계별 서비스 디자인 도구 매핑

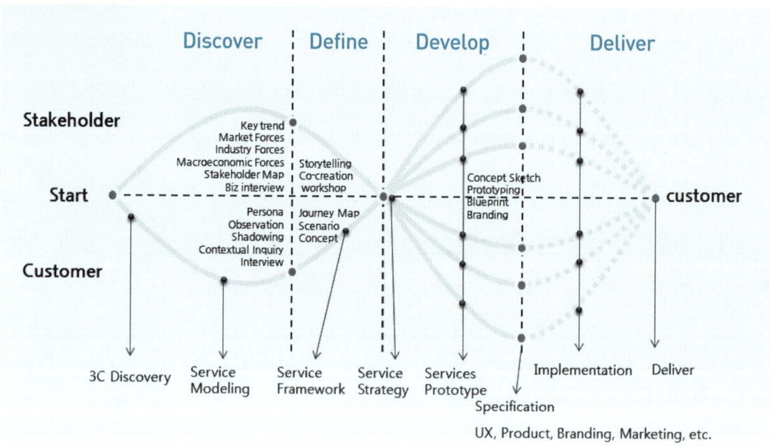

출처: 팀인터페이스

그림 2-10 4D 단계별 서비스 디자인 20선 매핑

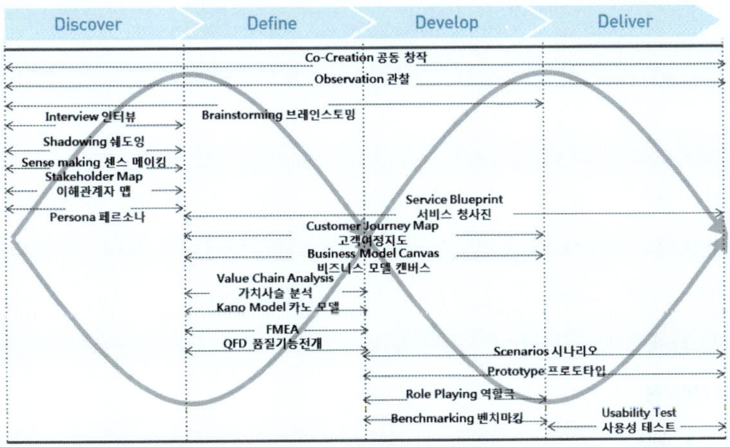

스 메이킹(Sense making), 이해관계자 맵(Stakeholder Map), 페르소나(Persona) 등 관찰조사 및 인터뷰 기법들이 주로 사용된다. 서비스 대상을 이해하고, 숨겨진 니즈를 발견하는 단계로서 서비스 디자인의 전략 및 방향을 제시할 수 있는 서비스 증거(evidence)가 수집될 수 있도록 해야 한다.

정의(Define) 단계에서는 공동 창작(Co-Creation), 관찰(Observation), 브레인스토밍(Brainstorming), 서비스 청사진(Service Blueprint), 고객여정지도(Customer Journey Map), 비즈니스 모델 캔버스(Business Model Canvas), 가치사슬 분석(Value Chain Analysis), 카노 모델(Kano Model), FMEA(Failure Mode and Effect Analysis), 품질기능전개(QFD, Quality Function Deployment) 등과 같은 문제 원인 분석과 문제 분석 그리고 프로세스 분석 기법 등이 사용될 수 있다. 서비스

조직에 대한 총체적인 이해가 필요하고, 고객들이 경험하는 서비스 환경과 숨겨진 니즈를 분석하여 서비스 전략 및 서비스 콘셉트를 도출할 수 있어야 한다.

개발(Develop) 단계에서는 공동 창작(Co-Creation), 관찰(Observation), 브레인스토밍(Brainstorming), 서비스 청사진(Service Blueprint), 고객여정지도(Customer Journey Map), 비즈니스 모델 캔버스(Business Model Canvas), 시나리오(Scenarios), 프로토타입(Prototype), 역할극(Role Playing), 벤치마킹(Benchmarking) 등을 통해 서비스 콘셉트를 개발한다. 서비스 콘셉트는 고객과 제공자의 통합적인 관점이 반영될 수 있도록 할 필요가 있다.

그리고 마지막 전달(Deliver) 단계에서는 공동 창작(Co-Creation), 관찰(Observation), 서비스 청사진(Service Blueprint), 시나리오(Scenarios), 프로토타입(Prototype), 사용성 테스트(Usability Test) 등을 통해 개발된 서비스를 이해관계자들로부터 최종 점검 받고, 서비스 디자인에 대한 전반적인 평가가 이루어지게 된다. 이를 통해 최종 결정된 서비스의 실행방법은 시각화, 구체화, 문서화하여 표준화될 수 있도록 해야 한다.

서비스 디자인 프로세스는 단번에 마무리 할 수 있는 것은 아니며, 바라는 좋은 결과를 만들어 낼 때까지 이 프로세스를 반복하여 수행하는 경우가 많이 있다는 점에 주의할 필요가 있다. 또한, 서비스 디자인 프로세스는 4단계의 과정으로 각각 나눠져 진행되는 것으로 보이지만 실제로는 각 프로세스가 유기적으로 연결되어 총체적으로 진행되는 것이 일반적이라 할 수 있다.

이제 각각의 도구를 하나하나 살펴보기로 한다.

1) 공동 창작(Co-Creation): 공동 창작은 서비스 디자인의 핵심 철학이다. 공동 창작 과정은 서비스를 기획하고 제공하고 소비하는 경영자, 서비스 담당자, 엔지니어, 고객과 같은 다양한 이해관계자가 함께 문제를 정의하고 해결책을 제시하는 것이다. 또한 공동 창작 과정은 이해관계자 간의 상호작용을 향상시켜 고객과 직원의 만족을 높여 주며, 고객은 서비스 개발에 참여함으로써 서비스 제공자와 동반자적인 관계로 발전시킬 수 있는 기회를 얻게 된다. 이렇게 서비스 전달에 고객의 참여가 높아질수록 서비스에 대한 고객의 공유 의식과 충성도가 높아지고, 이를 바탕으로 서비스 제공자는 고객과의 장기적인 관계로 발전할 수 있게 된다(Stickdorn and Schneider, 2011).

2) 관찰(Observation): 관찰은 단순하게 쳐다보는 것을 넘어, 대상을 전후좌우로 살펴보고 입장을 바꿔 생각하며 숨은 의미를 발견하고 이를 이해하는 것이다. 관찰은 무심히 바라보는 행위가 아니라 명확한 의도를 파악하는 적극적인 행위이다. 관찰은 대상을 '주의 깊게 보는 것'부터 시작해서 숨겨진 의미를 '발견'하고 미처 몰랐던 원리에 대해 '깨달음'을 얻어 이를 기반으로 새로운 것을 찾는 '개선'의 단계까지 폭넓은 내용을 담고 있다. 관찰이 반복되면서 통찰의 깨달음을 얻을 수 있는데 '통찰'이란 예리한 관찰력으로 사물의 이치를 꿰뚫어보는 것으로 통찰이 중요한 이유는 '눈에 보이지 않는 것(invisible)'을 '눈에 보이게(visible)' 만드는 능력 때문이다(양은우, 2013).

3) 브레인스토밍(Brainstorming): 브레인스토밍은 1939년 오스본(A. Osborn)에 의해 제안된 집단 토의의 일종으로 일정한 주제에 관하여 회의형식을 채택하고, 구성원의 자유발언을 통해 많은 양의 아이디어를

모아 더 좋은 아이디어를 찾아가는 발상법이다. 브레인스토밍에서 중요한 것은 도출된 아이디어에 대하여 비판을 하거나 섣부른 결론을 내리지 않아야 하며 여러 사람들이 자유롭게 제시한 창의적인 아이디어를 종합하여 합리적인 해결책을 모색해야 한다는 것이다. 평가에 대한 두려움 없이 다양한 이해관계자 간의 상호작용이 원활하다는 장점이 있어 창의적 사고를 촉진하는 기법으로 가장 널리 활용되고 있다(Osborn, 1963).

4) 인터뷰(Interview): 인터뷰는 서비스와 상호작용하고 있는 환경 속에 있는 고객들과 관련된 다른 이해당사자들을 대상으로 진행한다. 인터뷰 대상자는 어떻게 선정할 것인가를 고려해야 하며, 성공적인 인터뷰를 위해서는 인터뷰 대상자가 편안하고 친밀하게 느낄 수 있도록 해야 하며, 그들의 인터뷰 내용을 통해서 그들의 일상을 이해하고, 숨겨진 의도를 발견할 수 있어야 한다.

5) 쉐도잉(Shadowing): 쉐도잉은 잘 드러나지 않는 사람들의 행동과 경험을 그들의 입장에서 관찰할 목적으로 고객의 최전방 또는 후방에서 고객의 행동을 기록하는 것이다. 조사자들은 가능한 한 눈에 띄지 않도록 주의하고, 연구결과들을 상세히 기록하기 위해 비디오 및 사진 촬영 등의 방법이 사용된다.

6) 센스메이킹(Sensemaking): 센스메이킹은 현상학(Phenomenology) 방식에 입각한 분석이 핵심이다. 현상학이란 사람들이 생활 속에 일어나는 일들을 어떻게 경험하고 인식하는가를 연구하는 학문으로, 커피 전문점을 예로 들어 분석할 때 하루 동안 고객이 마시는 커피가 몇 잔인가를 논하는 것이 아니라, 고객이 커피에 대한 '경험'을 어떻게 인식하는

가를 밝히고자 하는 것이다. 즉, 문제를 인간의 경험이라는 측면에서 생각하고, 기업이 시장·제품·고객을 그들의 관점이 아닌 고객의 관점에서 바라보고자 하는 것이다. 센스메이킹은 인문과학에 기반한 분석 방법으로 고객의 니즈나 소비 횟수를 기준으로 고객을 세분화할 때 창조적 사고를 통해 영감을 제공하는 방법이다(Christian and Mikkel, 2014).

7) 이해관계자 맵(Stakeholder Map): 이해관계자 맵은 서비스에 직·간접적으로 영향을 주고받는 이해관계자들을 시각적으로 체계화하는 것으로 스태프, 소비자, 직원, 기업 관계자들을 예로 들 수 있다. 이해관계자 맵을 만들기에 앞서 해당 서비스와 관련 있는 이해관계자들의 전체 목록을 만들고 그들의 소통 관계를 파악한 후 명확히 시각화하여 그로부터 공통분모를 찾아낼 수 있도록 해야 한다. 여기서 공통분모란 그들이 해당 서비스로 충족하고자 하는 관심사와 동기가 유사한 그룹을 말한다. 이러한 과정은 이해관계자들 간의 취약점과 문제점을 파악하여 균형 있는 니즈 반영이 가능하도록 하며 시각화된 지도를 통해 각자 역할의 중요성을 이해하고 공유할 수 있어 이해관계자들 사이에서 일어나는 쟁점을 조절할 수 있도록 도와준다(Stickdorn and Schneider, 2011).

8) 페르소나(Persona): 페르소나는 유사한 목표와 사용 패턴을 지닌 사용자 그룹을 말하며, 구체적으로 실체가 있는 특정인이 될 수 있도록 의인화하는 것을 말한다. 사용자를 그룹 타입으로 이해하면서도 인간중심의 관점을 유지하는 데 도움을 준다. 페르소나는 인물을 설정하여 설명이나 조건을 부여하며 페르소나에게 생명을 불어넣고, 브레인스토밍, 고객여정지도 그리고 시나리오 작성 시 사용자를 대표하는 인물을 정하여 논의의 방향이 다른 곳으로 가지 않도록 이정표 역할을 하게 된다.

9) 서비스 청사진(Service Blueprint): 서비스 청사진은 서비스 디자인의 가장 대표되는 방법론(tool)이다. 1984년 린 쇼스탁(G. Lynn Shostack)에 의해 처음 제시된 개념으로 서비스 과정 전체를 도식화한 것이다. 서비스 청사진은 고객의 눈에 보이는 부분과 보이지 않는 부분을 구분하고, 고객이 경험하게 되는 모든 과정과 관련된 접점 직원과 후선 직원의 활동을 순서대로 나열하여 서비스의 실수와 고객을 기다리게 만드는 포인트를 찾아내 개선하는 방법이다(김연성, 2003). 서비스 디자인 초기 단계에서는 서비스의 다양한 측면을 살펴보기 위한 서비스 청사진의 초안이 만들어지고, 이후 서비스 혁신을 위한 새로운 아이디어가 확장되면서 서비스 청사진은 더 풍부해지고 상세해진다. 이를 이용하여 실제 서비스 전달을 위한 로드맵으로 활용할 수도 있다.

10) 고객여정지도(Customer Journey Map): 고객여정지도는 고객이 서비스를 위해 경험하게 되는 모든 행동과정을 정의하고, 그 과정에서 생기는 고객체험을 시각화하기 위해 사용하는 방법이다. 고객의 전체 행동진행경로를 순차적인 시간의 흐름으로 단계별로 맵(map)을 구성하여 나타낸다. 고객의 동선은 선(line)으로 표현하여 고객의 여정을 판단할 수 있다. 고객이 경험하게 되는 여정은 서비스를 이용하거나 또는 제공되어 구매하는 시점에 따라 진행 전, 진행 중, 진행 후의 시간 관점에 따라 나누어 볼 수가 있다. 이 시점에 따라 서비스 경험에서 느껴지는 기대나 만족의 감성적 차원을 고객 관점에서 알아봐야 한다.

이처럼 고객 행동 과정의 동선뿐만 아니라 고객의 경험에 따른 감정의 여정(emotional journey)을 맵(map)으로 표현하여 고객의 만족상태를 체크할 수도 있다. 고객여정지도를 통해 순간순간을 디자인하는 동시에 전체 흐름을 시각화할 수 있어 장애물이나 서비스를 개선할 수 있는 시점을 찾을 수 있다.

11) 비즈니스 모델 캔버스(Business Model Canvas): 비즈니스 모델 캔버스는 고객 세그먼트(CS, Customer Segments), 가치 제안(VP, Value Propositions), 채널(CH, Channels), 고객관계(CR, Customer Relationships), 수익원(RS, Revenue Streams), 핵심자원(KR, Key Resources), 핵심활동(KA, Key Activities), 핵심파트너십(KP, Key Partnerships), 비용구조(CS, Cost Structure) 이렇게 아홉 개의 칸을 포스트잇을 이용해 채우는 과정을 통해 하나의 조직이 어떻게 가치를 포착하고 창조하고 전파하는지 그 방법을 논리적으로 설명한 것이다. 비즈니스 모델 캔버스는 조직의 구조, 프로세스, 시스템을 알 수 있는 전략적 청사진이라고도 할 수 있다(Osterwalder and Pigneur, 2010).

12) 가치사슬 분석(Value Chain Analysis): 가치사슬 분석은 미국 하버드대 마이클 포터(Michael E. Porter) 교수에 의해 정립된 이후 광범위하게 활용되고 있다. 가치사슬이란 기업 활동에서 부가가치가 생성되는 과정을 의미하며, 부가가치 창출에 직접 또는 간접적으로 관련된 일련의 활동 기능 프로세스의 연계를 의미한다. 이를 통하여 가치 활동 각 단계에 있어서 부가가치 창출과 관련된 핵심활동이 무엇인가를 규명할 수 있으며, 각 단계 및 핵심활동들이 강점이나 약점 및 차별화 요인을 분석하고 나아가 경쟁우위 구축을 위한 도구로 활용될 수 있다.

13) 카노 모델(Kano Model): 카노 모델은 일본의 노리아키 카노(Noriaki Kano) 교수가 개발한 것으로, 사용자 만족도와 니즈 간의 관계를

명시해 개별 니즈들이 갖는 가치를 판단하게 해주는 모델이다. 제품의 속성(product attributes)과 관련하여 고객이 만족하는 방식에 어떤 차이가 있는가에 초점을 둔다. 카노 모델은 고객만족과 관련 제품이나 서비스의 속성을 매력(attractive), 단일 차원(one-dimensional), 필수(must-be), 무관심(indifferent), 반전(reverse)의 다섯 가지 범주로 구분한다. 카노 모델은 고객의 욕구를 파악한 다음, 이를 토대로 제품이나 서비스를 어떻게 디자인할 것인가를 결정하기보다는 모델의 성격상 다른 기업의 상품과 경쟁을 고려해 제품이나 서비스를 어떻게 차별화할 것인가에 초점을 둔다.

14) FMEA(Failure Mode and Effect Analysis): FMEA는 서비스 제공 과정에서 고객의 불평이 발생하기 전에 잠재적인 서비스 실패 요인(Failure Mode)을 미리 파악하여 제거함으로써 고객의 불평을 최소화하는 기법이다(Chuang, 2007). FMEA는 서비스 프로세스에 대한 흐름(flow)을 일반화하고, 잠재적인 실패 요인들을 나열하여 이들 실패 요인들의 위험 우선순위를 파악하는 순으로 분석이 진행된다. 위험 우선순위(RPN, Risk Priority Number)는 불평 유형에 대하여 불평의 심각도, 발생 정도, 불평 탐지 가능성 이 세 가지 기준의 곱으로 산출한다. 따라서 위험 우선순위가 가장 높게 나타난 불평 유형이 우선 개선되어야 할 실패 요인임을 알 수 있다. FMEA는 서비스 청사진과 결합시켜 서비스 단계에서의 실패 요인을 도출할 수도 있다(Chuang, 2007).

15) 품질기능전개(QFD, Quality Function Deployment): 품질기능전개는 고객의 다양한 요구 사항들을 구체화시키고, 나아가서 제품 혹은 서비스 능력을 체계적으로 평가할 수 있게 할 수 있는 방법이다. 고객의

요구는 주관적이고, 정성적인 언어로 표현되기 때문에 이를 그대로 설계에 반영하기가 곤란하다. 이러한 고객의 1차적인 요구가 그대로 설계에 반영될 수 있도록 정량적인 특성으로 전환하여 고객의 만족도를 극대화시키고자 하는 것이 품질기능전개의 기본적인 발상이다. 품질의 집(HOQ, House of Quality)은 고유한 업무 영역을 가지고 있는 관련 부서 간의 커뮤니케이션을 촉진해 서비스 설계 시에 효과적이고 체계적인 논의가 가능하도록 해주는 것으로 품질기능전개 활용의 핵심수단이다.

16) 시나리오(Scenarios): 시나리오는 서비스 디자인 프로세스의 모든 단계에서 사용할 수 있으며, 서비스 경험을 정의하는 중요 요소를 이해하고 분석하고 검토할 수 있도록 도와준다. 또한, 서비스 콘셉트와 프로토타입에 적합한 상황을 제공함으로써 이해를 돕고, 이를 이용해 미래에 사람들이 새로운 서비스를 어떻게 사용할 것인지를 예측할 수 있도록 해준다. 시나리오는 글이나 스토리보드, 영상 등으로 만들 수 있다.

17) 프로토타입(Prototype): 프로토타입은 개발접근법의 하나로서 개발 초기에 모형(원형, prototype)을 간단히 만들어 사용자에게 보여 주고, 사용자가 직접 사용해 보게 함으로써 기능의 추가, 변경 및 삭제 등을 요구하면 이를 즉각 반영하여 설계를 다시 하고 프로토타입을 재구축하는 과정을 사용자가 만족할 때까지 반복해 나가면서 개선시켜 나가는 방식이다(강신철, 2011). 개발 과정에서 도출된 아이디어를 시각화하여 실행 전 점검하고, 서비스 모델을 구축하는 과정으로서 소비자 데이터 분석이 목적이다. 프로토타입은 무형의 서비스에 대한 구체화를 통해 이해관계자 및 소비자의 반응을 관찰할 수 있다.

18) 역할극(Role Playing): 역할극은 타인의 역할을 직접 경험해 봄으로써 자신과 타인을 이해하는 데 도움을 준다. 즉, 직원들에게 고객들의 요구를 효과적으로 충족시켜 주는 데 필요한 방법과 훈련을 제공하게 된다. 이를 통해 직원들은 서비스를 이해하고 개선할 수 있게 될 뿐만 아니라 주인의식을 가질 수 있게 된다. 주로 역할극은 비디오 녹화를 통해 참여자들이 자신의 행동을 분석하는 방법을 사용한다.

19) 벤치마킹(Benchmarking): 벤치마킹은 특정 분야에서 우수한 상대를 표적 삼아 그 성과 차이를 비교하고, 이를 극복하기 위해 그들의 장점을 배우면서 혁신을 추구하는 방법이다. 즉, 뛰어난 상대에게서 배울 것을 찾아 배우는 것이다.

20) 사용성 테스트(Usability Test): 사용성 테스트는 사용자가 경험하는 사용성 문제를 파악하기 위하여 실제 사용자를 대상으로 과업(task)을 수행하도록 하고, 이를 관찰, 분석하는 조사방법이다. 즉, 사용자의 편의성에 대한 사용자 테스트라 할 수 있다.

(3) 서비스 디자인 활용[3)]

여기에서는 서비스 디자인을 활용하여 서비스를 개선하고 고객들의 만족도를 높인 A 백화점의 실제 적용 사례를 소개하고자 한다. 한국표준협회에서 2014년에 주최한 '제1회 서비스 디자인 경진대회'에서 대상을 수상한 A 백화점은 서비스 디자인을 서비스 혁신을 위해 도입하여

---

3) 이경선·김연성·최정일·김서영(2015), 「서비스 디자인 방법론을 통한 백화점의 서비스 개선사례 연구」, 서비스경영학회지, 16(1), pp. 225~243을 중심으로 정리한 내용이며, [그림 2-11]부터 [그림 2-18]은 A 백화점 내부 자료임.

고객경험을 개선하였고, KS-SQI(한국서비스품질지수)에서도 높은 점수를 받는 데 도움을 받았다고 한다.

A 백화점은 서비스 디자인을 설계하고 적용하기 위하여 먼저 사전 조사를 실시하였다. 고객들이 불만을 느끼고 있으며 개선이 필요하다고 생각되는 부분에 대하여 설문조사를 한 뒤, 특별히 개선이 시급한 지점 5곳을 선정하였다. 이렇게 선정한 지점에서 근무하고 있는 현장 직원, 서비스 유관부서 직원, 시설 및 환경부서 직원 등 서비스 설계와 직·간접적으로 관련 있는 부서의 핵심직원들을 선발하여 디자인을 하는 과정에 적극적으로 참여하게 하였다. 이는 고객의 소리를 듣고 추상적으로 서비스의 개념을 정의하는 것을 사전에 방지하고, 추후 서비스 디자인을 통해 개선방안이 도출되었을 때 실제 적용 가능성을 높이기 위함이었다.

A 백화점은 앞에서 설명한 서비스 디자인 프로세스 4단계를 적용하여 실질적인 개선사례를 도출하였다.

1) 발견(Discover) 단계: 이해와 공감을 통한 문제 발견

발견 단계에서는 서비스에 대한 대내외 요소를 분석하고 고객에 대하여 근본적인 이해를 하는 것이 중요하다. A 백화점은 현재 고객들의 만족도가 어떠한 수준인지 확인하기 위하여, 사전 설문조사와 KS-SQI 점수를 분석하였고, 다양한 문제점을 발견하였다. 이 중에서도 시급히 불만을 해결해주어야 하는 고객군은 '30대 여성 고객'이었다.

[그림 2-11]과 같이 A 백화점의 '2013년 KS-SQI 쿼터별 점수'에 따르면, 매장 분류에서 식당가 및 식품매장을 이용하는 고객들의 만족도가 타 매장에 비하여 하향하는 추세를 보이고 있다. 또한 연령별·성별 만

그림 2-11 2013년 KS-SQI 쿼터별 점수

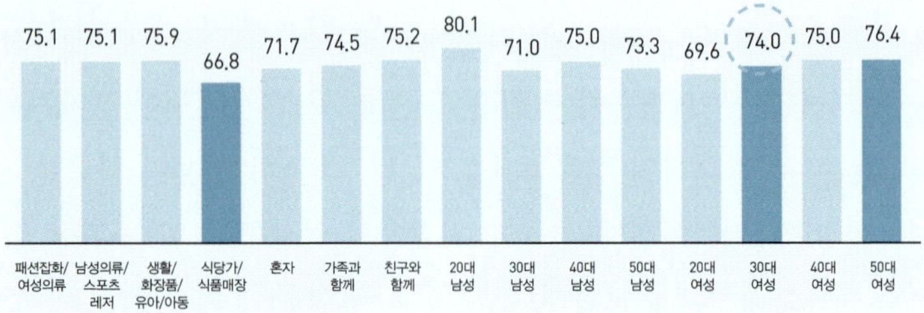

- 식당가 및 식품매장을 이용하는 고객의 만족도가 떨어지고 있음
- 50대 여성보다 30대 여성의 만족도가 낮은 편

족도 조사에서는, 매출의 상당 부분을 차지하고 있는 주요 고객층인 30대와 50대 여성 고객 중 30대 여성의 만족도가 50대 여성에 비해 낮은 편으로 나타나고 있다. 30대 여성의 경우 주로 가족들과 백화점을 내방하는 빈도수가 잦기 때문에 자신과 직접적으로 관련 있는 서비스보다는 가족과 관련된 서비스에서 불만을 느끼는 경우가 많았다.

30대 여성 고객들의 FGI(Focus Group Interview)를 실시한 결과, 다수의 고객들이 '유모차'와 관련된 서비스에서 불만족을 느끼고 있었다. 예를 들어, 유모차가 필요한 고객임에도 불구하고 정해진 개월 수를 넘었다는 이유로 대여해주지 않거나, 유모차에 아이를 태우고 에스컬레이터 혹은 엘리베이터를 이용하는 경우 이동이 매우 불편하다는 점이었다.

A 백화점은 사전 조사를 통하여 상대적으로 방문빈도가 높고 매출액에 상당한 영향을 끼치는 30대 여성 고객들의 불만을 해결하는 것이 시

급하다는 결론을 도출하였으며, 실제 유모차를 대여 및 관리해주는 직원들과의 인터뷰를 통해 예상 문제점들을 추가로 조사하였다.

구체적인 인터뷰 내용을 바탕으로 A 백화점의 문제점을 분석하면 다음과 같이 다섯 가지로 요약할 수 있다.

① 대기 시간의 문제: 30대 여성 고객들의 경우 맞벌이 부부로 생활하는 것이 일반적이므로, 백화점 방문은 주로 주말에 가족들과 함께 하게 된다. A 백화점의 경우 유모차를 대여하는 장소가 한 지점당 한 군데 밖에 없어서, 주말에는 많은 고객들이 대기할 수밖에 없는 상황이다. 대기 시간이 길어지는 이유는 고객들이 일시적으로 많이 방문하고, 이들을 상대할 수 있는 직원의 수가 한정적이라는 근본적인 이유도 있으나 대여 절차가 다소 복잡(예: 신분증 제출 및 서류작업 등)하기 때문에 이를 간소화하는 것이 필요하다.

② 엘리베이터를 이용한 이동 문제: 유모차를 대여한 후 엘리베이터를 이용하여 각 층을 이동할 때, 여유로운 시간인 경우에 특별한 문제가 발생하지 않으나 주말과 같이 혼잡한 날에는 유모차를 가지고 있는 고객이 계속 엘리베이터에 탑승하지 못하고 기다리는 경우가 발생하게 된다. 이는 유모차를 가진 고객들이 탑승하게 되면, 좁은 엘리베이터 안에서 상당한 면적을 차지하게 되므로 다른 고객들이 불편해 하는 것을 피하기 위하여 일부러 타지 않거나, 이미 다른 고객들이 많이 탑승하고 있어서 탑승 자체가 불가능한 경우가 비일비재하다는 것이다.

③ 에스컬레이터를 이용한 이동 문제: 엘리베이터와 마찬가지로 백화점에서 주로 사용되고 있는 이동수단인 에스컬레이터에서도 문제가 발생

하고 있다. 엘리베이터의 혼잡과 대기를 피하기 위하여 2차 수단으로 보통 에스컬레이터를 선택하게 되는데, 유모차에 아이를 태우고 그대로 에스컬레이터를 이용할 수가 없으므로, 아이를 안고 유모차를 접은 후 원하는 층까지 이동하여 다시 유모차를 펼치고 아이를 앉히는 번거로움을 층마다 반복하여야 하므로 불편할 뿐만 아니라 안전사고가 발생할 우려가 높아 강한 불만을 야기하고 있다.

④ 유모차 반납의 문제: 앞서 언급한 것처럼, 유모차를 대여하는 장소가 보통 한 군데인데, 반납 또한 유모차를 대여한 장소에 다시 가서 하거나 사전에 지정된 한 장소에서만 하도록 유도하고 있다. 쇼핑이 종료되면 고객들은 대개 엘리베이터를 이용하여 주차장까지 바로 내려가는 경우가 다수이므로, 반납을 잊어버리거나 주차장까지 이동했다가 다시 반납을 하러 가야하는 문제점이 발생하고 있다.

⑤ 유모차 위생 및 종류의 문제: 고객들은 아주 사소한 것에서 짧은 시간에 만족과 불만족 요소를 파악하는 경향이 있다. 백화점의 고급스럽고 깨끗한 이미지에 맞지 않게 유모차의 위생 상태가 청결하지 않거나, 종류가 한정되어 있어 30대와 같이 연령이 낮은 부모일수록 겉으로 나타나는 유형적인 측면에서도 A 백화점의 유모차 서비스에 많은 불만을 제기하고 있는 실정이다.

2) 정의(Define) 단계: 서비스 분석 및 원칙 수립

백화점에 내방하는 고객들은 연령과 성별, 니즈가 다양하지만 '발견' 단계에서 30대 여성 고객들이 느끼는 경험을 개선하는 것이 우선임을 알게 되었으므로 정의 단계에서는 실제 30대 여성 고객들이 어떻게

A 백화점을 이용하고 있는지 현상을 관찰하여 도식화하는 것이 필요하였다. A 백화점은 페르소나(Persona) 즉, 가상의 고객 유형을 만들고 서비스 청사진(Service Blueprint)과 고객여정지도(Customer Journey Map) 방법을 사용하여 30대 여성 고객들이 느끼는 문제점과 숨겨진 니즈를 파악해보기로 하였다. 이 방법들을 사용하여 파악한 가장 큰 문제점은 '유모차'와 관련된 경험이었다.

A 백화점에서 설정한 페르소나는 [그림 2-12]와 같이 30대 중반의 여성 고객으로, 현재 직장을 다니고 있으며 경기도에 있는 A 백화점 지점을 자주 방문한다. 남편과 4세의 딸이 있고, 주로 주말 오후에 자가용을 이용하여 방문한다. 백화점 내 매장 중에서는 아이에게 필요한 용품과 남편의 의류매장, 식품매장을 위주로 방문한다. 페르소나는 불만이 발견되었던 30대 여성 고객을 대표하는 가상 인물을 최종 선정하였으며, 실제 고객들의 경험에서 불만이 다소 높았던 매장과 방문이 잦은 매장을 위주로 동선을 설정하였다.

그림 2-12 A 백화점의 페르소나 적용 예

- 이름: 이미나
- 나이: 36세
- 직업: 회사원
- 거주지: 경기도 안양(평촌)
- 가족관계: 남편(39세), 딸(4세)

- 고객행동
  - 주말 오후에 가족과 인근 A 백화점 평촌점에 주로 내방
  - 내방 시 자가용을 이용하여 아이에게 필요한 용품, 남편 의류 등을 둘러보고 식품매장에 들러 저녁 식사 재료 등을 구입

그림 2-13 고객여정지도 작성 예

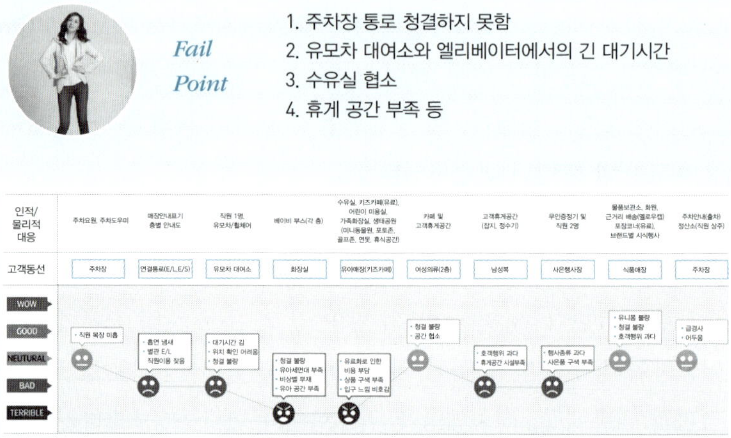

A 백화점은 페르소나를 설정한 후 보다 정확한 불만족 요소를 확인하기 위하여 고객들의 경험과 감정을 알 수 있는 고객여정지도를 그렸다. 페르소나인 30대 여성 고객은 자가용을 이용하여 내방하는 고객이므로 [그림 2-13]에 나타난 것처럼 주차장을 가장 먼저 방문하고, 엘리베이터 혹은 에스컬레이터, 유모차 대여소, 화장실, 유아용품 매장(같은 층에 있는 키즈카페도 이용), 여성의류매장, 남성의류매장, 사은행사장, 식품매장을 방문하고 다시 주차장으로 가서 백화점을 떠나는 동선을 보이고 있다.

각 동선에서 페르소나의 느낌을 살펴보면, 가장 만족을 5점으로 하였을 때, 모든 고객 동선에서 3점 이하를 받았다. 주차장, 여성의류매장, 식품매장을 제외하고 다른 매장에서는 모두 서비스에 불만족하고 있는

그림 2-14 서비스 청사진 작성 예

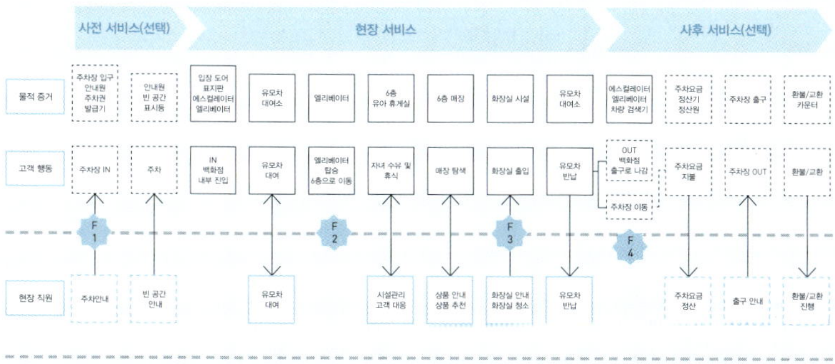

• 현장 조사에서도 유모차 대여 고객들이 엘리베이터 탑승 등 층간 이동에 불편을 겪고 있음을 확인

것으로 나타났다.

고객여정지도를 통해 알 수 있는 실패 포인트(Fail Point)는, 첫째, 주차장 통로가 청결하지 못하여 백화점에 진입할 때부터 위생적이지 못함을 느꼈고, 둘째, 유모차 대여소와 엘리베이터에서 대기시간이 길어서 불편하였으며, 셋째, 수유를 할 수 있는 공간이 매우 협소하였고, 넷째, 쇼핑 중간마다 쉴 수 있는 휴게 공간이 별도로 마련되어 있지 않고 의자 정도만 있어서 휴게 공간이 매우 부족하다는 것이었다.

실패 포인트를 다시 한번 확인하기 위하여, A 백화점은 [그림 2-14]와 같이 서비스 청사진을 그리고 현장 조사를 실시하였다. 서비스 청사진에서도 페르소나의 동선은 유사하게 설정하였으며, 현장 조사에서도 동일한 실패 포인트들이 발생하는 것을 알 수 있었다. 특히, 유모차를 동반하고 쇼핑을 할 때, 층간 이동 시에 상당한 불편함이 있음을 확인하였다.

3) 개발(Develope) 단계: 서비스 콘셉트 및 아이디어 개발

개발 단계에서는 구체적인 문제점을 파악한 뒤에, 30대 여성 고객들의 유모차 관련 경험을 개선시키기 위하여, 하나의 프로토타입을 만들었다. 이 서비스 콘셉트를 반복적으로 5군데 지점에서 테스트하고, 추가적인 아이디어를 반영하여 최종 개선방안을 강구하였다.

이 단계에서는 정의 단계에서 분석된 A 백화점의 서비스 문제점 중 서비스 디자인을 통해 상대적으로 적은 비용을 투입하여 짧은 시간 안에 고객의 불만을 해결하고 만족도를 높일 수 있도록 서비스 콘셉트를 '유모차 동반 고객의 경험 개선'으로 최종 결정하였다. 이를 실행하기 위해 프로토타입을 두 가지 개발하였는데, 첫 번째는 '편리한 유모차 대여 및 반납', 두 번째는 '유모차 전용 엘리베이터 운영'이다. 두 가지 프로토타입의 구체적인 내용은 다음과 같다.

① 프로토타입 I: 편리한 유모차 대여 및 반납

- **대여 방식 변경:** 유모차를 대여하기 위한 기존의 조건은 신분증을 대여소에 맡기는 것이었다. 신분증을 미처 가지고 오지 못한 고객들은 대여를 하지 못해서 결국 백화점을 이용하지 못한 채 떠나기도 하였고, 신분증을 맡기더라도 개인정보 보호에 대한 부분을 신뢰할 수 없는 상태였다. 이 문제를 해결하기 위하여 신분증 대신 A 백화점의 멤버스 카드를 제출하여 대여가 가능하도록 개선하기로 하였다. 이는 편리함과 정보 보호 측면에서도 긍정적인 결과를 도출할 수 있을 뿐만 아니라 A 백화점에 내방하는 고객들의 데이터를 축적하여 결과적으로 고객관계관리(CRM)에 활용할 수 있다는 강점이 있다.

그림 2-15 프로토타입 I 작성 예

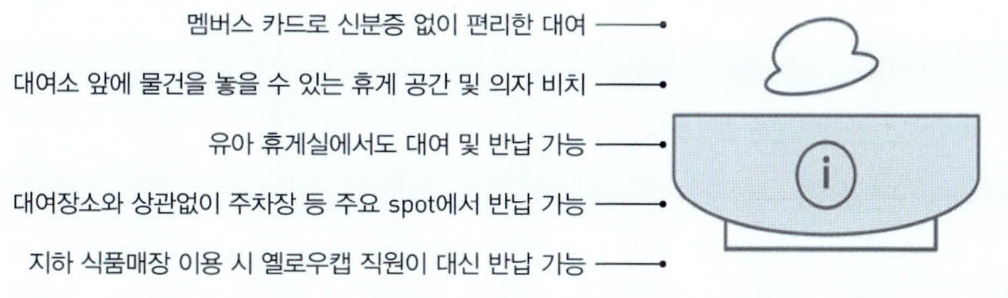

● 대여소 주변 휴게 공간 확장: 주말에는 유모차를 대여하기 위한 대기 시간이 긴 편이므로 아이를 안고 가방 등의 짐을 든 상태로 계속 서서 기다리는 고객들이 많다는 것이 기존의 문제점으로 지적되었다. 따라서 대여소 주변에 물건을 놓을 수 있는 테이블과 의자 등이 비치되어 있는 휴게 공간을 별도로 마련하여 대기시간에 휴식을 취할 수 있도록 하는 방안을 강구하였다.

● 반납 장소의 확장: 유모차와 관련된 경험 중에서 가장 많은 불만을 차지하고 있던 부분이 '대여했던 장소에서 반납'이라는 점이었다. A 백화점은 이 문제를 해결하기 위해서는 단순히 반납 장소를 1~2군데 늘리는 것보다 고객들이 반납을 생각하게 되는 주요 지점에서 반납이 가능하도록 위치를 선정하는 것이 우선이라고 생각하였다. 이에 유아 휴게실, 주차장, 식품매장에서 유모차를 반납할 수 있도록 변경하였으며, 식품매장에서는 A 백화점에서 이미 서비스 중인 '옐로우캡' 직원이 유모차를 대신 반납할 수 있도록 하여 고객의 불편을 최소화하였다.

② 프로토타입 Ⅱ: 주말 유모차 전용 엘리베이터 운영

고객들이 집중적으로 방문하는 주말에는 유모차 전용 엘리베이터를 선정하여 별도로 운영하기로 하였다. 예를 들어, 엘리베이터가 3개 정도 있는 구간 중 1개의 엘리베이터를 유모차 동반 고객들만 이용하도록 하는 것이다. 과거에도 이를 시도해 본 적은 있으나 제대로 통제가 되지 않아서 일반 고객들과 유모차 동반 고객들의 불만을 동시에 증폭시켰기 때문에, 이번 프로토타입에서는 픽토그램(pictogram)을 활용하여 유모차 전용 엘리베이터를 확실히 표기하고 직원이 엘리베이터 부근에 상주하여 관리 감독을 하기로 하였다. 직원들은 유모차를 동반한 고객들이 안전히 탑승하고 내릴 수 있도록 돕는 역할을 함과 동시에, 일반 고객들에게는 이 서비스로 인한 불편함에 대해 양해를 구하는 멘트를 하여 다양한 고객층을 모두 만족시키는 것을 목표로 하였다.

그림 2-16 프로토타입 Ⅱ 작성 예

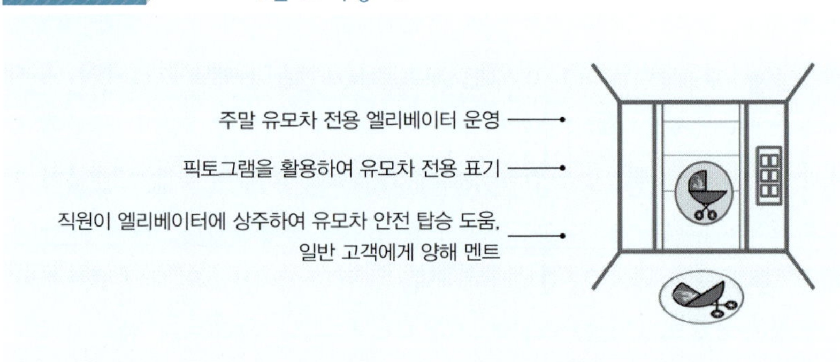

4) 전달(Deliver) 단계: 서비스 개선방안 현장 적용

전달 단계에서는 최종 확정된 서비스 콘셉트를 각 지점에 전달하고 직원들에게 이해시켜, 서비스 원칙에 따라 이 방안이 실행될 수 있도록 유도하였다. 현장에서 적용한 뒤 발생되는 추가적인 문제점이나 아이디어는 피드백 과정에서 반영하였으며, 결과적으로 서비스 디자인 방법론은 A 백화점 30대 여성 고객들의 고객만족도와 매출 향상에 긍정적인 기여를 하게 되었다.

A 백화점은 개발 단계에서 완성된 두 가지의 프로토타입을 바탕으로 서비스 콘셉트를 현장에 적용하였다. [그림 2－17]에서 보이는 바와 같이, 5개의 지점을 대상으로 유모차 대여 및 반납 방식을 변경하였고, 주말에는 유모차 전용 엘리베이터를 시범적으로 운영하였다. 유모차 대여 및 반납 방식은 기존에 이미 대여 서비스를 이용하던 고객들을 대

그림 2－17 서비스 콘셉트의 현장 적용 예

상으로 하는 서비스라서 현장에서의 긍정적인 반응을 쉽게 발견할 수 있었다.

유모차 전용 엘리베이터를 주말에 한시적으로 운영하는 것은 픽토그램을 통해 고객들이 인지할 수는 있었으나, 초기에는 여전히 이를 무시하고 탑승하는 일반 고객들이 속출하였기 때문에 '전용'의 의미가 퇴색되는 문제가 종종 발생하였다.

A 백화점은 현장 직원들의 피드백을 수렴하여, 직원이 직접 '도어맨'이 되는 서비스를 추가하였다. 도어맨은 백화점 직원 유니폼이 아닌 유형적으로 정돈된 복장을 하고 유모차를 동반한 고객들에게 안전히 타고 내릴 수 있도록 안내를 하였으며, 일반 고객들이 다른 엘리베이터를 이용하는 것을 충분히 이해하고 수용할 수 있도록 설득하는 역할을 담당하였다. 도어맨 서비스를 하는 직원들은 일시적으로 고용된 아르바이트 직원이 아니라 이번 A 백화점의 사례연구를 하기 위해 참여한 부서의 직원들이라서 더욱 생생한 현장의 변화를 체감할 수 있었다.

5) 그 이후(The day after) – 응용

A 백화점 사례의 경우에는 유모차 동반 고객의 경험 개선이라는 서비스 콘셉트로 유모차 대여, 층간 이동, 수유시설 찾기 등 아이를 동반한 고객이 감수해야 할 불편함을 개선할 수 있도록 다양한 서비스 디자인 방법론을 활용하였다. A 백화점은 이를 통하여 가시적인 성과 향상이 있었음에 주목할 필요가 있겠다. 유모차 동반 고객의 층간 이동을 돕기 위한 '도어맨' 서비스를 제공하고, 유모차의 대여와 반납이 이전보다 훨씬 쉬워질 수 있도록 지속적인 개선과 서비스 표준화를 시도하였다.

그림 2-18 서비스 디자인 적용의 개선 효과

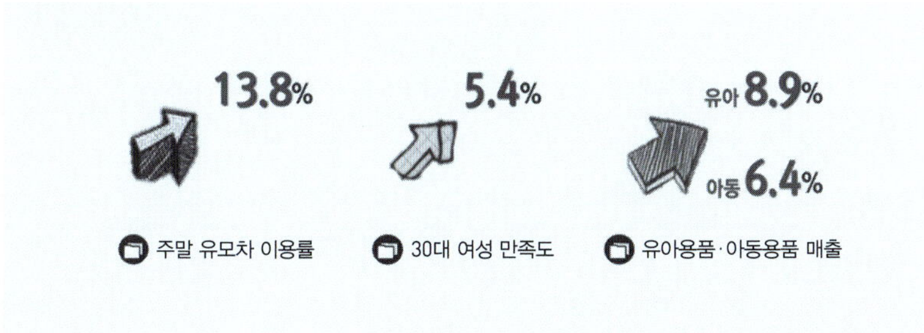

이렇게 서비스 디자인 방법론을 적용한 후 서비스 개선 효과를 측정한 결과, 주말의 유모차 이용률이 과거 조사 대비 13.8% 향상되었고, 30대 여성의 만족도는 5.4% 증가되었으며, 이에 따라 유아용품·아동용품 매출이 15.3% 신장되는 결과가 있었다고 A 백화점의 성과분석 담당자는 보고하고 있다. 즉, 이에 따른 유아용품·아동용품 매장의 매출액이 증가하여 고객만족과 새로운 가치창출이라는 목표를 달성할 수 있었다.

종합사례

[2015 한국서비스대상]
2015 서비스 디자인 경진대회 우수사례

서비스 디자인 경진대회 로고(출처: 한국표준협회)

한국표준협회는 기업의 서비스 디자인 우수사례를 발굴하고, 서비스 디자인을 산업에 전파하고자 한국서비스경영학회와 공동으로 지난 2015년 5월 20일 '2015 서비스 디자인 경진대회'를 열었다. 올해로 두 번째 열린 이번 대회는 유통, 통신, 금융 등 다양한 업종에서 총 16개의 사례가 출전해 서비스 디자인에 대한 산업계의 관심을 한층 고조시켰다. 서비스 디자인이란 고객의 잠재적 요구를 포착하고 이를 창의적으로 실체화해 고객서비스 경험을 향상시키는 방법을 말한다.

진료과정 체계화로 대기시간 줄여

영예의 대상은 서울성모병원과 제일모직의 에버랜드리조트가 받았다. 서울성모병원은 환자의 동선과 진료과정을 체계화해 불필요한 대기시간을 줄였다. 예약, 접수, 진료, 검사, 수납으로 이어지는 기존의 병원 중심 프로세스를 버렸다. 병원 검색부터 귀가까지 모든 과정을 환자 중심으로 새로 짰다. 진료 과정에서의 행선지에 번호를 붙여 안내했고, 스스로 탈의할 수 있도록 종합탈의실을 마련했다. 그 결과 최장 대기시간이 23.2분 단축됐다.

테마파크를 운영하는 에버랜드는 프리미엄 패키지로 충성고객의 만족도를 높였다. 에버랜드 프리미엄 패키지는 충성고객인 가족형 고객과 잠재고객인 기업 단체고객 확보를 위해 개발됐다. 기다림이 없는 맞춤형 서비스다. 전문가이드의 스토리텔링형 안내가 제공된다. 가족 방문객은 보다 즐거운 추억을 만들 수 있고, 기업 단체고객은 팀워크를 증진하는 경험을 할 수 있다.

최우수상은 SK브로드밴드, 롯데렌터카, 롯데백화점 청량리점, 롯데월드 어드벤처, 아주캐피탈, 파르나스호텔에 돌아갔다. SK브로드밴드는 자사의 인터넷TV인 B tv에 영유아를 위한 '키즈존 서비스'를 만들었다. 화면 조작 및 구성은 아이에게는 재미있고, 엄마에게는 쉽도록 꾸몄다. 진입점을 분리시켜 아이들에게 적합한 콘텐츠만이 재생될 수 있도록 했다. 덕분에 영유아를 둔 부모 이용자들의 만족도가 높아졌다.

롯데렌터카는 인터넷 홈페이지를 혁신해 자동차생활 포털사이트를 열었다. 공급자 위주로 설계된 사이트를 고객 관점에서 완전히 새롭게 설계했다. 어떤 웹브라우저를 쓰든 문제없다. PC나 태블릿, 모바일 어떤 곳에서도 불편함 없이 접속할 수 있다. 텍스트보다는 인포그래픽과 키워드를 중심에 배치하고, 회원 가입과 예약 절차를 간편화했다. 덕분에 홈페이지를 통한 렌터카 예약시간은 90초가 줄었다. 홈페이지 방문자 수와 예약비중, 견적문의도 함께 증가했다.

표 2-3 서비스 디자인 경진대회 결과

번호	기업명	사례명	결과
1	(학)가톨릭대학교 서울성모병원	환자의 행동변화를 통한 대기시간 관리	대상
2	제일모직(주) 에버랜드리조트	고객경험 가치창출형 에버랜드 프리미엄 패키지	
3	SK브로드밴드	시청 행태를 고려한 Btv '키즈존 서비스' 기획	최우수상
4	롯데렌터카	세상에 없던 혁신적인 자동차생활 포털사이트 오픈	
5	롯데백화점 청량리점	가족동반 고객의 경험 개선을 위한 서비스 디자인	
6	롯데월드 어드벤처	롯데월드 어드벤처 내부고객경험관리	
7	아주캐피탈(주)	고객경험 개선을 위한 선제적 서비스 운영 사례	
8	파르나스호텔주식회사	파르나스호텔 온라인채널 전략	
9	금호고속주식회사	차량커튼개선(롤블라인드)으로 고객편의성 제고	우수상
10	금호리조트	금호리조트 서비스 리더 운영 프로세스	
11	동부화재해상보험(주)	고객중심경영을 통한 소비자보호 사례	
12	(주)호텔롯데	최고의 잠자리를 선보이다	
13	롯데백화점 광주점	주차장 이용고객의 경험개선을 위한 서비스 디자인	
14	삼성생명주식회사	삼성생명 고객사랑 서비스	
15	삼성카드주식회사	삼성카드 링크(LINK) 서비스	
16	신한카드주식회사	2200만 고객행복을 위한 진화 신한카드 샐리(Sally)	

롯데백화점 청량리점은 가족 단위 방문고객이 늘면서 그에 맞는 서비스를 제공할 필요성을 느낀 데서 출발했다. 자녀 동반 가족고객은 백화점 전 층을 이용하고 일반고객 대비 장시간 체류한다. 이들을 위한 편리한 쇼핑 환경, 다양한 체험과 휴식공간을 제공하는 것이 과제였다. 롯데백화점 청량리점은 유모차 대여 및 반납 장소, 물품보관소를 확대했다. 유모차 전용 주차장을 신설하고 아이돌보미 서비스를 제공했다. 글램핑존을 만들고 고객참여형 '플레이 맵' 이벤트를 열어 백화점을 단순한 쇼핑 장소가 아니라 놀이와 체험 공간으로 바꿔놓았다.

이 밖에 롯데월드 어드벤처는 고객 접점에 있는 파트타임 직원인 캐스트들의 근무만족도를 개선해 테마파크 이용객의 만족도를 높였고, 아주캐피탈은 고객의 불만을 체계적으로 분석해 아주캐피탈에 대한 신뢰로 바꿔놓았다. 파르나스호텔은 페이스북과 카카오톡 채널 등을 활용해 고객과의 친밀감을 높였다.

서비스 개선 사례 사자성어로 분류

작년 9개팀이 참가한 서비스 디자인 경진대회는 올해 16개팀이 참가해 높아진 기업들의 관심을 반영했다. 심사위원장인 김연성 인하대 경영학부 교수는 "이번 대회에 참가한 사례를 살펴보면 다섯 가지 형태로 분류할 수 있다"고 말했다.

먼저 '선난후이(先難後易)' 유형이 있다. '어려운 것을 먼저 하고 쉬운 것을 나중에 한다'는 뜻이다. 삼성카드 링크(LINK)와 신한카드의 샐리(Sally) 서비스가 여기에 해당한다. 빅데이터 분석 시스템을 개발하는 것은 결코 쉬운 프로젝트가 아니지만 일단 개발이 완료되면 강력한 경쟁력이 된다.

다음은 '장수선무(長袖善舞)' 유형이다. '소매가 길면 춤을 잘 춘다'는 뜻으로 기업의 장점을 살려 성과를 낸 사례들을 말한다. 롯데렌터카의 자동차생활 포털사이트 구축과 호텔롯데의 최고의 잠자리를 만든 서비스 개편 사례, SK브로드밴드의 키즈존 서비스 기획, 금호고속의 롤블라인드 설치 등이다.

'주마가편(走馬加鞭)' 유형도 있다. '달리는 말에 채찍을 더한다'는 뜻의 이 사자성어는 에버랜드 프리미엄 패키지와 롯데백화점 청량리점의 가족 동반 고객서비스, 롯데백화점 광주점의 주차서비스 개선, 서울성모병원의 환자 대기시간 감소 등에 적용할 수 있다.

'겉은 부드러우나 안은 단단하다'는 뜻의 '외유내강(外柔內剛)'형은 고객 접점 서비스를 잘 설계하고 개선한 사례를 말한다. 롯데월드 내부고객 경험관리와 금호리조트의 서비스 리더 운영 프로세스 구축, 아주캐피탈의 선제적 서비스 운영, 파르나스호텔의 온라인 채널 전략 등이 좋은 사례라는 평가다.

마지막으로 '온고창신(溫故創新)'이 있다. '옛것을 익혀 새로운 것을 만든 것'으로 삼성생명의 고객사랑 서비스와 동부화재의 소비자보호 사례 등이 이에 해당했다.

출처: 한국경제(http://www.hankyung.com/), 2015. 7. 9.

참고문헌

김연성(2003), 「서비스 표준설계를 위한 서비스 청사진의 활용」, 경상논집 17(1), pp. 231~243.

______(2015), 「고객만족을 위한 서비스 디자인」, 2015년 (사)한국서비스경영학회 추계학술대회 발표논문집, pp. 255~265.

신현암·김연성·민승규(2015), 「사회공헌사업, 서비스 디자인을 만나다: 드림클래스 사례를 중심으로」, 상품학연구 33(6), pp. 63~71.

유민호·김은경(2012), 「서비스 디자인을 적용한 급진적 혁신 사례연구」, 디자인지식저널, 22(2), pp. 117~126.

양은우(2013), 『관찰의 기술』, 다산북스.

이경선·김연성·최정일·김서영(2015), 「서비스 디자인 방법론을 통한 백화점의 서비스 개선사례 연구」, 서비스경영학회지, 16(1), pp. 225~243.

하송(2008), 「디자인의 진화와 기업전략」, 삼성경제연구소 이슈 페이퍼, pp. 1~57.

한수련(2009), 「서비스 디자인 측면에서 공공서비스 방향 연구」, 이화여자대학교 대학원 석사학위논문.

Alves, R. and J. N. Nuno(2013), *Towards a Taxonomy of Service Design Methods and Tools, Exploring Services Science*, Springer, pp. 215~229.

Brown, T.(2008), "Design Thinking", *Harvard Business Review*, 86(6), pp. 1~9.

Chuang, P. T.(2007), "Combining Service Blueprint and FMEA for Service Design", *The Service Industries Journal*, 27(2), pp. 91~104.

Jo, B. H.(2014), "Development of service design framework for analyzing user behavior tracing time-geographic information", Master's thesis, Sangmyung University.

Jung, J. Y.(2014), "A study on design for cyber crime prevention with service design methodology: Focusing on financial information infringement", Master's thesis, Hongik University.

Jung, K. W.(2013), *Designing the Desire*, Chungrim.

Kim, K. R.(2013), "A study on development and application of service design evaluation system", Doctoral dissertation, Hongik University.

Lee, J. H.(2014), "Development of service design alternative assessment model", Doctoral dissertation, Chungang University.

Liedtka, J. and T. Ogilvie(2011), *Designing for Growth: A Design Thinking Tool Kit For Managers*, Columbia University Press.

Madsbjerg C. and M. B. Rasmussen(2014), *The Moment of Clarity: Using the Human Sciences to Solve Your Toughest Business Problems*, Harvard Business Review Press.

Osborn, A. F.(1963), *Applied imagination: Principles and procedures of creative problem solving*, 3rd ed., Charles Scribner's Sons.

Osterwalder, A. and Y. Pigneur(2010), *Business Model Generation: A Handbook For Visionaries, Game Changers, And Challengers*, Wiley.

Polaine, A., Lavrans, L. and B. Reason(2013), *Service Design from Insight to Implementation*, Rosenfeld Media.

Shostack, G. L.(1982), "How to design a service", *European Journal of Marketing*, 16(1), pp. 49~63.

____________(1984), "Designing Services that Deliver", *Harvard Business Review*, 62(1), pp. 133~139.

Stickdorn, M. and J. Schneider(2011), *This Is Service Design Thinking*, John Wiley and Sons, Inc.

________________________(2011), *This is Service Design Thinking: Basics, Tools, Cases*, BIS Publishers.

http://en.wikipedia.org/wiki/Service_design

http://ifworlddesignguide.com/if-design-award-2016#/

http://www.designcouncil.org.uk/news-opinion/design-process – what-double-diamond

http://www.designcouncil.org.uk/sites/default/files/asset/document/Eleven Lessons_Design_Council%20(2).pdf

http://www.hankyung.com

http://www.servdes.org/wp/wpcontent/uploads/2012/02/Searching-for-Definitionsfor-Service-Design-%E2%80%93-What-do-we-meanwith-Service-Design.pdf

http://www.yonhapnews.co.kr

https://en.wikipedia.org/wiki/Service_design

https://www.bankofamerica.com/deposits/manage/keep-the-change.go?&statecheck=CA

https://www.ideo.com/work/keep-the-change-account-service-for-bofa

Chapter 3

서비스 코칭

제1절 코칭의 개념

제2절 서비스 리더의 효과적 코칭 관리

제3절 코칭의 효과 및 평가

도입사례

미국 IBM의 코칭 도입

IBM은 사내 리더십 모델(IBM Business Leadership Model) 구축의 일환으로 모든 판매부문 리더(sales leader)들과 관리자들에게 코칭을 교육시키고, 그들 중 일부를 사내 코치로 선발, 양성하는 등 다양한 코칭 프로그램을 전사적으로 실시하고 있다.

IBM에서는 코칭을 '직원들의 학습과 성장을 촉진시키는 사고방식(Coaching in IBM is a mind-set that facilitates employee learning and growth)'으로 정의하고 있다. 즉, 코칭은 커뮤니케이션 접근방법이고, 리더십 스타일이며, 나아가 직원들의 잠재능력을 극대화시켜 성과를 내도록 하는 전문가(코치)를 양성하는 것이라는 개념을 모두 포함하고 있다. 또한 IBM에서는 모든 관리자들이 전문코치가 되어야 한다는 생각 하에 인적자원관리 부서 관리자들은 전문코치가 되도록 지원하고 있고, 영업부서의 관리자들은 최소한 코칭 접근방식을 통해 부하들을 관리하도록 장려하고 있다.

일본의 자동차 회사 닛산의 코칭 도입

1999년, 닛산(Nissan)의 업무최고책임자(COO, Chief Operating Officer)로 부임한 카를로스 곤은 취임한 지 단 1년 만에 6,800억 엔의 적자를 기록했던 닛산을 3,311억 엔의 흑자 기업으로 탈바꿈시켰다. 그가 부임한 직후, 가장 먼저 기존의 관료주의적 조직에서 벗어나기 위해 먼저 코칭을 통해 닛산의 개혁을 이끌 인재를 찾았다. 그가 '닛산 리바이벌 플랜(NRP, Nissan Revival Plan)'을 수행하기 위해 가장 먼저 한 일은 35세에서 45세에 이르는 중견 간부 600여 명을 선발하여 3개월 동안 한 사람씩 코칭을 하는 것이었다. 그는 "경영혁신은 최고경영자 한 사람에 의해서 이루어지는 것이 아니다. 기업이 수많은 젊은 인재들을 혁신에 동참시키고 이들이 과감하게 제안할 수 있도록 권한과 책임을 부여해야 한다"고 역설했다. 이후 닛산은 코칭 스킬(coaching skill)을 관리직의 중요한 역량이라고 여기고, 중간관리자 2,500명에게 정기적으로 코칭 연수를 밟도록 했다. 그리고 상사와 사원 간 일대일(1:1) 코칭을 실시했다. 즉, 닛산의 모든 관리자들에게 부하 직원이 잠재능력을 제대로 발휘할 수 있도록 지원하는 역량을 갖추도록 제도화한 것이다.

한국에서의 코칭 도입

우리나라에서 코칭이라는 용어가 대략 2000년대 초반에 처음 사용되기 시작하여, 2002년 최초로 코칭을 전문으로 하는 기업이 탄생했고, 2003년 12월 한국코치협회가 발족되어 당시 노동부의 사단법인 승인을 받은 이후 많은 활동을 하면서 코칭이 사회 전 분야로 확산되기 시작했다. 이런 과정을 거쳐 코칭이 상당히 빠른 속도로 보급되기 시작했고, 한국인증코치(KAC, Korea Associate Coach)와 한국프로코치(KPC, Korea Professional Coach)자격을 취득한 전문코치들이 활동하고 있다.

한편 한 조직의 경쟁력이 사람(인적자원, human resource)에 의해 좌우되고, 결국 우수한 인적자원을 얼마나 많이 확보하느냐가 기업 경쟁력의 핵심요소라는 것을 인식하면서 각 기업들은 코칭을 적극적으로 도입하기 시작했다. 포스코(POSCO), LG전자, 현대자동차, SK텔레콤, 두산 등이 임원이나 관리자들을 대상으로 코칭 프로그램을 실시하고 있다. 이런 추세는 점차 다른 기업들로 확산되어 많은 기업으로 코칭이 전파되었다. 특히, 최근에 와서 코칭이 기업의 영역을 넘어 학교, 공공기관, 비영리단체 등으로 널리 확산되기 시작했고, 인간관계나 가족 사이에 일어나는 제반 문제들도 코칭으로 해결하려는 시도가 점차 늘어나고 있다.

출처: 조성진(2008), 『코칭 ABC』, 심포지움출판사

서비스 산업에서 고객만족을 위한 기업들의 경쟁은 갈수록 심화되고 있다. 이러한 현실에서 무엇보다 중요한 것은 최적의 인적자원 확보와 이들의 서비스 질적 향상을 위한 역량의 개발에 대한 투자이다. 최근 서비스 산업의 리더에게 기대하는 것은 단순히 많은 지식을 갖고 있는 것만이 아니며 전문 서비스 리더의 역할이 확대되고 있다. 특히 최근 대두되는 코칭의 기술이 서비스 리더들에게 기대되는 역할 중에 하나이다. 즉, 서비스 리더는 서비스와 관련된 모든 현장 코칭과 관리교육을 하며 서비스 만족 기획, 내·외부 고객 만족도 개선 등의 서비스 기획업무까지 총괄하는 서비스 경영의 선두주자로서의 역할이 기대된다. 이 장에서는 서비스 산업에서 보다 나은 서비스를 제공하기 위해 서비스 리더가 갖추어야 할 관리기술 중의 하나인 코칭에 대해 살펴보고자 한다.

제1절

코칭의 개념

코칭(coaching)이라는 말은 스포츠에서 적용되어 운동선수를 지도하는 것을 뜻하며 운동선수를 지도하는 사람을 코치(coach)라 부른다. 스포츠에서 코치는 운동선수들이 경기에서 자신의 역량을 최대한 발휘할 수 있도록 경기를 준비하게 하고 경기에서 최고의 실력을 발휘할 수 있도록 돕는 것을 목표로 한다. 이처럼 스포츠 분야에서 활발히 적용되었던 코칭이 일반인의 삶과 비즈니스 영역으로 진입하게 된 것이다.

1980년대 후반부터 미국을 중심으로 기업들이 코칭을 도입하기 시작했다. 1980년대에 접어들면서 기업들의 경쟁이 더욱 치열해지고 기업의 생존을 위해서는 기존의 전통적인 상의하달 방식으로 이루어지는 의사결정으로는 많은 문제를 낳게 되었다. 이에 세계의 기업을 둘러싼 변화하는 환경에 대응하기 위해 수직적인 의사결정구조에서 벗어나 구성원 개개인의 자발성과 역량을 최대한 발휘하게 하는 방법을 모색하게 되었다. 이런 과정에서 코칭이라는 구체적인 방법이 모색되었고 기업의 경영에 접목되기 시작했다. 도입사례에서 살펴본 바와 같이, 실제 IBM이나 닛산을 포함한 해외의 유명 기업들이나 국내 대기업들 역시 코칭을 기업 경영에 접목하게 되면서 그 효과가 증명되기 시작했다.

(1) 코칭의 정의

아직 코칭에 대한 학계의 통일된 정의는 없지만 코칭의 개념은 학자들에 의해 다양하게 정의되어 왔다(표 3-1). 코칭(coaching)은 조직에서 담당 직무를 잘 수행하기를 원하는 사람인 코치이(coachee)와 그를

표 3-1 코칭의 정의

학자	코칭 개념
Schein and Llppltt(1966)	리더가 구성원에게 관심을 가지고 실제로 협력과 조력을 하고 동기부여를 하는 것
Kimbery and Nielson(1975)	구성원들의 혁신적인 사고와 개방적인 태도를 강화시키며 집단행동을 개발하여 조직의 문제해결 능력향상을 도모하는 것
Csikszentmihalyi and Larson(1984)	리더의 충분한 피드백을 통해 구성원의 성과에 영향을 주는 것
Stowell(1986)	상대방과의 대화를 통해 방향제시, 개발, 수행평가, 관계 등의 구체적인 행동을 나타내는 프로세스
Rich(1998)	판매 관리자의 피드백과 같은 코칭 스킬, 역할모델을 통한 신뢰관계 형성과 같은 코칭 능력의 세 가지 핵심 구조로 구성되어 있는 다양한 차원의 활동
Hunt and Weitraub(2002)	상대방에 대한 충분한 지원을 통해 긍정적인 반응을 일으키고 리더의 충분한 피드백을 통해 구성원의 성과에 영향을 주는 것
Whitmore (2002)	구성원에게 동기부여를 통해 조직에 몰입하게 하는 성과지향적인 행동
Aldag and Kuzuhara (2002)	구성원과의 커뮤니케이션을 통해 서로 존중하며 상대방의 욕구에 관심을 가지는 프로세스
김상범·박성영·나운봉(2009)	조직 내에서 관리자가 전체 조직의 이익이 되는 목표 달성을 위해 조직원의 잠재적 능력을 극대화할 수 있는 지식, 기회 및 수단을 제공하는 인지적, 행동적 의사소통 및 활동과정
국제코치연맹	인생, 경력, 비즈니스와 조직에서 뛰어난 결과를 달성할 수 있도록 도와주는 지속적이며 전문적인 관계
(사)한국코치협회	개인과 조직이 잠재력을 극대화하여 최상의 가치를 실현할 수 있도록 돕는 수평적 파트너십

출처: 이식민(2010), 「외식기업 관리자의 코칭 리더십이 자아개념과 직무성과에 미치는 영향」, 경기대학교 박사학위논문, p. 11의 자료를 근거로 저자가 재작성

돕는 데 전념하는 코치(coach) 간의 파트너십을 통하여 조직에서의 성과 향상을 위해 개인적 개발을 이룰 수 있게 하는 매우 효과적인 인적자원개발 기법 중의 하나이다. 또한 코칭이란 직원 개개인이 성장하고 그 능력을 극대화하는 것으로, 그 스스로가 무언가를 배울 수 있는 능력을 열어주는 과정이다. 따라서 리더들이 코칭을 통하여 조직 구성원들을 교육시킬 수 있고 문제를 해결할 수 있도록 도와줄 수 있는 것이다.

가장 초기에 코칭에 대한 정의를 한 Schein and Lippitt(1966)은 종사원들에게 영향을 미치기 위해서는 코칭을 하는 과정에 있어 리더의 적합한 태도를 가장 중요시하였는데 리더가 구성원에게 관심을 가지고 실제로 협력과 조력을 하고 동기부여를 시키는 것이라고 하였다. Csikszentmihalyi and Larson(1984)은 구성원의 성과에 영향을 주는 것으로 리더의 충분한 피드백을 강조하였다. 혼다 가쓰지(2003)는 미국경영협회(AMA, American Management Association)가 발행한『코칭, 카운슬링, 멘토링』에서 설명한 코칭의 정의를 다음과 같이 제시하였다.

"코치나 팀 관리자 등이 팀 멤버의 과제와 목표 설정을 도와주고, 적극적인 자세로 수행에 필요한 주의사항을 전달하면서 격려하고, 도전의지를 촉구하고, 현재의 업무성과를 개선하여 회사에 대한 공헌도를 높이는 동시에 장래의 가능성을 이끌어내는 방법이다."

국제비즈니스코치협회(WABC, Worldwide Association of Business Coaches)에서는 2007년 10월 비즈니스 코칭에 대한 공식적인 정의를 내렸다. WABC의 비즈니스 코칭에 대한 정의는 다음과 같다.

"비즈니스 코칭은 비즈니스, 조직, 정부, 조직 및 기관에 있는 사람들과 의미 있는 대화를 하는 프로세스이다. 비즈니스 코칭은 비즈니스를 성공적으로 수행하기 위한 고객의 역할을 이해하고 강화시키는 것이며,

비즈니스 코치는 고객의 비즈니스 프로세스에 영향을 미치는 자아감(a sense of self)과 개인적인 조망과 같은 개인의 특징, 그리고 비즈니스의 목표를 달성할 수 있는 능력을 발전하도록 돕는 역할을 수행한다. 이러한 방법으로 성공적인 코칭은 고객으로 하여금 개인적인 특징을 변화시키고 목표를 달성하기 위한 비즈니스 프로세스를 창출한다. 비즈니스 코칭은 코치와 코치이(고객) 간에 신뢰, 존경, 안정감 등과 같은 분위기를 조성하고 도전감과 동기부여에 대한 책무성을 공유한다. 결국 비즈니스 코치는 적절한 개인의 직업적 경험과 비즈니스 지식, 그리고 개인변화와 조직변화에 대한 이해를 토대로 윤리적이고 능력 있는 코치를 수행해야 한다. 결론적으로 비즈니스 코칭을 다른 유형의 코칭과 차별화하는 가장 중요한 요인은 비즈니스 목표를 달성하는 데에 분명하게 초점을 맞춘다는 것이다."

전통적인 리더십은 리더에게 직원의 의욕을 북돋우라고 하지만 코칭은 리더에게 조직구성원들 사이에 서로 신뢰할 수 있는 분위기를 조성하고 조직구성원 스스로가 적극적이고 자발적으로 의욕을 고취할 수 있는 환경을 만들어 주라고 한다. 코칭은 리더가 조직구성원과 수직적인 관계가 아닌 수평적인 관계를 형성하고 상호 신뢰 속에서 구성원의 숨은 잠재력을 개발하고 향상시킴으로써 스스로 문제를 해결하고 임무를 수행하도록 역량을 키워주는 리더의 행동양식이다. 이러한 코칭에서는 일방적인 영향력 행사가 아니라 상호적인 영향력의 행사과정이 일어나는 것이다. 이렇듯 기업에서 코칭을 통한 조직의 인재양성 및 경쟁력 향상의 강화는 활발히 진행되고 있어 이에 부각되고 있는 리더십을 코칭 리더십이라고 한다.

코칭은 그 목표 달성 영역이 직무, 조직 및 기업, 그리고 사회로 확대

표 3-2 코칭의 종류

분류	추출된 공통 견해/코칭의 합성적 개념화
코칭 (coaching)	기존 기술, 역량, 성과를 개선하고 개인적 유효성, 개발, 또는 성장을 증강시키기 위해 고안된 과정
임원 코칭 (executive coaching)	조직 성과 개선 목적으로 임원이 개인, 직무 및 조직관련 목표를 달성할 수 있도록 주로 코치와 임원 간의 1:1의 지원적 및 촉진적 관계에서 이루어지는 과정
비즈니스 코칭 (business coaching)	기업, 소유자/경영자 및 직원이 장기적 성공을 확실히 하기 위하여 개인적 및 기업 관련 목표를 달성하도록 돕는 협력 과정
라이프 코칭 (life coaching)	코칭 대상자의 생활의 질과 개인적 성장의 증강을 가져오는, 그리고 생애변화의 경험을 가져오기도 하는 코치와 코칭 대상 간의 1:1 관계에서 이루어지는 지원적 및 촉진적 과정

출처: 조성진·송계충(2010), 「코칭 효과 연구를 위한 코칭 프로그램 개발과 평가」, 인적자원개발연구, 13(1), pp. 27~74(p. 31)

될 수 있다. 이에 따라 코칭의 종류도 다양하게 분류되는데 이 다양한 종류의 코칭은 임원 코칭, 비즈니스 코칭, 라이프 코칭으로 분류되기도 한다(표 3-2).

(2) 코칭의 특성

코칭은 인적자원개발 기법의 하나이며, 이 점에서 기존의 카운슬링(counseling), 컨설팅(consulting), 멘토링(mentoring), 훈련(training)과 같은 인적자원개발 기법과 유사하며 관련이 있다고 할 수 있다. 이에 코칭의 개념을 더 명확하게 파악하기 위해서는 이러한 다른 인적자원개발 기법과의 비교를 통해 차이점을 파악함으로써 코칭의 특성을 파악할 수 있다. 카운슬링은 카운슬링을 받는 내담자인 고객이 직면하고 있는 문제를 해결하도록 돕는 것이다. 그리고 컨설팅은 컨설턴트가 주도하여 문제나 현상을 관찰하고 클라이언트(고객)에게 그 해결책을 제시하는 것이다. 이러한 카운슬링이나 컨설팅에서는 문제해결을 위한 쌍방향 상호작용이 적게 일어나는 반면 코칭에서는 코치와 코치이(고객) 간의 수평적인 파트너십 관계하에서 코치이가 가지고 있는 문제를 스스로 해결하도록 코치가 효과적으로 지원하는 역할을 하여 강한 쌍방향 상호작용이 일어난다. 또한 멘토링은 멘토가 전문적인 식견과 지혜를 멘티에게 전수해 주는 것으로 멘티는 상당히 수동적인 입장에 취해지는 반면 코칭은 코치이가 자발적이고 능동적이게 된다. 멘토링에서는 문제해결에 전문가가 깊이 관여하는 반면 코칭의 경우 전문가의 개입이 최소화되어 문제해결의 주체는 코치가 아니라 코치이가 된다. 전통적 훈련은 작업환경에서 생산성 향상을 위하여 기술, 규정, 개념 또는 태도를 체계적으로 습득하는 것이다. 전통적 훈련에서는 훈련을 받는 직원에게 부여되는 임파워먼트(empowerment) 정도가 거의 없는 반면, 코칭의 경우에는 코치이에게 부여되는 임파워먼트 정도가 최고 수준에 이른다.

이렇듯 기존의 인적자원개발 기법에 비해 코칭은 전문가의 개입 정도나 문제해결방식, 임파워먼트의 정도에 차이를 보이고 있어 다른 기법들과 구분되는 독특한 특징을 가지고 있다. 즉 코칭은 코치와 코치이 간의 수평적인 파트너십 관계를 형성하고 코치이가 스스로 문제해결을 하도록 자발적이고 능동적인 참여 자체를 필요로 한다. 코치는 코치이에게 적극적 권한 위임을 부여하고 최대한의 역량을 발휘하여 성장과 발전을 이룰 수 있도록 효과적으로 지원하는 역할을 하며 쌍방향의 상호작용을 이루어 낸다는 특징을 가지고 있다.

[표 3−3]은 코칭과 기존의 전통적인 인적자원개발 기법들 간의 차이점을 정리한 것이다.

표 3-3 코칭과 다른 인적자원개발 기법들 간의 비교

구분	코칭	카운슬링	컨설팅	멘토링	훈련
참가자 수	1:1	1:1	1(다수):1(다수)	1:1	1:다수
참가자에 대한 인식	성장과 발전의 주체	치료의 대상	문제 해결의 대상	노하우 전수의 대상	교재전달의 대상
참가자의 자발성 정도	자발적이고 능동적	수동적	수동적	수동적	수동적 또는 참여적
참가자와 전문가의 관계	수평적 (파트너십)	수직적	수직적 또는 수평적	수직적	수직적
전문가의 개입	최소의 개입	깊숙한 개입	부분 개입	깊숙한 개입	깊숙한 개입
문제해결 주체	코칭 고객	카운슬러	컨설턴트	멘토	훈련강사
문제해결 방식	해결책 발견 지원	해결책 제시	해결책 제시	해결책 제시	해결책 제시
주목하는 시점	현재와 미래	과거와 현재	과거와 현재	현재	현재
임파워먼트 정도	최고수준	부분적	없음	없음	없음
커뮤니케이션의 방향성	쌍방향	주로 일방향	주로 일방향	주로 일방향	주로 일방향

출처: 조성진·송계충(2010), 「코칭 효과 연구를 위한 코칭 프로그램 개발과 평가」, 인적자원개발 연구, 13(1), pp. 27~74(p. 34)

(3) 코칭의 구성요소

코칭은 코칭을 하는 코치와 코칭을 받는 대상인 코치이가 코칭 프로세스를 통해 파트너십을 형성한다. 이렇게 두 주체가 하나의 수단을 매개로 상호작용을 하면서 목표를 향해 이루어가는 과정이 코칭이다. 이에 코칭을 구성하는 요소인 코치와 코치이에 대해 살펴본다.

1) 코치(coach)

한국코치협회(KCA, Korea Coach Association)에서는 코치를 비즈니

스 코치, 커리어 코치, 라이프 코치의 세 종류로 나누어 정의하고 있다. 협회에 따르면 비즈니스 코치는 코칭 스킬을 통하여 조직원 또는 그룹의 역량개발 및 그룹의 성장을 이루고 궁극적으로 조직의 성과향상을 촉진하는 역할을 한다. 커리어 코치는 코치이의 성격, 경력, 재능 그리고 코치이가 처해있는 환경 등을 고려하여 자신의 직업관에 맞는 진로를 설정하고 목표를 이룰 수 있는 방법을 찾도록 돕는 역할을 한다. 라이프 코치는 모든 사람은 창조적이며 스스로 풍부한 자원을 갖고 있다는 코칭 철학을 기반으로 한 코칭 스킬을 이용하여 코치이가 갖고 있는 기술, 자원, 창조성 등을 이끌어내며, 코치이 스스로 전략 및 해결책을 찾음으로써 의미 있고 행복한 삶을 살 수 있도록 돕는 역할을 한다.

이를 종합적으로 정의한 바에 따르면, 코치란 '좋은 성품과 역량을 갖춘 사람으로서 효과적인 코칭을 진행하는 데 필요한 교육을 이수하여 관련 자격을 취득하고, 자신이 제공하는 코칭 서비스에 대해 유·무형의 대가를 받는 사람'이라고 정의한다(조성진, 2008).

코치의 다양한 특성은 코칭의 효과에 영향을 미치는 것으로 볼 수 있다. 그러한 영향 요인에는 코치의 성격이나 역량, 코칭 훈련 배경과 스킬 등이 있다. 크게 영향을 주는 코치의 성격으로는 남을 돕고 싶은 열정이 있다거나 성실성과 자기훈련의 정신이다. 또한 남에게 영감을 불어 넣고 성장과 발전에 대한 확신을 가지며 높은 기준을 세우려는 의지가 있고 인내할 수 있는 가치관을 가지고 있는 것이 중요하다고 할 수 있다. 비즈니스에서 코치의 역량은 비즈니스 자체에 대한 역량과 조직심리나 조직행위에 관련된 역량, 심리학에 기반된 코칭 프로세스 관련 역량이 중요하다.

코칭 효과에 영향을 미치는 또 다른 하나의 코치 관련 변수는 코치가 어디에서 오는가에 따라 즉, 내부 또는 외부 소속인가에 따라 내부 코치(internal coach)인가 아니면 외부 코치(external coach)인가로 나눌 수 있다. 내부 코치의 경우 조직에서 과거와 현재를 함께 해왔기 때문에 조직의 내부 상황에 대해 깊은 이해를 할 수 있어 코치이의 문제에 대한 이해가 빠르며 해결 방안에 대한 지원을 조직 내부에서 이끌어 낼 수 있다는 장점이 있다. 외부 코치의 경우 코칭에 대한 전문성이 높은 경우가 많으며, 코칭의 대상이 되는 조직의 얽혀있는 이해관계에서 자유로울 수 있어 코치이가 외부 코치에 대해 보안에 대한 신뢰를 가질 수 있다.

2) 코치이(coachee)

코치이는 코칭의 고객에 해당하는 것으로 그 자신의 목표를 효과적으로 달성하도록 코치는 최상의 서비스를 제공하려 한다. 코치가 코치이를 만족시키기 위해서는 코칭 고객의 특성을 잘 이해해야 한다. 앞서 코치의 특성이 코칭의 효과에 영향을 준다고 했듯이 코치이가 갖는 특성 또한 코칭의 효과를 결정한다. 코칭 고객의 연령과 성별과 같은 인구통계학적 특성과 교정 목적인가 개발 목적인가의 동기 등이 코칭의 효과에 영향을 미친다. 또한 기존의 전통 교육훈련의 효과에 영향을 주는 변수로 학습자의 태도, 능력, 성격, 기대, 성취동기, 변화수용도, 경력단계, 그리고 자기효능감 등이 있다고 밝혀졌듯이 코치이의 이러한 변수들이 마찬가지로 코칭 효과에 영향을 미칠 것으로 간주된다.

코치가 자신에 대한 이해는 물론이고 코치이의 특성 등에 대해 미리 이해하고 있다면 효과적 코칭을 진행하는 데 매우 도움이 될 것이다. 코치와 코치이의 상호 작업적 적합관계(working alliance)가 임원 코칭의 효과에 영향을 준다는 것이 검증된 바 있듯이 관계적 질을 향상시키기 위해 코치의 코치이에 대한 이해는 매우 중요하다고 할 수 있다. 결국 코치와 코치이의 특성과 관계적 질이 코칭의 효과에 결정적 영향을 줄 수 있다. 더불어 중요한 것은 코칭이 이루어지는 조직적 환경 즉 지원적 분위기, 신뢰, 조직 문화 등이 우호적인 환경으로 만들어져야 성공적인 코칭이 가능할 것이다.

제2절

서비스 리더의 효과적 코칭 관리

(1) 효과적 코칭을 위해 서비스 리더가 갖추어야 할 요건

코칭은 서비스 산업의 발전을 위해 주요한 역할을 하며 이를 위해 코칭에서는 코치가 코치이를 인도하여 서비스 향상의 목표를 달성하도록 한다. 이러한 서비스 코칭에서 코치는 모든 답을 가진 전문가나 감독자가 아니며 목표를 달성하기 위해 조치를 취하도록 지시하는 자가 아니다. 코칭에서 코치인 서비스 리더가 갖추어야 할 기본적인 자세는 다음과 같다.

첫째, 코칭하는 기술이 있어야 한다. 서비스 리더가 많은 지식과 경험을 갖고 있다고 해서 그것이 교육하는 능력이 되는 것은 아니다. 효과적인 코칭을 위해서는 코치 자신의 지식과 경험을 코치이에게 공감하게 하고 코칭의 목표와 연계하여 지식, 기술, 태도의 변화들이 일상업무에 적용될 때까지 지속적으로 일어나도록 해야 한다. 이를 위해서 코치이의 특성에 대해 충분히 이해하고 대상에 따라 효과적으로 코칭할 수 있는 기술의 숙지가 필요하다. 코치이에 대해 코칭의 필요성을 인식하게 하고, 코치이를 관찰하고 경청하며 해결책을 찾도록 도와주며, 해결책에 대해 합의가 일어나기까지 모든 과정에서 코치의 코칭 능력이 발휘되어야 한다. 결국 코칭의 목적은 서비스 성과향상인데 코치이의 능력과 성과가 향상되기 위한 코칭 기술을 갖추어야 한다.

둘째, 서비스 리더 자신의 열정이 있어야 한다. 서비스 리더의 의지는 열정을 통해 서비스업 직원들에게 전달되며, 열정 없는 리더의 코칭은 신뢰를 얻을 수 없다. 코칭을 통해 목표를 달성하여 성과를 낼 때 돌아오는 혜택과 희망과 비전을 보여주면서 코칭의 가치와 중요성을 제시할 수 있어야 한다. 궁극적으로 코칭을 통한 서비스 품질 향상을 통해 얻을 수 있는 의미들을 공유하여 서비스 리더의 열정에 대한 신뢰를 주고 참여에 대한 동기를 유발하는 것이 중요하다.

셋째, 변화에 신속하게 적응할 수 있어야 한다. 서비스 코칭이 이루어지는 현장에서는 모든 것이 계획한 대로만 진행되지 않고 돌발적인 상황이 일어나기 쉽다. 이러한 돌발 상황에 유연하게 대처할 수 있는 적응력과 순발력이 필요하다.

넷째, 인간에 대한 이해력을 소유하고 좋은 인간관계를 만드는 능력이 있어야 한다. 서비스 리더는 면밀한 관찰을 통해 코칭을 받는 사람의 특성을 잘 파악하고 다양한 코치이들을 관리 할 수 있어야 한다. 서로 다른 코치이의 잠재력을 최대한 발휘하도록 하여 그들이 목표를 달성하도록 도와주기 위해 코치이의 심리에 대한 이해도 중요하다. 또한 코칭의 현장에서 코치이들과 원활한 관계를 만들기 위해 서비스 리더의 인간관계 능력이 중요하다. 일방적 관계가 아니라 코치와 코치이는 서로 지식과 경험을 공유하는 양방향의 파트너 관계여야 한다.

(2) 효과적인 서비스 코칭 기술

1) 서비스 코칭 목표의 설계

서비스 리더가 서비스업 종사자들을 대상으로 코칭을 할 때에는 명확한 코칭 목표가 있어야 한다. 코칭에 대한 목표가 왜 중요한가를 대상자가 공감할 때 그 목표의 달성이 용이해진다. 코칭의 초기부터 목표에 대한 설명을 하고 공감대를 형성하며 성과목표에 대한 과정에서 피드백을 주고 코칭의 사후관리까지 서비스업 종사자들에게 도움을 주어야 한다. 일반적으로 서비스 코칭의 목표는 첫째, 서비스 관련 지식을 얻고 서비스 전문가로서의 서비스 마인드를 정립하고 실력과 관점을 개발하는 것이다. 둘째, 창의력을 개발하며, 합리적 사고 능력을 바탕으로 문제 해결 및 의사결정 능력을 배양한다. 셋째, 서비스 전문성을 강화하기 위하여 직원 자신과의 연관성을 높이고 실제 현장 적용능력을 강화한다. 이는 의사소통 능력의 개발을 통해 향상될 수 있다. 넷째, 서비스업 종사자로서의 책임의식을 강화한다. 결국 서비스 품질을 향상 시켜 고객을 만족시키는 서비스 성과의 향상을 도모하기 위한 목표설정과 공유는 매우 중요한 코칭 실행의 기본 원칙이 된다.

2) 코치이에 대한 관찰과 경청

코칭 실행 시 코치가 코치이를 면밀하고 신중히 관찰하여 코치이에게 좀 더 전문적인 코칭을 제공하도록 한다. 공식적 비공식적 관찰을 통해 코치이의 강점과 약점을 파악한다. 사전에 질문을 준비하고 지속적인 관찰을 통해 코치이의 행동이 그 자신의 목표나 팀의 목표를 달성하는 데 어떠한 영향을 미치는가를 파악할 필요가 있다. 또한 코치이의 태도나 행동이 다른 구성원들에게도 어떤 영향을 미치는가를 살펴본다. 문제를 토의할 때 코치가 관찰한 행동에 대해 코치이와 함께 토의할 수 있다.

코치는 코치이의 말을 적극적으로 경청해야 한다. 코치이를 편안하게 해주며 관심을 기울이며 코치이가 말을 마칠 때까지 기다리는 적극적 경청을 통해 둘 사이의 의사소통을 더 원활하게 할 수 있다. 또한 경청의 자세를 통해 코치가 코치이에게 관심을 기울인다는 뜻을 전달할 수 있다. 적극적 경청을 통해 코치이의 감정과 동기를 파악하는 것이 중요하다.

3) 효과적 질문법 활용

코칭에 있어 효과적으로 질문을 하는 것은 코치이를 이해하고 파악하는 데 매우 중요하다. 효율적 코칭 진행을 위해 몇 가지의 질문을 미리 준비하는 것도 도움이 되며 상황에 따라 즉흥적으로 질문을 잘하는 것도 중요하다. 정답이 뻔한 질문은 서비스업 종사자들로부터 반응을 얻기 힘들기 때문에 피해야 한다. 코칭 내용의 핵심을 다루는 질문을 설정하고 그 질문을 중심으로 코칭 내용을 엮어 나가면 효과적으로 코칭을 진행할 수 있다.

질문법 중에서 자유응답식, 즉 열린 질문을 통해 코치이의 참여와 아이디어 공유를 이끌어낼 수 있다. 자유응답식 질문은 "만약 ~라면 어떤 결과가 뒤따를까요?"라는 대안을 탐색하는 질문이나 "그 일이 어떻게 진행되는 것이 바람직하다고 생각합니까?"라는 식의 태도나 아이디어를 파악할 수 있는 질문이다. 또한 폐쇄형 질문을 통해 상대방이 말한 내용을 확인할 수 있다. 예를 들면 "그래서 주요 이슈는 비용입니까?"라는 식의 질문이 될 수 있다.

4) 코치이의 적극적 참여 유도

코칭은 서비스 리더의 일방적인 코칭이 아니라 코치이의 적극적이고 능동적인 참여가 있어야 한다. 코치이의 참여를 유도하기 위해서는 서비스업 종사자들이 업무에 활용할 수 있는 아이디어나 개념, 기술들을 직접 찾아보게 하고 다른 사람들과 공유하도록 하는 기회를 주는 방법이 있다. 코치는 전문가로서 최신의 자료와 정보를 공유하는 것이 코치이의 관심을 끌어내는 데 효과적이다. 또한 서비스업 종사자들을 여러 명의 그룹으로 조성하여 토의를 하게 하는 것도 좋은 방법이다. 코칭의 초반에 재미있는 질문을 던져 관심을 유도하고 참여를 장려할 수 있다. 서비스업 종사자들은 "코칭이 과연 내게 어떤 도움이 되는가?" 또는 "문제해결책을 어떻게 적용하고 활용할 것인가?"에 관심이 있다. 따라서 서비스 리더는 종사자들에게 얼마나 이익이 되는지를 알게 한다면 종사자들은 흥미를 가지고 코칭에 집중하고 참여할 것이다. 결국 서비스업 종사자들이 직접 참여하면 할수록 그들의 기억 속에 더 강하게 남을 것이고, 실제 업무에서 효과적으로 적용할 수 있을 것이다.

5) 효과적 피드백 제시

코칭에서 중요한 부분인 코치의 피드백은 코치이의 행동에 반응을 보인다는 점에서 의미가 있으며 피드백을 주고받는 것은 코칭 프로세스 전반에 걸쳐 계속 이루어져야 한다. 피드백은 긍정적인 일에 대해서든, 부정적인 일해 대해서든 구체적이어야 한다. 즉, "정말로 잘했습니다"라고 말하기보다는 "당신이 고객의 이름을 기억하고 불러준 것은 고객이 정말로 기뻐할 일입니다"라고 피드백을 주는 것이 좋다. 또한 코치이를 도와주겠다는 의도가 분명한 피드백을 제시하여 진실함이 나타나야 한다. 피드백은 현실적으로 실현 가능한 것이어야 한다. 즉, 코치이의 능력과 노력에 의해 달성할 수 있는 범위에서 피드백을 주어야 효과적이다.

제3절

코칭의 효과 및 평가

코칭의 효과는 다양하며 긍정적이라는 것이 밝혀진 반면 코칭을 평가하기란 쉽지 않다. 그럼에도 불구하고 코칭을 평가하는 이유는 코칭 평가가 있을 때 코치에 대한 기술과 역량의 개선과 발전이 가능해진다. 효과적인 코칭을 위해서도 평가에 반영되는 결과를 염두에 둘 때 코칭의 방향이 정렬되고 지속적이고 일관적인 유지가 가능하다. 또한 평가는 코칭의 효과를 증명하여 코칭을 더 활발히 적용하고 확대하기 위한 것이다.

(1) 코칭의 효과

코칭의 효과는 조직유효성을 높이거나 자아개념을 향상하고 코치이의 역량 증진의 형태로 나타난다. 첫째, 조직유효성은 직무만족, 조직몰입, 조직시민행동 등의 향상과 이직의도의 감소로 나타난다. 코칭으로 인하여 코치이는 자신의 직무에 대해 긍정적인 감정상태와 태도를 가지게 된다. 코칭은 구성원이 조직의 목표와 가치에 대해 강한 신뢰와 애착을 가지며 조직을 위해 열심히 노력하고자 하는 헌신과 희생정신을 강화시킨다. 또한 구성원은 코칭을 통해 공식적인 보상과는 관계없이 스스로의 의지로 행동을 결정하여 비공식적인 기여를 하는 조직시민행동 의식이 높아진다. 이렇게 조직에 대한 만족 및 몰입으로 인하여 조직을 떠나고자 하는 의도는 감소되는 것이다.

둘째, 코칭을 통해 코치이는 자긍심과 자기효능감의 자아개념이 향상된다. 자긍심이란 자신이 유능하고 중요하며 성공할 수 있고 가치가 있다는 개인적 신념의 범위를 포함한 심리적 반응이다. 코칭을 통해서 코치이는 자신이 능력이 있고 중요하다고 생각하여 자신에 대한 이미지를 긍정적으로 갖게 되어 직무에 긍정적 영향을 미치게 된다. 또한 코칭으로 인해 코치이 자신이 보유한 능력을 높이 평가하게 되어 높은 자기 효능감으로 인해 어떠한 상황에서도 자신감 있게 행동하게 된다.

셋째, 코칭으로 인해 조직구성원은 지식, 기술, 경험 등의 역량이 향상됨으로써 문제해결능력과 대인관계능력이 향상된다. 코칭을 통해 좀 더 지적이며 창의적인 능력을 가지게 되어 문제를 신속하고 효과적으로 해결할 수 있는 능력이 생기게 되는 것이다. 또한 상황인식능력이 높아져 다른 이해관계자들과 상호 이해, 협동 등의 상호작용을 통하여 서로간의 만족과 이익을 추구하게 된다. 코칭은 코치이 자신과 타인의 감정인식과 이해를 넓히며 기분 상태나 스트레스를 조절할 수 있게 할 뿐 아니라 감성을 잘 활용할 수 있게 돕는다.

특히 서비스 산업에서 코칭은 서비스업 직원들이 고객욕구를 충족시키려는 의지와 경향을 갖게 되어 고객 지향적 행동을 보이게 된다. 결과적으로 서비스 조직에서 담당하는 직무를 잘 수행하게 되어 서비스의 품질을 높이는 좋은 성과를 낳게 된다.

(2) 코칭의 평가: 정량적 평가와 정성적 평가

코칭 자체의 결과 평가는 정량적 평가와 정성적 평가로 나뉠 수 있다. 정량적 평가란 코칭으로 인해 나타나는 정확하고 구체적인 수치로 계산하는 것이다. 예를 들어 총생산, 순이익의 추이, 직원들의 출근시간과 결근율 추이, 직원들의 업무몰입도 시간적 추이, 코칭을 받은 직원의 일인당 생산성 추이 등 금전적으로 환산할 수 있는 수익이 어느 정도인지를 계산하는 것이다. 이러한 개념을 ROI(Return on Investment, 투자대비수익률) 산출을 통한 정량적 평가라고 할 수 있다. ROI란, 회계적으로 자본투자에 따른 수익을 의미하는 개념이다. 즉, 어떠한 프로젝트 비용을 프로젝트 성과나 효과와 비교하는 분석방법으로 프로젝트의 효과성을 평가하는 지표로 쓰인다. 이러한 ROI 산출을 통해 코칭의 경제적 관점에서의 효과성을 정확히 보여주어 이해하기 쉬운 장점이 있다. 그러나 ROI 분석은 세부적으로 수행하기에 매우 어려운 작업이 될 수 있다(여기에서는 ROI 분석 모델에 대해서는 다루지 않는다).

코칭의 무형적 효과를 평가하는 것을 정성적 평가라고 한다. 정성적 평가는 수치나 금전적으로 계량화하기 어려운 부분을 평가하는 경우이다. 예를 들면 코치이의 업무 또는 조직몰입도나 업무역량의 향상이나 성과향상도를 정량화하기 곤란하거나 만족도를 금전적으로 환산하기 어려울 때 쓸 수 있다. 조직과 기업의 문화와 분위기의 변화도 정량화하기 어려운 변수이다. 고객서비스에 대해 고객의 불만 조사도 질적 평가로 이루어질 수 있다. 이렇게 정량화하기 어려운 경우 자기 측정을 하거나 360° 피드백을 통해 평가할 수 있다. 눈에 보이지 않더라도 심정적으로 분명하게 나타났다고 느끼는 무형의 효과를 평가하는 것이다.

정성적 평가는 코칭의 단계에 따라 지속적으로 이루어질 수 있다. 코칭 과정의 초기 단계에 코치이의 상황과 현재 상태를 진단하기 위해 정성적 평가를 실시할 수 있다. 즉, 코치이가 계획된 목표를 성취하는 데 필요한 코치이의 성격, 흥미, 지식 등의 개인적 특성을 파악하는 진단적 성격의 평가가 이루어질 수 있다. 코칭이 진행되는 전개 단계에서도 정성적 평가가 이루어질 수 있다. 즉, 정성적 평가를 통해 코치이의 목표와 관련된 사항을 확인하고 행동의 변화나 업무의 개선 정도를 파악하여 코치이에게 필요한 코칭 방법의 변화를 도모하는 데 쓰인다. 마지막으로 코칭의 정리 단계에서 종합적 평가를 위해 정성적 평가를 실시할 수 있다. 정성적 평가가 종합평가에 적용될 때는 전체적 목표나 향상된 역량에 대한 코칭의 효과를 파악하는 것이다.

종합사례

코칭 사례 연구

아래의 코치와 코치이 간의 대화 2는 대화 1과 어떠한 차이점이 있을까요?

[대화 1]

김 대리(코치이): 팀장님, 고객들에게 친절하려고 나름 노력하는데 고객이 요구하는 것이 너무 다양하고 불평이 많아서 종잡을 수가 없습니다.

팀장(코치): 원래 처음에는 다 그렇게 힘든거지요. 나도 그랬고, 시간이 지나니 감이 오더라고. 고객이 무례하게 대하는 일이 허다하고 주위에서는 도와주지 않고...

김 대리: 힘드셨겠네요?

팀장: 아주 힘들었지요. 그래도 요즘은 근무시간도 줄고 근무환경도 너무 좋잖아. 힘내! 참고 일하면 익숙해질거야. 필요하면 얘기해요. 내가 도와줄게요.

김 대리: 네. 응원해주셔서 감사합니다.

[대화 2]

김 대리(코치이): 팀장님, 고객들에게 친절하려고 나름 노력하는데 고객이 요구하는 것이 너무 다양하고 불평이 많아서 종잡을 수가 없습니다.

팀장(코치): 너무 좌절하지 말게. 그런데 어떻게 하고 있지요?

김 대리: 나름 미소로 친절하게 관심을 가지고 서비스를 제공하려고 하고 있습니다. 그리고, 문제가 있으면 사과를 하려고 합니다.

팀장: 호텔 고객들의 불평이 주로 어떠한 것들인가요?

김 대리: 고객들이 예전보다 많이 까다로워진 것 같아요. 룸에 불쾌한 냄새가 난다고 바꿔달라고 하고, 호텔 밖의 관광객의 소음 때문에 다른 룸으로 옮겨 달라고 하기도 합니다. 룸에 없는 와인잔이나 집기를 당장 가져달라고 하고... 고객의 요구 조건이 너무 많아서 다 맞춰줄 수가 없는 실정입니다. 때로는 처음부터 그냥 화를 내는 고객도 있습니다.

팀장: 김 대리가 요즘 많이 피곤해 보이던데 그래서 그랬군요. 건강이 걱정되네요. 괜찮은가요?

김 대리: 예, 그것은 문제없습니다.

팀장: 다행입니다. 김 대리가 문제에 대해서 스스로 고민하고 있으니까 희망이 있는 것 같습니다. 김 대리 나름대로 불평의 유형들과 대응방안을 분석해봤을 텐데 그 얘기 좀 해볼 수 있을까요?

김 대리: 네, 그렇습니다. 불평의 유형들과 그 원인은 주로 ......

참고문헌

고윤석(2005), 『HR 프로그램의 ROI 이렇게 계산하는구나?』, 다산서고.

국제코치연맹(www.coachfederation.org)

김상범·박성영·나운봉(2009), 「판매관리자의 코칭이 판매원의 역할지각 및 성과에 미치는 영향에 관한 탐색적 연구」, 마케팅관리연구, 14(4), pp. 139~156.

________________(2010), 「코칭의 이론적 모형과 효과에 관한 연구-동기와 능력의 조절효과 중심으로」, 소비문화연구, 13(3), pp. 1~30.

김윤나(2010), 「상사의 코칭 리더십이 서비스 접점 직원의 셀프 리더십에 미치는 영향」, 한양대학교 교육대학원 석사학위논문.

김정식·서문교(2008), 「리더의 코칭 행위가 조직구성원들의 인지적 유연성과 성과에 미치는 영향」, 인적자원관리연구, 15(3), pp. 31~48.

김희수(2001), 「인지적 진로 상담프로그램이 의사결정유형과 대인관계능력에 미치는 효과 연구」, 진로교육연구, 14, pp. 185~199.

김희수·이규태(2014), 「호텔 중간관리자의 코칭 리더십이 자기효능감 및 고객지향성에 미치는 영향」, 관광연구저널, 28(9), pp. 35~46.

박선영(2009), 「리더의 코칭 리더십이 부하직원의 조직몰입과 경력몰입에 미치는 영향」, 고려대.

박재진(2012), 「코칭 리더십이 조직구성원의 성과변인에 관련된 학위논문 연구동향 분석」, 평생교육·HRD 연구, 8(1), pp. 107~132.

백은엽(2011), 「상사의 코칭 리더십과 조직몰입의 관계에서 자기효능감의 매개효과연구」, 고려대학교 교육대학원 석사학위논문.

산업인력관리공단(2006), 『앞서가는 비즈니스맨의 성과관리: 코칭의 방법』.

서대곤(2011), 「코칭 리더십이 조직원의 직무몰입과 혁신행동에 미치는 영향」, 한양대학교 교육대학원 석사학위논문.

선종욱(2010), 『코칭 다이나믹스』, 이담북스.

신준섭(2010), 「조직문화 유형과 코칭 리더십이 조직몰입과 직무만족에 미치는 영향」, 한양대학교 대학원 석사학위논문.
안현미(2011), 「코칭 리더십이 조직구성원의 이직의도에 미치는 영향」, 고려대학교 교육대학원 석사학위논문.
양옥경·김연수(2007), 「축약형 가족관계척도: 구성과 타당도 연구」, 한국가족관계학회지, 12(2), pp. 103~129.
우경화(2009), 「코칭 리더십이 조직구성원의 직무만족 및 조직몰입에 미치는 영향」, 한양대학교 교육대학원 석사학위논문.
이동우(2011), 「코칭 리더십과 조직유효성의 관계: 자기효능감과 환경의 불확실성 지각의 매개효과를 중심으로」, 성균관대학교 경영전문대학원 박사학위논문.
이민호(2007), 「코칭 리더십의 공공부문 도입에 관한 연구」, 단국대학교 대학원 석사학위논문.
이석만(2010), 「외식기업 관리자의 코칭 리더십이 자아개념과 직무성과에 미치는 영향」, 경기대학교 대학원 박사학위논문.
이선희(2009), 「리더십 코칭 연구의 현재와 향후 연구방향」, 사회과학연구, 20(1), pp. 115~142.
이소희(2008), 『멋진 응원 코칭』, 신정.
이순희(2007), 「학교장의 코칭 리더십이 교사의 직무만족과 자아효능감에 미치는 영향」, 고려대학교 교육대학원 석사학위논문.
이정표·권영신(2008), 『교육학 개론』, 교육과학사.
이현주(2010), 「코칭 리더십과 조직몰입과의 관계에서 팔로워십 매개효과 연구」, 고려대학교 교육대학원 석사학위논문.
이화자·유왕진(2008), 「코칭을 통한 CEO의 리더십 향상 방안」, 경영컨설팅연구, 8(4), pp. 123~146.
장태관(2005), 「코칭을 통한 리더십 향상 방안에 관한 연구」, 중앙대학교 산업경영대학원 석사학위논문.
조성진(2008), 『코칭 ABC』, 심포지움출판사.
조성진·송계충(2010), 「코칭 효과 연구를 위한 코칭 프로그램 개발과 평가」, 인적자원개발연구, 13(1), pp. 27~74.
정진우(2009), 「세계코칭리더십의 핵심을 말한다」, 아시아코치센터.
존 휘트모어, 김영순 옮김(2007), 『성과 향상을 위한 코칭 리더십』, 김영사, p. 34.

최금옥(2012), 『서비스 리더의 코칭 기술』, 서비스 교육평가원.
최은정(2005), 「코칭 리더십이 동기부여적 자아개념과 직무만족에 미치는 영향개발 및 관계 코칭 리더십을 중심으로」, 중앙대학교 산업경영대학원 석사학위논문.
최치영(2003), 「상사의 코칭이 직원 및 고객만족에 미치는 영향에 관한 연구: 우리나라 대학병원의 간호사를 중심으로」, 수원대학교 대학원 박사학위논문.
하버드 비즈니스 프레스(2008), 『하버드 비즈니스 스쿨 팀장 워크북 시리즈 5: 코칭의 기술』, 한스미디어.
한국코치협회(www.kcoach.or.kr)
홍의숙·윤현덕(2009), 「중소기업 리더 코칭이 직무관련 태도에 미치는 영향에 관한 연구」, 기업경영연구, 16(2), pp. 259~275.

Aldag, R. J. and L. W. Kuzuhara(2002), *Organizational behavior and management: An integrated skills approach*, South-Western/Thomson Learning.
Anderson, E. and R. L. Oliver(1987), "Perspectives on behavior-based versus outcome-based salesforce control systems", *The Journal of Marketing*, 51(4), pp. 76~88.
Arnold, J. J., Arad, S., Rhoades, J. A. and F. Drasgow(2000), "The Empowering Leadership Questionnaire: The construction and validation of a new scale for measuring leader behaviors", *Journal of Organizational Behavior*, 21(3), pp. 249~269.
Bandura, A. and R. Wood(1989), "Effect of perceived controllability and performance standards on self-regulation of complex decision making", *Journal of Personality and Social Psychology*, 56(5), pp. 586~589.
Baron, L. and L. Morin(2009), "The Coach-Coachee Relationship in Executive Coaching: A Field Study", *Human Resource Development Quarterly*, 20(1), pp. 85~106.
Bateman, T. S. and D. W. Organ(1983), "Job satisfaction and the good soldier: The relationship between affect and employee "citizenship"", *Academy of Management Journal*, 26(4), pp. 587~595.
Bennis, W. G. and R. J. Thomas(2002), "Greek greezers: How, era, value,

and defining moment shape leaders", Harvard Business Schools Press.

Berry, R. M.(2005), "A Comparison of Face-to-Face and Distance Coaching Practices: The Role of the Working Alliance in Problem Resolution", Doctoral thesis, Georgia State University.

Brown, T. J., Mowen, J. C., Donavan, D. T. and J. W. Licata(2002), "The customer orientation of service workers: Personality trait effects on self-and supervisor performance ratings", *Journal of Marketing Research*, 39(1), pp. 110~119.

Cañas, J. J., Antoli, I., Fajardo, I. and L. Salmeron(2005), "Cognitive inflexibility and the development and use of strategies for solving complex dynamic problems: effects of different types of training", *Theoretical Issues in Ergonomics Science*, 6(1), pp. 95~108.

Csikszentmihalyi, M. and R. Larson(1984), *Being adolescent*, New York: Basic Books.

David, J. G.(1993), "Managerial Coaching As A Sales Performance Moderator", *Journal of Marketing*, Summer, pp. 74~82.

Desimone, R. L., Werner, J. M. and D. M. Harris(2006), *Human Resource Development*, 4th ed., Harcourt, Inc.

Dingman, M. E.(2004), "The Effects of Executive Coaching on Job-related Attitudes", Doctoral thesis, Regent University.

Ellinger, A. D., Ellinger, A. E. and S. B. Keller(2003), "Supervisory coaching behavior, employee satisfaction, and warehouse employee performance: A dyadic perspective in the distribution industry", *Human Resource Development Quarterly*, 14(4), pp. 435~458.

Fournies, F. F.(1978), *Coaching for Improved Work Performance*, Van Nostrand Reinhold.

____________(2000), *Coaching for Improved Work Performance*, Revised ed., McGraw-Hill.

Goldstein, I. L.(1993), "Training in Organizations: Needs Assessment", *Development and Evaluation*, Brooks/Cole.

Graham, S., Wedman, J. F. and B. Garvin-Kester(1994), "Manager coaching skills: What makes a good coach?", *Performance Improvement Quarterly*, 7(2), pp. 81~94.

Grant, A. M.(2001), "Toward a psychology of coaching", *Coaching Psychology Unit*, University of Sydney.

Hamlin, R. G., Ellinger, A. D. and R. S. Beattie(2008), "The Emergent 'Coaching Industry': A Wake-up Call for HRD Professionals", *Human Resource Development International*, 11(3), pp. 287~305.

Hersey, P. and K. H. Blanchard(1993), *Management of organizational behavior: Utilizing human resources*, Prentice-Hall, Inc.

Hunt, J. M. and J. Weintraub(2002), "How coaching can enhance your brand as a manager", *Journal of Organizational Excellence*, Spring, pp. 39~44.

Ives, Y.(2008), "What is 'Coaching'? An Exploration of Conflicting Paradigms", *International Journal of Evidence Based Coaching and Mentoring*, 6(2), pp. 100~113.

Kimberly, J. R. and W. R. Nielsen(1975), "Organizational Development and Change in Organizational Performance", *Administrative Science Quarterly*, 20, pp. 191~206.

Korman, A. K.(1976), "Hypothesis of work behavior revisited and an extension", *Academy of Management Review*, 1(1), pp. 50~63.

Leedham, M.(2005), "The Coaching Scorecard: An Holistic Approach to Evaluating the Benefits of Business Coaching", *International Journal of Evidence-Based Coaching and Mentoring*, 3(2), pp. 30~44.

MacKie, D.(2007), "Evaluating the Effectiveness of Executive Coaching: Where Are We Now and Where Do We Need To Be?", *Australian Psychologist*, 42(4), pp. 310~318.

Mottaz, C. J.(1998), "Determinants of organizational commitment", *Human Relations*, 41(6), pp. 467~482.

Mowday, R. T., Porter, L. W. and R. M. Steers(1979), "The measurement of organizational commitment", *Journal of Vocational Behavior*, 14(2), pp.

224~247.

Peel, D.(2006), "An Analysis of the Impact of SME Organizational Culture on Coaching and Mentoring", *International Journal of Evidence-Based Coaching and Mentoring*, 4(1), pp. 9~19.

Peterson, D. B. and M. D. Hicks(1996), *Leader as coach: Strategies for coaching and developing others*, Personnel Decisions International.

Rich, G. A.(1998), "The Constructs of Sales Coaching: Supervisory Feedback, Role Modeling, and Trust", *Journal of Personal Selling and Sales Management*, 181(Winter), pp. 53~63.

Schein, E. H. and G. L. Lippitt(1966), "Supervisory attitudes toward the legitimacy of influencing subordinates", *Journal of Applied Behavioral Science*, 2(2), pp. 199~209.

Srivastava, A., Bartol, K. M. and E. A. Locke(2006), "Empowering Leadership in management Teams: Effects on knowledge sharing, efficacy, and performance", *Academy of Management Journal*, 49(6), pp. 1239~1251.

Stowell, J. S.(1986), "Leadership and coaching", Unpublished for doctoral thesis, University of Utah.

Whitmore, J.(2002), *Coaching for performance: Growing People, Performance and Purpose*, National Book Network.

Zhang, Y. and C. C. Chen(2013), "Developmental Leadership and organizational citizenship behavior: Mediating effects of self-determination, supervisor identification, and organizational identification", *The Leadership Quarterly*, 24(4), pp. 534~543.

Part II

서비스 실행(Do)

Chapter 4

서비스 인카운터

제1절 서비스 인카운터의 개념과 유형

제2절 서비스 인카운터의 평가

제3절 서비스 인카운터와 감정노동

도입사례

리츠칼튼의 서비스 3단계

실제로 리츠칼튼과 경쟁업체의 주된 차이점은 서비스의 단순화 요소를 꾸준히 실천하는 자세에 있다. 서비스를 제공하는 모든 기업은 기본 원칙을 결코 바꾸지 않는다. 그렇기 때문에 리츠칼튼 경영진은 다음 세 단계를 기업 문화의 핵심에 포함시킨다.

1. 따뜻하고 진심 어린 인사를 하며 고객의 이름을 부른다.
2. 모든 고객의 욕구를 예상하고 충족시킨다.
3. 고객의 이름을 부르고 따뜻하게 작별을 고한다.

리츠칼튼 호텔의 고객은 직원들이 서비스의 3단계를 실천한다는 사실을 인식하지 못할 것이다. 하지만 서비스 3단계의 효과는 분명히 느낀다. 이를테면 리츠칼튼 팜 비치의 한 고객은 이렇게 말했다.

"저를 맞이하는 직원들이 상냥해서 기분이 매우 좋았습니다. 나와 우리 가족의 이름을 기억하더군요. 우리가 탄 차가 호텔에 들어설 때마다 문 앞까지 나와서 이름을 부르며 맞이했답니다."

고객 리처드 위틀리는 허리케인 윌마로 어려움을 겪는 동안 다정한 작별 인사의 위력을 실감했다고 전했다.

"호텔 직원들은 메리다로 대피하는 것이 가장 좋겠다고 말하며 새벽 2시에 고객을 위해 버스를 준비했습니다. 호텔 전 직원이 모여 우리에게 작별을 고했죠. 아주 인상적이었습니다. 지난 닷새 동안 가족도 만나지 못한 채 우리 곁을 지켰던 사람들이 손을 흔들며 끝까지 자리를 지켰으니까요."

리츠칼튼 경영진은 직원들에게 서비스의 3단계를 제시하며 무조건 따르라고 지시만 하지 않는다. 서비스의 중요성을 익히 알고 있는 그들은 직원들로부터 직접 성과를 보고받고, 모든 관리자들도 이를 토대로 신사 숙녀를 대하도록 유도하고 있다.

비비안 뒤셀 부사장은 다음과 같이 설명했다.

"가령 어느 날 감독관이 좋지 않은 일이 있어서 직원들에게 말을 걸지 않았다고 합시다.

그러면 직원들은 즉시 이렇게 느끼죠. '오, 내가 뭘 잘못했군. 상사가 내게 말을 걸지 않고 웃지도 않잖아.' 그리곤 근무를 하면서도 상사의 기분만 살피느라 고객에게 관심을 쏟지 못하죠."

리츠칼튼의 한 직원은 회사가 자신의 아내와 아이들을 따뜻하게 배려했던 사례를 들려줬다.

"어느 날 남편과 아버지로서 결코 받고 싶지 않은 전화를 받았습니다. 어린 두 아이를 데리고 여행을 떠났던 아내가 로스앤젤레스에서 갈아타야 할 비행기를 놓쳐 버렸답니다. 전화 저편에서 아내가 미친 듯이 울고 엄마가 우니까 아이들도 따라 울더군요. 저는 정반대편에서 손도 쓰지 못하고 마음만 졸였어요. 리츠칼튼 호텔을 찾아가면 아무 문제 없을 거라는 말밖에 떠오르지 않더군요.

그리고 즉시 리츠칼튼 마리나 델 레이로 전화를 걸어 상황을 설명하고 내 가족이 지금 그쪽으로 가는 중인데 곧 도착할 거라고 말했습니다. 아내와 아이들이 도착할 무렵 호텔 밖에서 기다리던 지배인이 그들을 직접 맞이해 방으로 안내했죠. 그리고 그 지배인은 아내에게 물어보지도 않고 갈아입을 옷과 미소국을 준비했습니다. 저는 그저 그들이 안전하기만 바랐을 뿐 이런 서비스를 부탁할 생각조차 하지 못 했죠. 아내와 아이들은 일본계 미국인이었기 때문에 미소국은 그들에게 가장 위안을 줄 수 있는 음식이었습니다. 완벽했죠! 아내가 다시 전화를 걸어 모두 옷을 갈아입고 미소국을 먹고 있다고 말하기에 비로소 마음이 놓였습니다. 바로 이 때문에 저는 리츠칼튼을 위해 일합니다!"

리츠칼튼 경영진은 마리나 델 레이의 지배인처럼 직원과 그 가족의 필요에 적절히 대처함으로써 직원들이 고객을 어떻게 대해야 하는지 몸소 모범을 보인다.

리츠칼튼 직원이 사업 파트너와 거래업체, 그 밖의 관련자들을 대하는 방식에서도 서비스의 3단계를 명확히 확인할 수 있다. 리츠칼튼의 광고를 담당하는 광고 대행사 팀원의 회장 겸 최고경영자 브라이언 쉬한은 다음과 같이 설명했다.

"우리 회사가 리츠칼튼과 파트너십을 맺은 것은 행운이었다고 생각합니다. 그들은 마치 '우리 가족이 되신 것을 환영합니다'라고 말하듯이 우리를 대하죠. 리츠칼튼은 다른 사람들과 완벽하게 교감합니다. 교감이란 참 좋은 단어라고 생각합니다. 공동체라는 뜻이니까요. 참으로 놀랍죠."

리츠칼튼은 서비스의 3단계를 이용해 신입 사원을 따뜻하게 맞이하고 은퇴하거나 전근 혹은 퇴사하는 직원을 다정하게 환송한다. 또한 전 세계 리츠칼튼 호텔의 직원들이 리츠칼튼 가족이 될 신규 호텔에 직접 서명한 배너를 보내는 진심 어린 환영의 모습에서도 서비스의 3단계를 확인할 수 있다.

출처: 조셉 미첼리(2011), 『리츠칼튼, 꿈의 서비스: 서비스의 황금표준을 만드는 사람들』, 이미숙 역, 비전과 리더십, pp. 54~58

제1절

서비스 인카운터의 개념과 유형

(1) 서비스 인카운터(Service Encounter)의 개념

서비스의 특징 중 하나는 서비스가 제공되는 동안 서비스 제공자와 고객이 상호작용한다는 것이다. 서비스 제공자와 고객의 상호작용은 고객의 만족을 결정하고 서비스 기업의 수익에 영향을 주는 매우 중요한 요소이다. 이러한 중요한 순간을 "Moments Of Truth; MOT(진실의 순간 또는 결정적 순간)"이라는 개념으로 Norman(1984)에 의해 처음으로 소개되었고, Carlzon(1987)은 서비스 기업이 고객과 직접 접촉(face-to-face)하는 순간을 진실의 순간으로 표현했다. 고객의 관점에서 볼 때, 서비스에서 제일 기억에 남는 인상은 고객과 서비스를 제공하는 기업과의 상호작용인 진실의 순간 또는 결정적 순간에서 발생한다.

초기 연구들에 의한 서비스 인카운터에 대한 견해는 서비스 기업이 제공하는 인적요소의 상호작용 측면에서의 관점을 강조하고 있다. 예를 들면, Solomon, Suprenant, Czepiel and Gutman(1985)은 '서비스 환경에 있어서 대인 간의 직접적인 대면(face-to-face)적 상호작용'으로 규정하였다. Suprenant and Solomon(1987)은 서비스 접점을 '고객과 서비스 공급자 간에 행해지는 상호작용'이라고 정의하였고, Keaveney(1995)는 '고객과 서비스업 직원과의 인간적 상호작용'으로 정의하였다. 이러한 정의에서는 서비스 인카운터를 소비자와 직접 대면하면서 서비스 생산에 참여하는 서비스 제공자와의 접촉이라는 대인적 요소로 제한하고 있다. 이러한 협의의 정의와는 달리 서비스 인카운터를 '소비자가 특정 서비스와 직접적으로 상호작용하는 순간'으로 정의한 Shostack(1985)은 그 개념을 광의적으로 해석한 것으로서 서비스 인카운터를 소비자가 서비스 제공자의 상호작용뿐 아니라 그 시점에 존재하는 인적자원, 물리적 환경 및 기타 가시적 요소들까지 모두 포함시키고 있다. 예를 들면, 고객이 호텔에 체류하기 위해 로비에 들어서는 순간 깔끔하게 유니폼을 차려입은 호텔 직원의 인사를 받으며 아름답게 디자인된 로비를 걸어들어오며 고객은 이미 서비스 인카운터를 경험하는 것이다. 이러한 서비스 인카운터에는 아름다운 로비라는 물리적 환경과 호텔 직원의 인적 자원 모두가 포함된다는 의미이다.

지금까지의 서비스 인카운터에 대한 연구의 내용을 살펴보면, 초기의 연구에서는 인적 요소에 중점을 두고 있지만 점차 물리적 환경, 서비스 전달, 서비스 참여자의 고객 접촉 및 태도, 서비스 환경 및 물적 증거와 관련된 주제를 포괄적으로 다루고 있음을 알 수 있다. 예를 들면, Bitner(1990)는 '특정 기업으로부터 제공받은 서비스의 정도에 대한 고객의 평가로 다른 고객과의 상호작용도 포함된다'고 하였다. Wu and Liang(2009)은 '고객과의 상호작용, 직원과의 상호작용, 내부적이고 외부적인 환경과의 상호작용'으로 구분하였다. 또한, 기술의 도입으로 고객에게 개별화된 서비스를 제공하며 고객과 기술의 상호작용으로 자발적인 즐거움을 제공함으로써 서비스 전반에 대한 고객만족과 서비스 품질에 영향을 주기도 한다. 서비스 인카운터는 실제 서비스 설정에서의 대면(face-to-face), 전화, 메일, 심지어 인터넷 이외의 방법을 통하여 발생할 수 있기 때문에 서비스가 일어나는 모든 인카운터는 기업이 제품을 판매하고 강화하며 고객을 만족시키기 위한 기회가 될 수 있다.

또한 서비스 인카운터는 일정한 기간 동안에 소비자가 직접적으로 서비스와 같이 작용하는 것인데, 소비자가 상호작용하는 것에는 서비스

표 4-1 서비스 인카운터에 대한 학자별 정의

학 자	정 의
Solomon, Surprenant, Czepiel and Gutman (1985)	구매자와 판매자 간의 대면적인(face-to-face) 상호작용으로 정의. 특히 역할이론의 관점을 중심으로 서비스 인카운터에서의 서비스 마케팅 전략의 방향을 제시하였고 고객과 서비스 제공자가 수행하는 각각의 역할이 서비스 전반적인 만족도를 결정하는 중요한 요인이라고 주장.
Shostack (1985)	고객과 서비스 제공기업 간에 직접 상호작용하는 기간으로 정의. 이는 서비스 요인, 물리적 설비 및 다른 기타 보이는 요소들을 포함하며, 소비자가 관계하는 모든 서비스 조직의 모든 부분을 포함.
Zeithaml, Parasuraman and Berry(1985)	생산과 소비가 동시에 이루어지는 서비스의 특이성으로 인한 서비스의 본질로 정의.
Surprenant and Solomon (1987)	사회적 상호의존이론(social interdependent theory)을 적용하여 서비스 인카운터를 고객과 서비스 제공자 간의 동적 상호작용(dynamic interaction)으로 정의.
Bitner (1992)	인적 상호작용 외 물리적 요소를 포함함으로써 그 개념을 확대하여 고객과 서비스업 종사자가 직접적으로 상호작용하는 일정한 기간으로 정의.
Pine and Gilmore (1998, 1999, 2002)	고객서비스 인카운터는 고객이 제품, 서비스 및 기업과 처음으로 대면하여 받는 지속적인 개인 인상으로 정의. 또한 서비스 기능보다는 기존의 서비스로 즐거운 경험을 주는 것을 통해 기억에 남을 만한 서비스 접점을 만든다고 강조.
Davis and Heineke (2003)	고객과 서비스의 만남, 혹은 서비스와의 접촉으로 정의. 고객은 이 순간을 통해 긍정적인 인상을 갖게 되며, 서비스의 구매를 결정하게 된다고 주장.

출처: Wu and Liang(2009), "Effect of experiential value on customer satisfaction with service encounters in luxury-hotel restaurants", *International Journal of Hospitality Management*, 28(4), pp. 586~593의 자료를 근거로 저자가 재작성

요인, 물리적 설비 및 다른 기타 보이는 요소들을 포함하며, 소비자가 관계하는 서비스 조직의 모든 부분을 포함한다. 이는 소비자와 기업 사이에 인간 상호작용에 제한을 두지 않으며, 서비스 접점을 실제로 인간 서로 간의 아무런 상호작용 없이도 나타날 수 있음을 뜻한다.

이렇게 많은 연구에서 제시된 정의들을 종합해 볼 때 서비스 인카운터는 고객이 관계하는 서비스 조직의 모든 부분을 포함하는 광의의 개념으로 이해하는 것이 바람직한 것으로 판단된다.

앞의 [표 4-1]은 시간과 학자들에 따라 다양하게 내려지는 서비스 인카운터에 관한 정의를 정리한 것이다.

(2) 서비스 인카운터의 구성요소

긍정적 서비스 인카운터 과정에서 고객은 다양한 차원의 경험적 가치를 얻으며 지각된 위험을 감소시켜 긍정적 구매경험을 얻을 수 있게 된다. 서비스 인카운터에서 일어나는 상호작용을 이해하기 위해서는 서비스 인카운터의 구성요소를 알아야 한다. 서비스 인카운터는 서비스 물리적 환경, 제공조직과 직원(현장 접점 직원 포함), 고객의 세 요소로 구성되어 있다. 이상적인 서비스 인카운터를 위해서는 이러한 세 가지 구성요소 모두가 유기적으로 협력하여 고객에게 가치 있는 인카운터를 창출하여야 한다.

1) 물리적 환경 요소

물리적 환경은 주변(ambient) 요소, 디자인(design) 요소, 사회적(social) 요소 세 가지 차원으로 세분화된다. 주변 요소는 기온, 조명, 음악과 같은 비시각적인 배경들로 구성되어 있다. 디자인 요소는 시각적 특징을 갖고 있는 점포환경이다. 이 요인은 기능적이고 미적인 특징을 갖고 있어서 건축, 자재, 색채와 같은 요소를 포함한다. 사회적 요소는 점포 내에 있는 인적 구성요인으로 고객과 서비스업 직원으로 구성된다. 환경 내의 인원수, 다른 고객과 판매원의 행동은 중요한 사회적 요소이다.

Bitner(1992)는 물리적 환경이라는 개념을 확대하여 서비스 환경을 자연적·사회적 환경을 제외한 인간이 만든 물리적 환경, 즉 'services-cape'라는 개념을 제시하여 서비스 접점을 설명하고자 하였다. 물리적 환경은 자연적이거나 사회적인 환경을 제외한 인간이 만들어낸 환경이라고 정의하고 주변 환경, 디자인 환경으로 나눌 수 있다. 주변 환경은 불빛, 소음, 온도 등이 속하며 부족하거나 불쾌한 경우에만 주의를 끄는 환경을 의미한다. 디자인 환경은 서비스 환경 중 가시적인 부분으로서 장비, 가구의 배치방법과 크기, 형태 등 공간적 배치와 기능성을 의미하고 건축, 색상, 레이아웃 등이 속한다. 이러한 구성요소들은 고객의 반응행동에 영향을 미치며, 물리적 환경이 암시하는 상징적 가치와 이미지가 소비자의 서비스 평가와 고객만족에 영향을 준다. 예를 들면, 물리적 환경에 의해 형성된 레스토랑의 분위기는 고객만족에 유의한 영향을 미치는 환경적 요소인 것이다.

2) 서비스업 직원 요소

고객에게 서비스를 제공하는 직원의 유형을 포함한 서비스업 직원 요소가 두 번째 구성요소이다. 고객과 서비스업 직원의 상호작용 관계는 고객평가에 중요한 역할을 하고 서비스업 직원의 행동과 같은 특정 행동은 고객의 지각된 서비스 품질과 만족도에 영향을 주는 중요한 요인이다. 이렇게 인적 상호작용(personal interaction) 접점은 소비자의 경험적 가치에 영향을 준다는 것이 밝혀졌다.

사회적 환경은 서비스 공간 내에 존재하는 인적요소로서 주로 서비스업 직원을 의미하며 이 인적요소는 서비스 환경에서 중요한 역할을 담당한다. 특히, 서비스 전달에 있어서 사람 간의 상호작용이 고객의 만족·불만족을 결정한다. 고객의 관점에서 보았을 때 만족도를 향상시키는 데 중요한 직원 관련 요인은 직원의 고객에 대한 관심, 주의집중 및 개별화된 서비스 제공, 신속한 응답 등이 될 수 있다. 또한 직원의 전문성, 공손함, 친절성, 능력 등도 서비스 접점의 인적 상호작용 품질을 결정하는 것으로 알려져 있다.

서비스 조직은 서비스를 제공하는 일선의 직원들이 서비스 전달에 집중할 수 있도록 조직 문화를 형성하기 때문에 긍정적 서비스 인카운터 형성에 중요한 역할을 한다. 서비스 조직은 고객과 접점을 형성하는 직원들을 잘 선발하고 채용하며, 그들이 고객 응대를 잘하게 하기 위해 교육 및 훈련을 제공해야 한다. 현장 접점 직원은 고객 응대를 위한 자세를 갖추어야 한다. 고객은 다양한 기대와 태도를 가지고 서비스 접점에서 공동 생산자로서 현장에 참여하는 것이다.

3) 고객 요소

세 번째 요소는 서비스 환경에서 다른 고객의 출현, 행동 및 인시으로 인해 영향력을 결정하는 고객 요소이다. 동일한 서비스 환경에서 다른 고객의 행동은 고객에게 영향을 주고 고객 사이(customer-to-customer)의 상호작용은 서비스 만족에 영향을 주기 때문에 서비스업 직원은 반드시 이러한 상호작용에 신경을 써야 된다.

동일한 서비스 환경에서 다른 고객은 사회적 촉진(social facilitation)으로서 고객 대 고객 상호작용에 긍정적인 영향을 미치고 즐거움을 제공할 수 있다. 동시에 또 다른 고객은 사회적 침해(social intrusion)의 형태로 서비스 환경에서 고객에게 침입자로 인식되어 서비스 만족도에 부정적인 영향을 줄 수 있다. 즉, 불청객이 등장했을 때 부정적인 영향이 발생할 수 있다. 예를 들어 레스토랑 고객은 다른 고객이 큰 소리로 떠드는 행동을 자신의 개인적인 공간을 침해하는 행동으로 볼 수 있는 것이다.

전반적으로 서비스 인카운터의 구성요소(물리적 환경과 서비스업 종사원 및 다른 고객들과의 상호작용)들은 고객들이 얼마나 객관적으로 그들의 서비스 경험을 판단하는지에 영향을 준다. 따라서 서비스 인카운터 구성요소가 긍정적으로 인식될 때 고객의 경험가치는 증가하는 것이다.

(3) 서비스 인카운터의 유형

서비스 인카운터 연구에서 인카운터 유형은 시간에 따라 학자에 따라 다양한 관점으로 분류되어 왔다. 초기 연구에서 Shostack(1985)은 서비스 인카운터를 원격 접점, 간접적 접점, 직접적 접점으로 분류하였다. 원격 접점은 서비스 기업이 고객들과 직접적으로 접촉하지 않고 발생하는 서비스 접점을 의미하고 사람과의 직접적인 접촉이 없이도 서비스가 이루어진다. 그 예로 레스토랑 좌석을 예약하기 위해 인터넷의 예약사이트나 스마트폰의 앱을 이용하는 것이다. 원격 접점에서는 서비스의 유형적 증거, 기술적 과정과 시스템의 품질이 서비스 품질을 판단하는 기본이 된다. 간접적 접점은 전화 접점과 같이 직접적인 대면이 아닌 전화를 이용한 간접적인 서비스 접점을 의미한다. 예를 들면 호텔의 예약 시에 호텔의 예약센터에 전화를 걸어 예약을 하는 것이다. 전화 접점의 경우 대면 접점보다는 상호작용이 덜할 수 있지만 원격 접점에 비해 비교적 다양한 상호작용이 이루어지기 때문에 목소리 톤, 직원의 지식, 효율성 등이 전화 접점의 품질을 평가하는 중요요인이다. 직접적 접점은 고객과 직원 사이의 직접적인 접촉이 이루어지는 서비스 접점을 의미하고 대면 접점이 이에 해당한다. 직접적 접점은 세 가지 접점 중 가장 복잡하며 직원 복장, 장비, 물리적 환경 같은 유형적 단서와 언어적, 비언어적 행동 모두가 서비스 품질 결정에 중요한 요인이다.

Bitner(1992)는 서비스 인카운터를 셀프서비스, 원격서비스, 상호작용 서비스로 분류하였다. 셀프서비스에서는 직원과의 직접적인 접촉 없이도 서비스가 이루어지고 서비스 내에서 고객활동수준이 높다. 최근 레스토랑에서 주문을 위해 고객이 셀프서비스를 이용해야 하는 사례를 흔히 볼 수 있다. 원격서비스는 앞의 Shostack(1985)의 분류에서도 보았듯이 인터넷으로 고객의 불만을 접수하는 경우나 자동음성 메시지와 같은 서비스를 쓰는 것으로, 서비스업 직원의 참여가 필요하지 않거나, 아주 적은 편이다. 상호작용 서비스는 서비스 환경 내에서 고객과 직원이 존재하고, 서로 교류가 일어난다. 이러한 대인관계의 서비스 환경에서 고객과 직원의 사회적 상호작용 품질은 고객만족에 매우 중요하다.

Froehle and Roth(2004)는 기술, 고객 그리고 서비스 제공사 간의 상호작용 유무를 기준으로 서비스 인카운터를 크게 다섯 가지로 구분하였다. 첫째, 무 기술형 서비스는 전통적 개념인 대면 접점의 대표적인 유형이고 여기에서 기술은 고객과 서비스 제공자 사이의 대면 접전에서 지점적인 역할을 하지 않는다. 무 기술형 서비스의 예로는 물리치료사의 치료서비스를 들 수 있다. 둘째, 기술 지원형 서비스는 대면 서비스 전달의 용이성을 위해 서비스 제공자만 기술을 사용하는 서비스이다. 기술 지원형 서비스의 예로는 호텔의 체크인 서비스를 들 수 있으며, 이 서비스의 경우 호텔 프런트 직원이 컴퓨터를 사용하여 체크인 프로세스를 진행하는 것이다. 셋째, 기술 도움형 서비스는 대면 접점에서 서비스 제공자와 고객이 동일한 기술을 사용한다. 재무 컨설턴트가 고객과의 미팅에서 컴퓨터를 사용하는 등 이러한 기술은 고객과 서비스 제공자와의 대면 교류를 강화하는 데 사용된다. 넷째, 기술 연결형 서비스는 고객과 서비스 제공자가 신체적으로 같은 공간이 아닌, 즉 대면 접촉이 아닐 때 발생한다. 고객이 스마트폰을 통해 레스토랑 예약을 하는 경우가 이에 해당하며 기술이 효율적인 교류를 증진하는 역할을 하는 경우이다. 다섯째, 기술 생성형 서비스에서는 고객에게 서비스를 제공하는 직원 요소가 전부 기술로 대체되는 경우로 은행 ATM 서비스가 이에 해당하며 이는 기술적인 요소가 제일 집중되는 서비스이다.

Fitzsimmons and Fitzsimmons(2008)는 서비스 접점을 서비스 조직이 지배한 접점, 현장 직원이 지배한 접점, 고객이 지배한 접점으로 분류하였다. 첫째, 서비스 조직이 지배한 접점은 표준화된 서비스 운영절차를 제시하여 효율적인 운영을 시도한 기업들에서 흔히 볼 수 있다. 예를 들면 맥도날드의 경우 효율적인 운영을 위해 기업이 엄격한 서비스 운영 절차를 제시하고 서비스 전달의 표준화를 실행하였다. 이 경우 직원과 고객 모두의 옵션이 제한된다. 직원의 입장에서는 재량권이 규제되고 고객의 입장에서는 고객의 요구를 대폭 반영하기보다는 선택할 수 있는 몇 가지 표준화된 서비스 옵션만을 갖게 된다. 고객의 입장에서는 고객화된 서비스가 이루어질 수 없다. 둘째, 현장 직원이 지배력을 갖는 접점으로서 병원진료를 예로 들 수 있다. 전문성을 가진 의사는 환자에 대해 상당한 통제권을 갖고 있다고 인식하게 된다. 이러한 서비스 접점의 경우 접점의 영역범위가 서비스 제공자에 의해 제한되게 된다. 셋째, 고객이 지배하는 접점의 경우로 고객은 극단적으로 표준화 된 서비스와 고객화된 서비스를 통제할 기회를 가질 수 있다. 셀프서비스가 이에 해당되는 것으로 고객은 기업이 제공한 한정된 서비스를 완전히 통제할 수 있게 된다. 최근 기술의 발전과 정보교류의 형태가 전환되면서 서비스 인카운터에서의 기술의 적용과 활용이 활발하게 진행되고 있다.

다음 [표 4-2]는 시간과 학자들에 따라 다양하게 분류되는 서비스 인카운터 유형을 정리한 것이다.

표 4-2 학자별 서비스 인카운터 유형

학자	유형	해당 서비스
Shostack (1985)	원격 접점 간접적 접점(전화 접점) 직접적 접점(대면 접점)	인터넷예약서비스 전화예약서비스 호텔 로비에서 체크인서비스
Bitner (1992)	셀프서비스 상호작용 서비스(고객-직원) 원격서비스	ATM, 우체국 키오스크, 영화관 호텔, 병원, 미용실 전화, 자동응답서비스
Froehle and Roth (2004)	무 기술 서비스 기술 지원형 서비스 기술 도움형 서비스 기술 연결형 서비스 기술 생성형 서비스	물리치료사 호텔 체크인 PC를 사용하는 재무 설계사 상담 레스토랑 예약 은행 ATM
Fitzsimmons and Fitzsimmons (2008)	서비스 조직이 지배한 접점 현장 직원이 지배한 접점 고객이 지배한 접점	McDonald's 병원진료(의사와 환자) 셀프서비스(주유소)

제2절

서비스 인카운터의 평가

(1) 서비스 인카운터 품질 평가

서비스 인카운터에 대한 평가는 고객의 관점과 서비스 제공자의 관점으로부터 이루어질 수 있다.

1) 고객 관점에서 평가

고객은 서비스의 기능뿐만 아니라 서비스 수행 또는 배달방식에 대한 관심을 갖고 서비스의 기능적 측면과 서비스 전달의 과정적 측면을 평가하여 만족도의 수준을 결정한다. 고객이 만족–불만족 평가를 내리는 과정에서는 인지적 반응과 감정적 반응이 중요하게 작용한다. 특히 감정적 반응은 만족도 결정에 중요한 역할을 한다. 예를 들면 서비스 인카운터에서 서비스 실패는 분노, 실망 또는 후회의 부정적 감정을 가져오고, 불만족으로 이어지며 결국 행동적 반응에 영향을 준다. 반대로 서비스 인카운터에서 즐거움이나 환기 감정이 커질수록 만족도는 증가된다.

Rosenkrantz(2015)는 서비스 인카운터에서 고객이 갖는 호의적/비호의적 지각의 원천을 회복성(recovery), 적응성(adaptibility), 자발성

(spontaneity), 대응성(cope) 등 네 가지 범주로 분류하였다. 첫째, 회복은 서비스 제공 시스템의 실패에 대한 대응을 의미한다. 즉, 서비스 제공에서 실패가 발생하면 직원은 고객의 불만에 대해 어떤 식으로든 대응해야 하는 상황이 발생하며 직원의 서비스 대응에 따라 고객은 그 사건을 호의적 혹은 비호의적으로 기억하게 된다. 둘째, 적응성은 고객의 욕구와 요구에 대한 서비스 제공자의 유연성에 관한 것으로 고객은 자신들의 요구에 대해 서비스업 직원이 얼마나 융통성 있게 잘 맞추려고 하는가에 따라 기뻐하거나 실망하게 된다. 내부고객인 접점 직원의 경우에도 마찬가지로 고객의 요구에 응대하기 위해 시스템을 잘 적응시킬 수 있는 능력을 고객만족의 중요한 원천이라고 생각한다. 그러므로 접점 직원의 입장에서는 회사 내의 제약조건으로 인해 고객응대를 위한 유연성을 발휘하지 못할 때 실망하게 된다. 셋째, 자발성은 접점 직원이 고객의 특별한 요구가 없는 경우에 고객을 만족시키려는 행동에 대한 것이다. 고객은 특별한 요구를 하지 않은 경우 예상치 못한 유쾌한 놀라움을 체험하면 매우 만족하게 된다. 반면, 무례함, 차별대우, 무시와 같은 부정적인 접점 직원의 행동으로 인해 불만족을 경험할 수 있다. 넷째, 대응성은 문제고객에 대한 접점 직원의 반응에 대한 것이다. 예를 들면 대기를 하던 고객이 화를 내고 격하거나 무례한 행동을 하게 될 때, 접점 직원이 침착하게 이 상황을 잘 처리할 수 있다면 고객은 화를 누르고 직원의 태도와 서비스에 대해 만족을 하게 된다. 이렇게 때로는 비협조적인 고객들이 있을 수 있으며 서비스업 직원의 훈련과 능력에 따라 문제 상황을 잘 극복할 수 있게 된다.

Bitner, Booms and Tetreault(1990)는 서비스 전달과정에 있어 사람 간의 상호작용에 따른 만족과 불만족의 원인을 CIT(Critical Incident

Technique)를 이용하여 고객의 관점에서 분석하였고 항공사, 레스토랑, 호텔에 대한 서비스 과정에서의 불만족 사례를 네 가지 차원으로 분류하였다. 네 가지 차원은 서비스 전달체계의 실패, 고객의 요구사항, 직원의 예기치 못한 행동, 문제 있는 고객 행동이다. 정용해(2006)는 호텔 식음료 서비스에 대해 네 가지 영역에 해당하는 서비스 인카운터의 만족과 불만족 결정요인을 세부적으로 파악하였다. 첫째, 서비스 전달체계 실패로는 고객의 주문이 전달되지 않거나, 주문된 서비스가 늦게 전달되거나, 부가적인 서비스 전달이 이루어지지 않은 경우이다. 둘째, 고객의 요구사항에 해당하는 내용으로는 고객이 특별하거나 특이한 요구를 하거나 잘못된 요구를 하는 경우이다. 예를 들면 메뉴에 전혀 없

표 4-3 서비스 인카운터의 만족/불만족 결정 요인

분류	하위내용
서비스 전달체계 실패	전달되지 않는 서비스 늦은 서비스 부가적인 서비스의 실패
고객의 요구사항	고객의 특별한 요구 고객의 기호사항 가능한 고객의 실수 방해가 되는 고객의 관리 문제
직원의 예기치 못한 행동	고객에 대한 배려 직원의 어이없는 행동 전체적인 평가 사회적 규범에 대한 직원의 행동 열악한 상황 속에서 정성적 서비스 수행
문제 있는 고객 행동	술 취한 고객 불쾌한 언행 기업의 기본규칙사항을 어김 비협조적인 고객

출처: 정용해(2006), 「고객 접점 서비스가 서비스 질, 고객만족, 충성도에 미치는 영향에 관한 연구: 서울시내 특 1급 호텔 식음료 영업장을 중심으로」, 경희대학교 박사학위논문, p. 12 기존의 선행연구 표를 그대로 제시함

는 음식을 주문하고 특정 메뉴의 식재료의 대체를 요구하는 등이다. 이러한 고객의 요구에 잘 응대하면 만족할 것이고 그러지 못하면 만족하지 못할 것이다. 셋째, 직원의 예기치 못한 행동, 즉 불친절하다거나 매우 친절하여 서비스 인카운터에서의 불만족이나 만족을 이끌어 내는 것이다. 넷째, 문제 있는 다른 고객의 행동이다. 레스토랑에서 큰 소리로 떠드는 고객이거나 술에 취해 이상한 행동을 하는 고객이 존재한다면 고객은 불만족을 느낄 것이다.

[표 4-3]은 서비스 인카운터에서 고객의 만족과 불만족을 결정하는 요인을 네 가지 차원으로 분류하여 그 하위사례를 정리한 것이다.

2) 서비스 제공자 관점에서 평가

서비스 제공자는 서비스 인카운터 상황에서 자신의 만족을 생각하기보다는 직무의 일부로서 고객과의 상호작용에 참여하며 서비스의 제공과 판매가 서비스 인카운터의 중요한 요소라고 보고 있다. 이러한 서비스 제공자는 고객들이 양질의 서비스를 받고자 하는 것을 알고 있다. 하지만 서비스 기업의 제약과 관심부족으로 양질의 서비스를 고객들에게 제공하지 못하게 되었을 때엔 좌절감을 느끼며 이들에게 급여나 승진 등과 같은 보상이 평가결과의 기준이 된다.

강명순(2014)은 서비스 인카운터에서 고객을 대할 때 여러 가지 상황에서 직원은 부정적인 경험을 하게 되고 고객과 서비스업 직원 간에 발생하는 부정적 상황요인에 대해 서비스업 직원이 관점에서 [표 4-4]와 같이 네 가지 차원으로 제시하였다. 네 가지 차원은 부정적 고객요인, 부정적 환경요인, 부정적 직원요인, 부정적 직무요인이다. 부정적 고객요인으로는 고객이 특이한 요구나 무례한 행동을 하는 것이다. 부정적 환

표 4-4 부정적 서비스 인카운터를 발생시키는 요인

발생요인	내용
부정적 고객요인	고객의 부정적 요구 및 태도, 고객의 부정적 감정표현 및 부정적 행동
부정적 환경요인	물리적 환경조건(온도, 조명, 음악 등), 대인관계 맥락
부정적 직원요인	육체적·정신적 피로, 부정적 정서, 직무 스트레스, 직급 스트레스
부정적 직무요인	과도한 업무량, 부정적 근무편성, 조직 지원부족, 직무자율성

출처: 강명순(2014), 「서비스 접점에서 부정적 상황요인이 판매원의 감정 부조화와 고객 지향적 행동에 미치는 영향」, 제주대학교 석사학위논문, p. 19 기존의 선행연구 표를 그대로 제시함

경요인으로는 쾌적하지 못한 온도나 조명과 음악 등이 해당된다. 또한 서비스 접점에서 복잡한 환경 또한 부정적 요인이 될 수 있다. 부정적 직원요인은 직원 스스로가 부정적 심리상태이거나 업무에 대한 스트레스를 과도하게 받는 것이다. 부정적 직무요인은 과도한 업무량이나 무리한 근무편성과 조직의 물질적·심리적 지원이 부족하다든가 직무의 자율성에 제한을 받는 경우이다.

(2) 서비스 인카운터 품질의 차원과 세부 요소

Brandy and Cronin(2001)은 서비스 품질 차원을 Rust and Oliver(1994)의 3차원 모형과 Thorpe and Rentz(1996)의 서비스 품질 위계모형을 근간으로, '상호작용 품질(interaction quality)', '결과 품질(outcome quality)', '물리적 환경 품질(physical environment quality)'로 구분하였다.

상호작용 품질이란, 고객과 직원과의 대인적 품질을 말하는 것으로 고객과 접점 직원 간의 상호작용을 뜻하며, 이를 태도, 행동, 전문성으로 구분하였다. 레스토랑에서 상호작용 품질에 해당하는 것은 접점 직원이 친절하게 전화예약에 응대하는지, 레스토랑에 도착했을 때 예의 바르게

응대하는지, 접점 직원이 고객의 요구에 적절히 제시간에 응대하는지, 고객과 고객의 요구에 관심을 보이는지 등이다. 결과품질이란, 고객이 서비스를 전달하는 과정이 종결된 후 발생하는 결과물이 되는 서비스로 고객의 대기시간(waiting time), 가시적 요소들(tangibles)의 유형성을 의미한다. 레스토랑의 경우 결과 품질은 음식의 맛, 신선도, 음식의 분량, 음식의 외관 등을 예로 들 수 있다. 물리적 환경 품질은 고객에게 서비스가 제공되는 물리적인 장소 또는 환경에 대한 고객의 평가에 영향을 끼치는 품질요인을 의미하고, 주변상황, 디자인, 사회적 요소로 구분할 수 있다. 레스토랑의 물리적 환경 품질은 주차 공간의 면적, 건물 외관이나 시설물의 매력성, 실내음악 선호도, 실내조명의 적합성, 실내온도의 쾌적성, 의자/테이블의 넓이 등을 예로 들 수 있다.

반면, 위의 세 가지 요소 외에, 서비스 인카운터의 품질을 인적 및 비인적 서비스 접점 품질로 구분하기도 한다. 인적 서비스 접점 품질은 서비스 접점에서 고객과 서비스 제공자의 상황과 감정에 의해 복합적 평가가 이루어지므로 고객이 서비스 품질을 평가하는 데 있어 가장 핵심적인 요소로 인식되는 부분이라고 하였다. 항공사의 경우, 인적 서비스 접점 품질은 승무원의 고객에 대한 개별적 응대 정도, 다양한 정보 및 문제 발생 시 적절한 대처, 예의 바름 및 친절성, 고객의 요구에 대한 즉각적 응답 등이다. 인적 서비스 접점 품질을 결정하는 중요한 요소는 서비스 접점 직원의 수행능력, 경청능력, 친밀감, 서비스에 대한 열정이라고 할 수 있다. 비인적 서비스 접전 품질은 서비스 기입과 관련하여 기업에 대해 시각적으로 잘 정돈된 기업의 물리적 환경이 인적 서비스와 더불어 평가에 좌우되는 요소로 강조되고 있다 항공사의 경우 비인적 서비스 접점 품질에 해당하는 것은 기내식의 품질, 공간의 편안함 등이 그 요소에 해당한다.

제3절

서비스 인카운터와 감정노동

서비스 기업은 직원들이 최상의 서비스 인카운터를 창출하여 고객들을 만족시키고 만족된 고객들의 재구매율을 상승시켜 수익향상을 달성하고자 한다. 이러한 관점에서 기업은 최상의 접점 서비스를 제공하는 내부고객에 대하여 지속적인 동기부여를 하고 장기적으로 그 조직과 함께 하기를 원한다. 그렇기 때문에 최상의 서비스 인카운터 창출을 위해 내부고객을 이해하고 그들을 관리하는 것이 중요하게 된다. 특히 접점 직원의 감정 관리는 성공적 서비스 접점 관리에 필수적이다. 접점 직원이 고객과 접촉하는 동안에 긍정적 감정을 표현하는 것은 고객과의 원활한 상호작용을 이끌고 고객의 만족에 중대한 영향을 미친다. 접점 직원이 고객과의 접촉에서 부정적 감정을 경험하더라도 그대로 표현하기보다는 효과적으로 감정을 조절하여 고객에게 바람직한 표현이나 감정을 보여주게 되면 고객의 행동에 긍정적으로 영향을 미치게 되는 것이다. 따라서 접점 직원의 감정은 기업의 자산이 될 수 있으며 서비스 접점에서 직원의 감정조절은 매우 중요하다고 할 수 있다. 결국 서비스 접점 직원의 감정표현은 전반적인 서비스 수준을 결정할 수 있다. 성공적

표 4-5 서비스 인카운터에서 서비스 접점 직원의 역할

학자	내용
Staw and Barsade (1993)	고객은 구매 시 구매과정에서 서비스 접점 직원의 서비스에 의해서도 만족을 결정하게 되므로 고객과 직접 접촉하는 직원의 표정 관리나 감정표현은 기업 이미지에 있어 중요한 부분을 차지함
Bowen *et al.* (1997)	직원의 외적 행위가 제품이나 서비스에 대한 고객들의 인식에 강하게 영향을 미침
김민주 (1998)	직원들의 감정 관리가 고객에게 제공되는 서비스의 제공수준과 중요한 관련이 있음

서비스 인카운터의 장출에서 서비스 접점 직원의 역할이 매우 중요하다는 것은 많은 연구들에서도 강조되어 왔다(표 4-5).

위에서 살펴본 바와 같이, 고객과 서비스 접점 직원 간의 사회적 상호작용이 서비스 품질 평가와 고객만족에 매우 중요한 영향을 미친다는 관점에서 서비스 접점 직원들이 고객에게 긍정적인 태도와 행동을 보여주어야 한다는 것이 의무처럼 되고 있다. 그러나 매일 고객과 마주 대하고 자신의 감정을 억누르면서 고객에게 관대해야 하는 상황에서 서비스 접점 직원들이 과연 얼마나 행복하게 자신의 일에 만족을 느끼며 종사할 수 있을지에 대해 많은 의문이 제기되었다. 이에 대해 서비스 접점 직원의 업무와 관련된 감정문제에 대한 연구들이 활발히 이루어져 왔다.

(1) 감정노동의 정의

서비스 접점에서 직원이 경험하는 것을 '감정노동(emotional labor)을 경험한다'고 하며, 감정노동은 일반적으로 개인이 임금을 얻기 위한 수단으로 자신의 감정을 규제하거나 관리할 때 경험하게 되는 것이다. 감정노동이란 용어는 Hochschild(1983)가 처음으로 사용하였으며, 조직

표 4-6 감정노동에 대한 학자별 정의

학자	정의
Hochschild (1983)	감정규칙에 따라 자신의 감정을 조절·변경하는 일을 통하여 일상적 과업을 수행하는 노동형태, 즉 효과적인 직무수행을 위해 자신이 경험하는 실제적 자기감정 상태와 조직의 감정표현규범에 의해 요구되는 감정표현의 차이가 존재할 때, 자기감정을 조절하고 변화하려고 시도하는 개인적 노력
Ashforth and Humphrey (1993)	서비스 거래 동안 사회적으로 요구되는 감정을 표현하는 행위, 직원들의 경험된 내적 감정보다는 외적 표현행위에 초점을 맞춤
Morris and Feldman (1996)	직원과 고객 간 상호교환과정에서 조직으로부터 요구되어지는 감정의 표현을 위한 직원의 노력, 계획, 그리고 통제로서 정의
Grandey(2000)	조직의 요구에 반응하여 감정표현을 조절하려는 직원의 노력
Kruml and Geddes (2000)	조직 혹은 직무를 위하여 표현 규칙을 따르기 위해 감정표현을 과장, 가장, 억제 혹은 수정하는 행위
Pizam (2004)	다른 사람을 기쁘게 하기 위해서 자신의 감정을 만들어 내거나 억누르는 행위

내에서 직원이 자신의 실제 감정을 통제하려는 노력이며, 사회적으로 바람직해 보이는 외형적으로 나타나는 특정의 감정을 표현하려는 노력으로 정의하였다. 이러한 Hochschild(1983) 개념을 바탕으로 많은 학자들이 감정노동의 개념화에 관하여 연구를 수행해왔다(표 4-6).

서비스업 직원이 경험하는 감정노동이 어떤 것인지에 따라 감정노동의 행위를 표면 행위와 내면 행위로 구분한다(표 4-7). 표면 행위(surface acting)는 개인이 특정상황에서 느끼는 감정을 숨기거나 거짓되게 표현하는 차원이며, 직원 자신의 감정과는 다른 가식적인 표정을 제공함으로서 감정적 부조화나 긴장, 스트레스를 경험하게 된다. 이것이 결국 서비스업 직원의 감정적 고갈을 일으키고 심리적 안녕(well-being)에 부정적인 영향을 미치게 된다. 반면, 내면 행위(deep acting)는 서비스업 직원이 자신의 감정을 솔직하게 제시하는 행위로 이렇게 스스로

표 4-7 감정노동의 하위 차원

학자	하위 차원	내용
Ashforth and Humphrey (1993)	표면 행위	비 선의로 위조된 감정을 표현하는 것은 직원 자신의 내면 감정을 변화시키지 않고, 조직에서 요구하는 표현규범을 따르는 행동. 이는 직무를 유지하기 위한 일종의 연기와 같은 것으로서 부정적 결과를 낳음
	내면 행위	실제로 표현된 규범과 자신의 내면 감정을 일치시키고자 노력함으로써 고객들에게 진정성을 전달해줌
Grandey (2003)	표면 행위	자신의 감정과는 동떨어진 가식적인 표정을 제공함으로서 감정적 부조화나 긴장을 경험하게 되어 결국 서비스업 직원의 안녕(well-being)에 부정적인 영향을 미침
	내면 행위	서비스업 직원이 자신의 감정을 솔직하게 제시하는 행위로, 스스로 경험한 감정과 서비스 기업에서 요구하는 감정 간에 차이가 크지 않기 때문에 직원의 입장에서 제공해야 할 노력의 수준은 다소 적게 됨
Perrewe and Ferris (2008)	표면 행위	일반적으로 개인의 신체적·심리적인 건강과 함께 고객의 반응에도 부정적인 영향을 미침
	내면 행위	직원 자신의 건강뿐만 아니라 고객이 지각하는 평가 및 반응에도 긍정적인 영향을 미침

경험하는 감정과 서비스 기업에서 요구하는 감정 간에 차이가 크지 않게 되면 직원의 입장에서 제공해야 할 노력의 수준이 감소하게 된다. 결국 서비스업 직원의 감정노동이 개인적 수준뿐만 아니라 기업의 수준에서 긍정적으로 영향을 미치기 위해서는 표면적 행위보다 내면적 행위를 할 수 있도록 지원해야 한다.

(2) 서비스 제공자의 감정 부조화

감정 부조화는 역할 스트레스의 한 유형으로서, 자신이 경험하는 실제 감정 상태와 효과적인 직무수행 또는 조직 내 적응을 위하여 요구되어지는 감정표현에 차이가 존재할 때 발생한다. 학자들의 정의에 의하면 감정 부조화는 "요구되는 감정수준의 역할기대와 개인반응과의 갈

등(Kahn *et al.*, 1964)" 혹은 "자신이 수행하도록 부여받는 역할인 긍정적 감정표현과 실제 내면에서 경험하는 감정 간의 갈등"이라 정의하고 있다(Middleton, 1989; Rsfaeil and Sutton, 1987). 실제 서비스 접점 종사원이 고객과 대면한 상황에서 자신이 직접 느끼는 감정과는 상관없이 항상 긍정적인 감정을 표현해야 할 경우가 흔하기 때문에 다른 직종보다 더 큰 감정 부조화를 경험하게 된다. 실제로 항공사, 레스토랑, 호텔, 백화점 등의 서비스 업종에서는 감정노동의 강도가 큰 편이어서 실제로 직원이 느끼는 감정과 조직적으로 요구되는 감정 간의 갈등상황이 많이 일어날 수 있다.

서비스 인카운터에서 감정 부조화를 초래하는 요인들을 크게 네 가지로 구분할 수 있다. 첫째, 접점의 상황에서 고객의 특성들이다. 예를 들면 고객의 나이, 성별, 국적 등과 같은 인구통계학적 특성들, 고객의 화장이나 옷차림, 장신구 등의 외형적 요인이나 고객의 무리한 요구 및 무례한 태도와 행동 등이 포함된다. 이러한 대상고객의 부정적이고 무례한 태도는 서비스 접점 직원을 불쾌하게 만들어서 긍정적인 감정 경험을 저해하는 요소로 작용한다. 둘째, 거래가 이루어지는 상황적 특성들로서 시간과 장소, 환경조건 등이 이에 속한다. 밤이나 낮과 같은 시간적 맥락은 감정노동자의 감정 유발에 영향을 미칠 수 있으며, 특히 밤이나 주말에도 근무해야 하는 서비스 업종의 고객 접점 직원에게 규범적 감정과는 다른 내적 감정이 유발될 수 있다. 또한 조명이나 온도 등과 같은 환경조건의 쾌적성에 따라서도 영향을 받을 수 있으며, 거래가 이뤄지고 있는 장소에 함께 있는 사람들의 수 등과 같은 대인관계의 맥락도 규범적 감정과는 다른 내적 감정을 유발시킬 수 있다. 셋째, 서비스 접점에서 보여주는 고객의 감정반응 또한 감정 부조화에 영향을 줄

표 4-8 서비스 접점에서 감정 부조화 발생 요인

학자	발생 요인	내용
Rafeali and Sutton(1989)	고객 특성	인구통계학적 특성(나이, 성별, 국적) 옷차림, 장신구, 고객 요구 및 태도
Ashforth and Humphrey(1993); Rafaeli and Sutton(1987)	거래 상황	시간적 맥락(밤/낮) 환경조건(온도, 조명 등) 대인관계 맥락(고객 수)
Mars and Nicod(1984); Van Maanen and Kunda(1989)	고객의 감정적 반응	긍정적·부정적 감정표현
Ashforth and Humphrey(1993); Rafaeli(1989)	직원의 상태	육체적 피로, 기분상태

출처: 김상희· 서문식(2005), 「서비스 접점에서 서비스 제공자의 감정 부조화 발생요인 및 조절요인에 관한 연구」, 마케팅연구, 20(1), pp. 111~145(p. 118)의 기존 선행연구 표를 그대로 제시함

수 있다. 접점의 초기에 서비스업 직원이 긍정적인 감정을 느꼈더라도 고객의 감정표현이 부정적일 경우 서비스업 직원은 감정 부조화를 경험한다. 넷째, 서비스업 직원 자신이 그 요인으로 인해 육체적으로 피로가 쌓이거나 정신적으로 편안하지 못하거나 기분 상태가 좋지 못할 때 감정 부조화가 유발될 수 있다.

종합사례

서비스 인카운터 평가 연구방법: 중요사건기법(CIT, Critical Incident Technique)

서비스 인카운터 만족/불만족 원인 규명에 적용되는 기법

중요사건기법(CIT)은 직무수행에 있어서 결정적이고 중대한 인간행동의 필요조건을 밝히기 위하여 1954년에 J. C. Flanagan이 개발한 연구방법이다. 제2차 세계 대전 때에 미국 공군 비행심리프로그램(aviation psychology program) 연구에서 조종사들이 조종술 및 폭격 임무에 실패한 특별한 이유를 밝혀내기 위해 개발한 연구방법이다.

이 기법은 인간의 감정과 행동에 긍정적 혹은 부정적으로 영향을 미친 실제 사건들을 수집하여 분석하는 질적 연구방법으로 고객이 경험한 사건을 직접 기술하여 자료를 수집·분석한다. CIT에서 중요한 사건(Critical Incident)이란 가장 최근은 아니어도 가장 기억할 만한 경험으로 특정한 업무를 수행하는 데 있어서 결과의 성공과 실패를 결정짓는 매우 중요한 행동들을 포함하고 있는 사건이어야 한다. 어떠한 활동이 추구하는 목표에 긍정적 혹은 부정적으로 심각한 영향을 미칠 경우에 그 사건을 중요하다 혹은 결정적이다라고 할 수 있다. 발생 가능한 모든 사건이 수집되고 분류되는 것이 아니라 특별히 특정한 결과(만족·불만족, 효과적·비효과적)를 유발한 사건이기에 고객이나 관찰자가 계속 기억할 수 있는 것이다. 따라서, CIT는 어떤 특정 상황에서 일어나는 인간행동을 직접 관찰하여 자료를 수집하는 일련의 과정으로 구성되어있고 관심 있는 한 상황에 관하여 매우 효과적이거나, 혹은 매우 비효과적인 결과를 유발시킨 사건(실제 행동으로 구성된)을 수집·분석하는 과정이다. CIT는 현상의 본질을 볼 수 있는 통찰력을 제공하며, 고객의 만족·불만족의 요인을 파악하는 데 있어 구체적인 상황, 처리 결과, 만족·불만족의 원인, 향후 의도 등에 대해 기존의 설문조사방법보다 훨씬 심층적이고 자세한 결과를 보여준다.

CIT는 고객에게 만족과 불만족을 줄 수 있는 여러 종류의 다양한 결정적인 사건을 몇 개의 큰 범주로 구분하고, 수량적으로 연결하기에는 부적합한 특정 사건들을 각각의 하부사건들로 구분하여 고객의 언어로 해석하고 조합할 수 있게 함으로써 서비스 분야에서 서비스 품질을 개선시킬 수 있는 방법에 대한 정보를 제공하는 방법 중의 하나로 널리 사용되고 있다.

CIT 기법 적용사례

윤성욱 · 서미옥(2005)은 중요사건기법을 이용하여 호텔 서비스 인카운터에서 일어나는 서비스 실패의 유형과 고객 불평 및 회복 전략에 대한 분석을 실시하였다. 이 연구는 서비스에 불만족을 느끼는 호텔 고객에게 효율적인 대응 방안을 제시하고 호텔 기업이 서비스 접점을 전략적으로 관리하기 위한 방안을 제시하고자 하였다. 구체적으로는, 서비스 실패와 회복을 유형별로 나누고 각 유형별로 결정적 주요 사건과 회복 정도를 살펴보았다. 416개 호텔의 고객 자료가 분석에 사용되었으며, 서비스 실패 유형을 세 그룹으로 나누었고 그룹 1은 서비스 제공 시스템의 실패에 대한 결정적 사건을 보고하였으며, 그룹 2는 고객요구에 대해 적절히 대응하지 못한 실패에 대한 결정적 사건들을 보고하였고, 그룹 3은 직원의 무례한 행동에서 일어나는 실패에 대한 결정적 사건들을 보고하였다. 구체적인 내용은 다음에 제시된 바와 같다.

표 4-9 그룹 1의 사례

하위 범주	서비스 제공 시스템의 실패에 따른 결정적 사건
예약 관련 문제	인터넷으로 룸을 예약하고 갔으나 프런트에서는 예약기록이 없다고 하였다. 화가 나서 매니저를 직접 만나게 해달라고 했고, 프런트 직원에게는 미리 출력해둔 confirmation paper를 보여주었더니 조금 후 업그레이드된 룸을 제공해 주었다. 그리고 룸까지 동행해주면서 계속 사과를 했으며 조금 후에 샴페인과 꽃, 뷔페 티켓, 다음 방문 시 30%의 룸 할인 티켓까지 주었다. 아! 이런 것이 바로 고객감동이구나!
위생 관련 문제	체크인하고 룸에 갔는데 담배 냄새와 다른 불쾌한 냄새로 인해 룸을 바꿔달라고 했다. 이에 대해 정중히 사과를 하고 즉시 다른 룸으로 교체를 해주었으며, 경치가 좋은 룸이어서 투숙해 있는 동안 너무나 만족스러웠다. 그뿐 아니라, 체크아웃할때에는 죄송하다며 할인까지 해주었다.
시설 관련 문제	신혼여행을 갔을 때 고장난 에어컨 때문에 감기에 걸렸다. 다음 날 아침 호텔 지배인에게 항의를 하자 정중히 사과를 했으며 남은 숙박기간을 특실에서 지낼 수 있게 해주었다. 감기에 걸려 불편함을 겪었지만, 항의 시 직원들의 태도가 정중하고 즉각적이여서 그 호텔에 대한 이미지는 더 좋아졌다.
계산 관련 문제	숙박료에 별도의 주차료를 징수하는 것에 불만을 얘기하였더니 주차관리를 임대하여 호텔과는 별도라고 직원이 설명하였다. 호텔이용요금에 주차수수료라니! 호텔에 오면서 차를 주차시키지 않을 고객이 몇 명이나 되겠는가! 장삿속이 보이는 태도에 너무나 불쾌했고 다시는 이용하지 않으리라고 다짐했다.
서비스 지연 관련 문제	룸에 맥주컵이 없어서 전화로 부탁했으나 40분이 지난 후에야 가지고 와서 룸서비스업 직원에게 불평을 했더니 무관심한 표정이었다. 적어도 늦게 가지고 왔으면 죄송하다고 사과 정도는 해야 하는 것이 아닌가! 매니저들은 서비스 교육을 하는지?
부대시설 관련 문제	현금인출카드로 숙박요금을 계산하려고 했으나 호텔 측의 시설부족으로 일행이 신용카드로 계산을 하였다. 신용카드를 소지하지 않은 내 탓도 있지만 일류 호텔에서 현금인출기가 없다는 게 이해가 되지 않아 항의를 했으나 직원은 그저 형식적인 사과만 할 뿐이었다.

출처: 윤성욱·서미옥(2005), 「결정적 사건기법을 이용한 호텔 고객불평과 복구전략 분석」, 마케팅과학연구, 15(1), pp. 61~79

표 4-10 그룹 2의 사례

하위 범주	고객요구에 대한 서비스 실패에 따른 결정적인 사건
예약 관련 문제	새벽에 어린이 감기약을 프런트에 부탁하였으나 어린이용 감기약은 갖고 있지 않으며 새벽이라 구할 수도 없다고 하였다. 특급 호텔에서 구해보려는 성의는 보여야 되지 않나? 아픈 사람을 보고도 무관심한 이런 호텔은 망해버렸으면 좋겠다.
위생 관련 문제	호텔 밖 관광객의 소음 때문에 잠을 잘 수가 없어서 다른 룸으로 옮겨 달라고 얘기했다. 호텔 측은 옮길 수 있는 룸이 없음을 친절하게 설명해주면서 이해해 달라고 정중히 사과하였다. 그리고 다음 날 아침 과일을 제공해 주었고 체크아웃 시에는 매니저가 직접 숙박비의 30%에 해당하는 금액을 환불해 주면서 죄송하다며 다시 한 번 사과하였다. 인상적인 서비스였다.

출처: 윤성욱·서미옥(2005), 「결정적 사건기법을 이용한 호텔 고객불평과 복구전략 분석」, 마케팅과학연구, 15(1), pp. 61~79

표 4-11 그룹 3의 사례

하위 범주	직원의 무례한 행동에 따른 서비스 실패의 결정적 사건
배려 문제	벨맨이 프런트에서 가방을 옮기던 중에 가방이 바뀌어서 곤란을 겪었다. 화가 나서 프런트 데스크에 항의를 하자 조금 후 벨맨이 무료식사쿠폰을 가지고 와서는 정중한 태도로 사과를 했으며 체크아웃할 때는 할인까지 해주었다. 이것이 바로 특급 호텔의 서비스라는 생각이 들었으며 고객의 감정까지 배려해주어 감동받았다.
무례한 태도 문제	벨맨이 노골적으로 팁을 요구했다. 팁은 서비스에 대한 성의 표시임에도 불구하고 당연하게 팁을 요구하는 직원의 태도가 불쾌했다. 그런데 오히려 그 직원이 더 불쾌한 표정을 지었다. 팁을 주든 안 주든 맡은 업무에 충실해야하는 것이 당연하지 않은가?
차별 대우 문제	프런트 데스크 직원들의 시선이 신경쓰였다. 위아래로 훑어본다는 느낌이 상당히 불쾌했다. 십만 원짜리 고객, 삼십만 원짜리 고객이라고 매겨 놓고 대하는 것은 고객을 차별하는 태도이다. 그리고 차량이 고급 승용차가 아닌 것에 대하는 태도가 좋지 않은 것도 불쾌했다. 휴가를 맞이해 많은 비용을 지불하면서 여행을 갔었는데, 그런 대우를 받았다니 몹시 기분이 나빴다.

출처: 윤성욱·서미옥(2005), 「결정적 사건기법을 이용한 호텔 고객불평과 복구전략 분석」, 마케팅과학연구, 15(1), pp. 61~79

참고문헌

강명순(2014), 「서비스 접점에서 부정적 상황요인이 판매원의 감정 부조화와 고객 지향적 행동에 미치는 영향」, 제주대학교 경영대학원 석사학위논문.

김상희·서문식(2005), 「서비스 접점에서 서비스 제공자의 감정 부조화 발생요인 및 조절요인에 관한 연구」, 마케팅연구, 20(1), pp. 111~145.

김승환(2007), 「비즈니스 컨설팅 산업의 서비스 인카운터에 관한 실증연구」, 대한경영학회지, 20(4), pp. 1525~1544.

김연성 외 6인(2009), 『글로벌 품질경영』, 박영사, p. 599.

김충용(2015), 「서비스 인카운터가 경영성과에 미치는 영향에 관한 연구」, 광운대학교 정보콘텐츠대학원 석사학위논문.

김혁수(2014), 「한국 호텔종사자 직무특성에 대한 감정노동 연구」, 호텔경영학연구, 23(1), pp. 249~264.

도현옥·조우제(2015), 「서비스 종사자의 정서에 따른 성과의 차이: 긍정, 부정정서를 중심으로」. 관광연구, 29(6), pp. 49~67.

박연옥·안성식(2015), 「감정노동이 서비스 제공수준, 조직몰입, 직무만족에 미치는 영향에 관한 연구」, 관광연구저널, 29(6), pp. 167~186.

서비스경영연구회(2006), 『서비스 경영』, 제4판, 한경사.

서창적·이세영(2006), 「한국서비스품질지수(KS-SQI)모형의 개선에 관한 연구」, 서비스경영학회지, 7(2), pp. 99~121.

송광석·박정희·송예봄·최대국(2013), 「서비스 인카운터 지수의 개발 및 측정에 관한 연구: 국내 공항서비스를 중심으로」, 서비스경영학회지, 14(5), pp. 273~296.

신수연(2007), 「서비스 접점에서 고객의 행동, 직원의 감정변화 및 서비스 제공수준의 영향관계에 대한 연구」, 세종대학교 대학원 석사학위논문.

유재원(2004), 「서비스 접점에 있어서의 상호작용이 고객의 참여행동에 미치는 영향에 관한 연구」, 한양대학교 대학원 박사학위논문.

윤성욱·서미옥(2005), 「결정적 사건기법을 이용한 호텔 고객불평과 복구전략 분석」, 마케팅과학연구, 15(1), pp. 61~79.

이유재·라선아(2006), 『한국기업의 서비스 품질 평가제도 변천과정』, 서울대학교 출판부, pp. 13~15.

장민경(2005), 「서비스 직원의 감정 부조화가 부정적 직무성향에 미치는 영향」, 세종대학교 관광대학원 석사학위논문.

정용해(2006), 「고객 접점 서비스가 서비스 질, 고객만족, 충성도에 미치는 영향에 관한 연구」, 경희대학교 대학원 박사학위논문.

Andaleeb, S. S. and C. Conway(2006), "Customer satisfaction in the restaurant industry: an examination of the transaction-specific model", *Journal of Services Marketing*, 20(1), pp. 3~11.

Arjan, B., Ruyter, K., Keen, C. and S. Sandra(2000), "Customer Expectation Dimensions of Voice-to-Voice Service Encounters: A Scale-Development Study", *International Journal of Service Industry Management*, 11(2), pp. 142~161.

Ashforth, B. E.(1993), "Emotional labor in service roles: The influence of identity", *Academy of Management Review*, 18(1), pp. 88~115.

Baker, J.(1987), "The role of the environment in marketing services: the consumer perspective", In Czepeil, J. A., Congram, C. A., and J. Shanahan(Eds.), *The Service Challenge: Integrating for Competitive Advantage*, American Marketing Association.

Baker, J. and M. Cameron(1996), "The effects of the service environment on affect and consumer perception of waiting time: an integrative review and research propositions", *Journal of the Academy of Marketing Science*, 24(4), pp. 338~349.

Baker, J., Parasuraman, A., Grewal, D. and G. B. Voss(2002), "The influence of multiple store environment cues on perceived merchandise value and patronage intentions", *Journal of Marketing*, 66(2), pp. 120~141.

Bateson, J. G.(1985), "Self-Service Consumer: An Exploratory Study", *Journal*

Of Retailing, 61(3), pp. 49~76.

Bigne, J. E. and L. Andrew(2004), "Emotions in segmentation: An empirical study", *Annals of Tourism Research*, 31(3), pp. 682~696.

Bitner, M. J.(1990), "Evaluating Service Encounters: The Effects of Physical Surroundings and Employee Responses", *Journal of Marketing*, 54(4), pp. 69~82.

____________(1991), "The evolution of the services marketing mix and its relationship to service quality", In Brown, S., Gummesson, E., Edvardsson, B., and B. Gustavsson, *Service quality: a multidisciplinary and multinational perspective*, Lexington, pp. 23~37.

____________(1992), "Servicescapes: The impact of physical surroundings on customers and employees", *Journal of Marketing*, 56(2), pp. 57~71.

Bitner, M. J., Brown, S. and M. Meuter(2000), "Technology infusion in service encounters", *Journal of the Academy of Marketing Science*, 28(1), pp. 138~149.

Bitner, M. J., Booms, B. H. and M. S. Tetreault(1990), "The service encounter: Diagnosing favorable and unfavorable incidents", *Journal of Marketing*, 54(1), pp. 71~84.

Bitner, M. J. and L. A. Mohr(1994), "Critical Service Encounters: The Employee's Viewpoint", *Journal of Marketing*, 58(10), pp. 95~106.

Bejou, D. and A. Palmer(1998), "Service Failure and Loyalty: an Exploratory Empirical study of Airline Customers", *Journal of Service Marketing*, 12(1), pp. 7~12.

Bowen, D. E., Siehl, C. and B. Schneider(1989), "A framework for analyzing customer service orientations in manufacturing", *Academy of Management Review*, 14(1), pp. 75~95.

Bozionelos, N. and K. Kiarnou(2008), "Emotion Work in the Hellenic Frontline Service Environment: How it Relates to Emotional Exhaustion and work attitude", *The international journal of Human Resource Management*, 19(6), pp. 1108~1130.

Brady, M. K. and J. J. Cronin(2001), "Some new thoughts on conceptualizing perceived service quality: A hierarchical approach", *Journal of Marketing*, 65(3), pp. 34~49.

Brocato, E. D. and S. B. Kleiser(2005), "Influence of other customers: a scale development", *Conference Proceedings*, 16, p. 128.

Callan, R. J.(1998), "The critical incident technique in hospitality research: An illustration from the UK lodge sector", *Tourism Management*, 19(1), pp. 93~98.

Carlzon, J.(1989), *Moments of truth*, Harper and Row.

Chanaka, J., Anne, L. S., Andrew, M. F. and G. Kate(2007), "Outcome of Service Encounter Quality in a Business to Business Context", *Industrial Marketing Management*, 36(5), pp. 575~588.

Cronin, J. J. and S. A. Taylor(1992), "Measuring Service Quality: A Reexamination and Extension", *Journal of Marketing*, 56, pp. 55~68.

Crosby, P. B.(1979), *Quality is Free: The Art of Making Quality Certain*, 1st ed., McGraw-Hill.

Davis, M. M. and J. N. Heineke(2003), *Managing services: Using technology to create value*, Irwin/McGraw-Hill.

Edvardsson, B.(1992), "Service breakdowns: a study of critical incidents in an airline", *International Journal of Service Industry Management*, 3(4), pp. 17~29.

Fitzsimmons, J. A. and M. J. Fitzsimmons(2008), *Service Management*, 6th ed., McGraw-Hill.

Flanagan, J. C.(1954), "The critical incident technique", *Psychological bulletin*, 51(4), pp. 327~358.

Froehle, C. M. and A. V. Roth(2004), "New measurement scales for evaluating perceptions of the technology-mediated customer service experience", *Journal of Operations Management*, 22(1), pp. 1~21.

Goodman, R. J.(1979), "The use of critical incident methodology applied to the development of Waiter/Waitress Training Programs", Ph. D. diss, Cornell

University.

Grandey, A. A.(2003), "When the show must go on: Surface acting and deep acting as determinants of emotional exhaustion and peer-rated service delivery", *Academy of Management Journal*, 46(1), pp. 86~96.

Grönroos, C.(1984), "A Service Quality Model and its Marketing Implications", *European Journal of Marketing*, 18(4), pp. 30~44.

Heuven, E. and B. Arnold(2003), "Emotional dissonance and burnout among cabin attendants", *European Journal of Work and Organizational Psychology*, 12(1), pp. 81~100.

Hochschild, A. R.(1983), *The Managed Heart: Commercialization of Human Feeling*, Berkeley.

Hoffman, S., Kelley, W. and H. M. Rotalsky(1995), "Tracking service failures and employee recovery efforts", *Journal of Services Marketing*, 9(2), pp. 49~61.

Julian, C. C. and B. Ramaseshan(1994), "The role of customer-contact personnel in the marketing of a retail bank's services", *International Journal of Retail and Distribution*, 22(5), pp. 29~34.

Juran, J. M.(1974), *Quality Control Handbook*, McGraw-Hill, pp. 3~7.

Kahn, R., Wolfe, D., Quinn, R., Snoek, J. and R. Rosenthal(1964), *Organizational Stress: studies in role conflict and ambiguity*, Wiley.

Keaveney, S. M.(1995), "Customer switching behavior in service industries: An exploratory study", *Journal of Marketing*, 59(2), pp. 71~82.

Keng, C. J., Huang, T. L. and L. J. Zheng(2007), "Modeling service encounters and customer experiential value in retailing", *International Journal of Service Industry Management*, 18(4), pp. 349~367.

Kruml, S. M. and G. Deanna(2000), "Exploring the dimensions of emotional labor", *Management Communication Quarterly*, 14(1), pp. 8~49.

Lemmink, J. G. and J. Mattson(2002), "Employee Behavior, Feelings of Warmth and Customer Perception in Service Encounters", *The International Journal of Retail and Distribution Management*, 30(1), pp. 18~33.

Lewis, R. C. and B. H. Booms(1983), "The Marketing Aspects of Service Quality", *Emerging Perspectives on Services Marketing*, 65(4), pp. 99~107.

Liu, Y., Prati, L. M., Perrewé, P. L. and G. R. Ferris(2008), "The relationship between emotional resources and emotional labor: An exploratory study", *Journal of Applied Social Psychology*, 38(10), pp. 2410~2439.

VanMaanen, J. and G. Kunda(1989), "Real feelings: Emotional expression and organizational culture", *Research in Organizational Behavior*, 11, pp. 43~104.

Mars, G. and M. Nicod(1984), *The World of Waiters*, Allen and Unwin.

Mattila, A. S. and C. A. Enz(2002), "The role of emotions in service encounters", *Journal of Service Research*, 4(4), pp. 268~277.

Meuter, M. L., Ostrom, A. L., Roundtree, R. L. and M. J. Bitner(2000), "Self-service technologies: understanding customer satisfaction with technology-based service encounters", *Journal of marketing*, 64(3), pp. 50~64.

Middleton, D. R.(1989), *Emotional Style: The cultural ordering of emotions*, Ethos, 17(2), pp. 187~201.

Morris, J. A.(1996), "The dimensions, antecedents, and consequences of emotional labor", *Academy of Management Review*, 21(4), pp. 986~1010.

Norman, R.(1984), *Service management*, John Wiley and Sons.

Rosenkrantz, A. B. and K. Pysarenko(2015), "The service encounter in radiology: Acting the "Moments of truth" to achieve patient-centered care", *Academic Radiology*, 22(2), pp. 250~264.

Parasuraman, A., Zeithaml, V. A. and L. L. Berry(1985), "A Conceptual Model of Service Quality and Its Implication for Future Research", *Journal of Marketing*, 49(4), pp. 41~50.

————————(1988), "SERVQUAL: A Multiple-Item Scale for Measuring Consumer Perceptions of Service Quality", *Journal of Retailing*, 64(1), pp. 12~40.

Pine, B. J. and J. H. Gilmore(2002), "Customer experience places: The new offering frontier", *Starategy and Leadership*, 30(4), pp. 4~11.

Pizam, A.(2004), "Are hospitality employees equipped to hide their feelings?", *International Journal of Hospitality Management*, 23(4), pp. 315~316.

Rafaeli, A.(1989), "When clerks meet customers: A test of variables related to emotional expressions on the job", *Journal of Applied Psychology*, 74(3), pp. 385~393.

Rafaeli, A. and R. I. Sutton(1987), "Expression of emotion as part of the work role", *Academy of Management Review*, 12(1), pp. 23~37.

Riley, M.(2007), "Role interpretation during service encounters: a critical review of modern approaches to service quality management", *International Journal of Hospitality Management*, 26(2), pp. 409~420.

Rust, R. T. and R. L. Oliver(1993), *Service quality: New directions in theory and practice*, Sage Publications.

__________________________(1994), *Service quality: Insights and managerial implication from the frontier*, Sage Publications.

Thorpe, D. I. and J. O. Rentz(1996), "A measure of service quality for retail stores", *Journal of the Academy of Marketing Science*, 24(1), pp. 3~16.

Totterdell, P. and D. Holman(2003), "Emotion regulation in Customer Service Roles: Testing a Model of Emotional Labor", *Journal of Occupational Health Psychology*, 8(1), pp. 55~73.

Shostack, G. L.(1985), "Planning the service encounter", *The Service encounter*, Lexington Books.

Solomon, M. R., Surprenant, C., Czepiel, J. A. and E. G. Gutman(1985), "A role theory perspective on dyadic interactions: The service encounter", *Journal of Marketing*, 49(1), pp. 99~111.

Sommer, R. and B. A. Sommer(1989), "Social facilitation effects in coffeehouses", *Environment and Behavior*, 21(6), pp. 651~666.

Staw, B. M. and S. G. Barsade(1993), "Affect and managerial performance: A test of the sadder-but-wiser vs. happier-and-smarter hypotheses", *Administrative Science Quarterly*, 38(2), pp. 304~331.

Stewart, T. A.(1997), *Intellectual Capital: The New Wealth of Organization*,

Currency.

Sulek, J. M. and R. L. Hensley(2004), "The relative importance of food, atmosphere, and fairness of wait: the case of a full-service restaurant", *Cornell Hotel and Restaurant Administration Quarterly*, 45(3), pp. 235~247.

Surprenant, C. F. and M. R. Solomon(1987), "Predictability and Personalization in the service encounter", *Journal of Marketing*, 51(4), pp. 86~96.

Van, D. W., De Ruyter, R. K. and J. Lemmink(2004), "An empirical assessment of the influence of customer emotions and contact employee performance on encounter and relationship satisfaction", *Journal of Business Research*, 57(4), pp. 437~444.

Winsted, K. F.(2000), "Service Behaviors that Lead to Satisfied Customers", *European Journal of Marketing*, 34(3), pp. 399~417.

Wu, C. J. and R. D. Liang(2005), "The influences of service encounter factors on customer response in food service industry-from the viewpoint of dramaturgical theory", *Journal of Customer Satisfaction*, 1(2), pp. 183~216.

____________________(2009), "Effect of experiential value on customer satisfaction with service encounters in luxury-hotel restaurants", *International Journal of Hospitality Management*, 28(4), pp. 586~593.

Zeithaml, V. A.(2003), *Service Marketing*, McGraw-Hill.

Zeithaml, V. A. and M. J. Bitner(2002), *Marketing de Servicios. Un enfoque de integración del cliente a la empresa*, 2a Edición, Méjico: McGraw-Hill.

Zeithaml, V. A., Parasuraman, A. and L. L. Berry(1985), "Problems and Strategies in Services Marketing", *Journal of Marketing*, 49(13), pp. 33~46.

Wilson, A., Zeithaml, V. A., Bitner, M. J. and D. D. Gremler(2012), *Services marketing: Integrating customer focus across the firm*, 2nd ed., McGraw-Hill.

Chapter 5

서비스 스케이프

도입사례

달콤 보컬 이세준의 밸런타인데이 콘서트

필리핀 고아원 설립을 추진하는 등 국내외 이웃들에게 '나눔'을 실천하고 있는 포크 듀오 유리상자의 이세준이 밸런타인데이를 맞아 특별한 콘서트를 마련했다. 이미 봄여름가을겨울, SG워너비의 김진호, 러브홀릭의 지선 등 가창력을 인정받은 가수들이 함께 해 성공리에 공연을 진행한 고품격 뮤직 다이닝 레스토랑 카페엠(Cafe-M)에서 기획한 공연이다.

환상적인 음향 시스템을 자랑하는 카페엠은 고급스러운 인테리어와 더불어 최상급의 음향·영상장비로 음악감상이 가능한 레스토랑이다. 하이엔드, 하이파이 음향 시스템 수입사인 헤이스(HEIS)의 상상을 초월하는 장비로 가득한데, 미국 에어리얼어쿠스틱스(Aerial Acoustics)의 스피커로 꾸며진 이곳에서의 공연은 음악 마니아들의 눈과 귀를 사로잡는다.

이세준이 전개하는 '나눔의 미학 캠페인'은 필리핀 두마게티의 고아원 설립뿐 아니라, 한국 쪽방촌 독거노인 연탄 선물, 아프리카 어린이 헌옷 기부 등의 사업을 진행하고 있으며, 기타리스트 함춘호, 가수 박상민, 배우 김원희, 야구 선수 홍성흔 등도 함께 하는 것으로 알려졌다. 이번 카페엠 밸런타인데이 공연에서도 수익금을 모두 나눔의 미학에 기부할 예정이다.

이세준은 1997년 유리상자로 데뷔해 올해 첫 솔로앨범 발표와 콘서트까지 성황리에 마쳤으며 최근 '불후의 명곡'에서 뛰어난 가창력으로 팔색조 같은 매력을 보여주어 많은 인기를 누리고 있다.

이번에는 밸런타인데이 공연을 더욱 풍성하게 만들어줄 카페엠 수석 셰프의 스페셜 런치코스가 준비되며, 최상급 한우 등심 스테이크와 이태리 마스카포네 치즈와 그랑크뤼 초콜릿으로 만든 티라미수로 달콤한 밸런타인데이를 선사할 예정이다. 특별한 밸런타인데이를 위해 연인과 함께 카페엠의 '이세준 스위트 밸런타인데이 콘서트'와 함께하자.

출처: 국제뉴스(http://www.gukjenews.com), 2015. 1. 20.

제1절

서비스의 프로세스와 환경

(1) 서비스 프로세스의 세계

서비스는 여러 가지 특징에 의해 제품과 구분된다고 한다. 서비스 프로세스에 고객이 함께하는 특징이 있고, 서비스의 생산과 소비는 동시에 일어나기 마련이며, 시간이 지나면 바로 사라져 버린다. 서비스는 눈에 보이지 않는 무형성이 있는데, 고객마다 다르게 받아들여지고 제공된다는 이질성이 그 주요한 내용이다. 이러한 특성을 4I로 요약하기도 한다.

서비스의 특성: 4I

- Intangibility : 결과를 만질 수 없지요
- Inconsistency : 이랬다 저랬다 해요
- Inseparability : 따로가 아니라 같이 가요
- Inventory (Idle Production Capacity) : 재고로 가실 수 없어요

그래서 제품과 서비스는 사뭇 다르다. 물론 제조업의 서비스화라는 서비타이제이션(servitization)이나 제품-서비스 시스템(product-service system)과 같이 서비스와 제품이 통합되는 트렌드도 있지만, 여전히 서비스는 제품과 구분되며 다르게 관리되어야 할 대상으로 인식된다.

마케팅 분야에서 제품의 마케팅 믹스를 4P(Product, Place, Promotion, Price)라고 한다면, 서비스의 믹스는 4P에 3P(People, Process, Physical evidence)를 더하여 7P로 구성된다. 또한 여기에 하나의 P(Productivity and quality)를 더하여 8P로 설명하는 경우도 있다. 결국 제품과는 다른 특징을 서비스에서 찾아볼 수 있음에 주목하여야 한다.

이처럼 서비스는 제품과 다른데, 그 핵심에 고객이 서비스 프로세스에 참여함을 뜻하는 공동생산자로서의 고객(Customer as a co-producer)이라는 개념이 있다. 고객이 함께하지 않으면 서비스는 존재의 이유를 찾지 못한다고 해도 과언은 아니다. 그렇다 보니 현실적인 비즈니스의 세계에서는 물론 학문적인 연구의 분야에서도 서비스의 프로세스(process)에 대한 관심이 높았고, 어떻게 하면 서비스 프로세스를 잘 관리하여 효과성과 효율성이란 두 마리 토끼를 잡을 수 있을까 고민해 왔다. 사실 여기에 수익성이라는 또 한 마리의 토끼도 함께 잡고 싶은 것이 솔직한 심정이라고 할 수 있겠다.

서비스가 이루어지는 시간적·공간적 접점은 진실의 순간 또는 결정적 순간으로 번역되는 MOT(Moment Of Truth)의 연속이다. 접점(接點)이 접선(接線)으로 연결되면 그것이 서비스 프로세스가 된다. 고객은 고객 입장에서 또 서비스 제공자는 나름의 입장에서 가장 바람직한 서비스 프로세스로 서비스가 수행되길 희망하며 공동 생산의 현장을 구성해 나간다. 그렇지만 서비스 프로세스 세계의 초점은 고객 중심에 있으며, 동시에 서비스 제공자와 서비스 조직에도 모두 바람직한 세 마리 토끼(효율성, 효과성, 수익성)를 잡을 수 있는 방향으로 설계되고 운영되어야 할 것이다.

(2) 서비스의 물리적 환경

서비스가 무엇이냐는 질문에 대해 단번에 대답하기는 쉽지 않다. 서비스의 무형적 특성 때문에 간단히 정의하기는 더더욱 어렵다. 그래서 등장한 개념으로서, 서비스의 묶음을 서비스 패키지(service package)라고 부르며, 이를 기준으로 특정한 서비스가 무엇인지 설명하는 데 활용하여 왔다. 즉, 서비스 패키지는 특정한 환경에서 제공되는 재화와 정보를 지닌 서비스의 묶음을 의미한다. 처음에 이 묶음은 지원설비, 보조용품, 명시적 서비스와 묵시적 서비스로 구성되었는데, 나중에 정보가 추가되어 모두 다섯 가지 특성으로 구성된다.

표 5-1 서비스 패키지의 특성과 구성 요소

특성	내용	예 볼링장/항공사/병원
지원설비	서비스를 제공하려면 미리 갖춰야 하는 물리적인 자원들	볼링 레인/항공기/병상
보조용품	고객이 소비하거나 구매하는 물품, 고객이 준비하여야 하는 물품	볼링화/기내식/의료보험
정보	서비스가 잘 수행되게 돕는 고객 관련 데이터 또는 정보	볼링 스코어/마일리지 정보/환자 진료 기록
명시적 서비스	직관적으로 금방 알 수 있는 본질적인 서비스의 내용	볼링 게임/여행·이동/치료
묵시적 서비스	고객이 스스로 느끼는 심리적 혜택, 서비스를 받았다는 일종의 표시	여유 즐기기/여행 자랑/유명 병원에서 느끼는 안도감

그 구체적인 내용과 사례를 볼링장, 항공사, 병원 등을 예로 들어 설명하면 [표 5-1]과 같다. 사실 서비스 패키지의 핵심에는 서비스 경험이 있다. 고객이 어떤 서비스를 원하느냐는 결국 어떤 서비스 패키지에서 어떤 경험을 하느냐로 귀결된다. 서비스 패키지의 다섯 요소 중에 뭔가 하나라도 고객의 기대에서 어긋나게 되면 고객은 스스로 서비스 경험에 불만이 생길 가능성이 높다. 또한 서비스 패키지의 요소는 직원의 입장에서도 서비스 수행에 중요하다. 직원은 서비스 패키지 특성에 적합한 서비스를 수행하기 위해 노력할 것이기 때문이다. 또한 서비스 패키지를 어떻게 구성하느냐에 따라 서비스의 제공 방식도 변경될 수 있다.

이제 서비스 패키지의 첫 번째 요소인 서비스 지원설비에 대해 보다 구체적으로 살펴보자. 서비스 지원설비의 물리적 환경이 중요한 이유는 이것이 고객은 물론 직원의 행동에 미치는 영향이 크고 중요하기 때문이다. 서비스 지원설비는 서비스 제공 기업이 서비스를 제공하기 전에 미리 갖추고 있어야만 하는 물리적인 자원이라고 정의할 수 있다.

서비스 지원설비가 실제로 어떻게 구성되며 그것이 고객에게 어떻게 인식되느냐는 서비스 수행에서 대단히 중요하다는 점에 착안하여, 비트너(M. J. Bitner, 1992) 교수는 "서비스 스케이프(servicescape)"라는 개념을 제시하였다. 앞에서 설명하였듯이 서비스 고객은 경험을 중시하며, 서비스 조직은 고객들이 잊지 못할 경험을 제공하려 애쓴다. 그래서 무형적 요소와 유형적 요소가 복합적으로 구성되는 서비스 패키지의 최적의 조합을 만들어서, 고객에게 가장 좋은 경험을 제공하려 노력한다.

실제 서비스는 무형적이지만 어떠한 서비스라도 유형적인 요소 없이는 전달이 되기 어렵다는 점에 주목할 필요가 있다. 서비스가 제공되는 환경은 고객의 서비스 경험을 이끌어내는 데 있어서 매우 중요한 역할을 한다. 이러한 서비스 경험의 무대이며, 실제적인 동시에 심리적인 물리적 환경이 서비스 스케이프이다.

제2절

서비스 스케이프 분석

(1) 서비스 스케이프의 정의

서비스 스케이프(servicescape)는 서비스(service)와 스케이프(scape)의 합성어이다. 스케이프의 뜻을 사전에서 찾아보면, 대개 광경이나 장면(scene, view)이라고 설명되어 있고, 대개는 다른 단어와 함께 사용되는 경우가 많은 것 같다. 예를 들면 바다의 광경인 씨 스케이프(seascape)나 마음의 상태를 표현하는 마인드 스케이프(mindscape) 등이 있다. 가장 일반적인 스케이프는 풍경, 광경을 의미하는 랜드 스케이프(landscape)이다. 프랜시스 버넷(Frances H. Burnett)의 '소공자'라는 소설에 등장하는 랜드 스케이프는 참 인상적이다. 특히 시골 지역에서 눈에 띄는 모든 모습을 이야기하는 랜드 스케이프를 잘 보여주기 때문이다. 할아버지(백작)가 일곱 살짜리 손자를 말에 태워 동산에 올라서서 눈에 보이는 모든 땅이 내 소유라고 설명을 하는 장면에서 랜드 스케이프가 등장한다. 부는 바람과 풀벌레 소리, 따스한 햇살과 상큼한 공기 등도 그 광경에 함께 있었을 것이다. 한마디로 오감으로 느끼는 모든 것이 할아버지와 손자가 함께 본 랜드 스케이프였을 것이다. 게다가 손

그림 5-1 소공자의 랜드 스케이프

That same morning he drew up his horse on an elevated point of the moor over which they rode, and made a gesture with his whip, over the broad, beautiful landscape spread before them.

"Do you know that all that land belongs to me?" he said to Fauntleroy.

"Does it?" answered Fauntleroy. "How much it is to belong to one person, and how beautiful!"

"Do you know that some day it will all belong to you—that and a great deal more?"

"To me!" exclaimed Fauntleroy in rather an awe-stricken voice. "When?"

"When I am dead," his grandfather answered.

"Then I don't want it," said Fauntleroy; "I want you to live always."

"That's kind," answered the Earl in his dry way;

- 할아버지(백작): 눈 아래 모든 땅이 다 내 땅이다. 언젠가는 네 땅이 된다.
- 손자(소공자): 언제 그렇게 되나요?
- 할아버지: 내가 죽으면…
- 손자: 그렇다면 이 땅을 원하지 않아요. 언제나 할아버지와 함께 살고 싶어요.

출처: https://books.google.co.kr/, https://ko.wikipedia.org/wiki/

자는 할아버지가 돌아가신 후에 그 땅이 자기 것이 된다고 하니, 그 땅은 필요 없고 언제나 할아버지와 함께 살고 싶다고 한다. 그런 이야기를 들은 할아버지의 심정도 사실 그 랜드 스케이프 속에 있었을 것 같다.

여기서 랜드(land)를 서비스(service)로 바꾸면, 서비스 스케이프가 된다. 서비스가 이루어지는 모든 상황을 마치 높은 곳에서 낮은 곳을 한눈에 바라보듯 살피고 느끼는 것이 서비스 스케이프이며, 여기에는 물리적인 환경으로서 외부적으로 드러난 모습뿐만 아니라 심리적인 요소들도 함께 포함될 수 있겠다. 그러니 고객의 입장에서는 어떤 서비스 기업의 첫인상으로 자리잡게 하거나 서비스 이용 내내 영향을 미치는 중요한 요소가 될 수 있다.

이것은 마치 선물의 포장과 같다고 하겠다. 연인에게 장미꽃을 선물할 때, 신문지에 아무렇게나 둘둘 말아 던지듯 준다면, 받는 사람의 기분은 그리 좋지 않을 것 같다. 게다가 "받으려면 받으시고, 말려면 마시고"식의 멘트를 한다면, 별로 감흥이 없을 것 같다. 그 대신에 그날의 분위기를 잘 살릴 수 있는 포장을 하고 적절한 타이밍에 적절한 방식으로 장미꽃을 연인에게 전달한다면, 그 효과는 사뭇 다를 것이다. 물론 중요한 것은 두 사람의 마음이고 꽃이야 그저 하나의 도구라고 하더라도, 동가홍상(同價紅裳, 같은 값이면 다홍치마)의 측면에서는 충분한 설득력이 있겠다.

서비스 스케이프를 구성하는 모든 요소들은 서비스의 포장과 같이 서비스에 담겨진 이미지와 느낌을 고객에게 잘 전달하는 데 도움을 주어 고객의 서비스 경험을 풍부하고 아름답게 만들어 줄 수 있다. 서비스 스케이프는 서비스의 특징이자 한계점이라고 늘 거론되는 서비스의 무형성과 비가시성을 극복하는 데 도움을 줄 수 있는 가시적인 측면을 해결해 줄 수 있다는 점에서도 의의가 있다. 유명한 컨설팅 회사를 방문하였을 때, 그 회사가 얼마나 대단한지는 잘 파악이 안 되더라도 컨설턴트를 기다리는 동안 앉아 있었던 회의실의 광경에서 고객은 안도감을 느끼게 되는 것이 하나의 사례라고 하겠다.

고객에게 보다 좋은 서비스 경험을 제공하기 위한 경쟁은 서비스 스케이프 분야로 확대되고 있고 이를 통해 긍정적인 이미지를 만들어 성과를 향상시키려는 노력이 지속되고 있어서, 학문적으로도 서비스 스케이프에 대한 관심이 높아지고 있다. 서비스가 점점 더 무형적이 될수록, 고객에게 뭔가 손에 잡히는 서비스 경험을 제공하기 위해서 서비스 기업은 서비스 스케이프 요소에 관심을 더 가지게 된다.

서비스 스케이프에 대한 학문적 관심은 마케팅 분야에서 처음 시작되

그림 5-2 서비스 스케이프의 학문적 연구

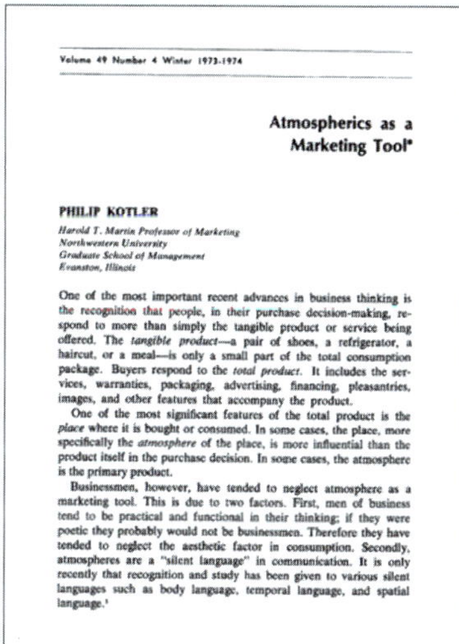
Volume 49 Number 4 Winter 1973-1974

Atmospherics as a Marketing Tool*

PHILIP KOTLER
Harold T. Martin Professor of Marketing
Northwestern University
Graduate School of Management
Evanston, Illinois

One of the most important recent advances in business thinking is the recognition that people, in their purchase decision-making, respond to more than simply the tangible product or service being offered. The *tangible product*—a pair of shoes, a refrigerator, a haircut, or a meal—is only a small part of the total consumption package. Buyers respond to the *total product*. It includes the services, warranties, packaging, advertising, financing, pleasantries, images, and other features that accompany the product.

One of the most significant features of the total product is the *place* where it is bought or consumed. In some cases, the place, more specifically the *atmosphere* of the place, is more influential than the product itself in the purchase decision. In some cases, the atmosphere is the primary product.

Businessmen, however, have tended to neglect atmosphere as a marketing tool. This is due to two factors. First, men of business tend to be practical and functional in their thinking; if they were poetic they probably would not be businessmen. Therefore they have tended to neglect the aesthetic factor in consumption. Secondly, atmospheres are a "silent language" in communication. It is only recently that recognition and study has been given to various silent languages such as body language, temporal language, and spatial language.[1]

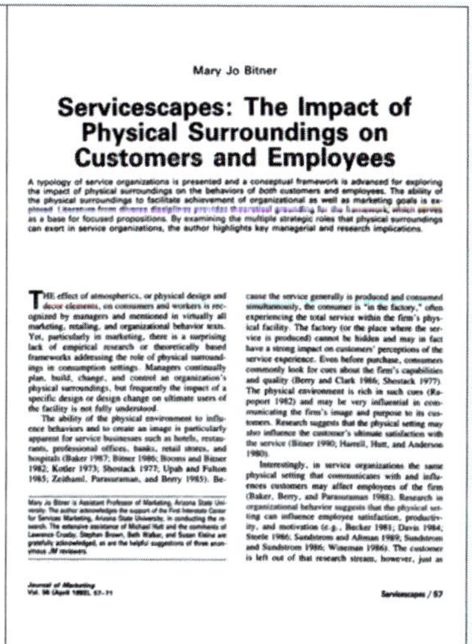
Mary Jo Bitner

Servicescapes: The Impact of Physical Surroundings on Customers and Employees

A typology of service organizations is presented and a conceptual framework is advanced for exploring the impact of physical surroundings on the behaviors of *both* customers and employees. The ability of the physical surroundings to facilitate achievement of organizational as well as marketing goals is explored. Literature from diverse disciplines provides theoretical grounding for the framework, which serves as a base for focused propositions. By examining the multiple strategic roles that physical surroundings can exert in service organizations, the author highlights key managerial and research implications.

THE effect of atmospherics, or physical design and decor elements, on consumers and workers is recognized by managers and mentioned in virtually all marketing, retailing, and organizational behavior texts. Yet, particularly in marketing, there is a surprising lack of empirical research or theoretically based frameworks addressing the role of physical surroundings in consumption settings. Managers continually plan, build, change, and control an organization's physical surroundings, but frequently the impact of a specific design or design change on ultimate users of the facility is not fully understood.

The ability of the physical environment to influence behaviors and to create an image is particularly apparent for service businesses such as hotels, restaurants, professional offices, banks, retail stores, and hospitals (Baker 1987; Bitner 1986; Booms and Bitner 1982; Kotler 1973; Shostack 1977; Upah and Fulton 1985; Zeithaml, Parasuraman, and Berry 1985). Because the service generally is produced and consumed simultaneously, the consumer is "in the factory," often experiencing the total service within the firm's physical facility. The factory (or the place where the service is produced) cannot be hidden and may in fact have a strong impact on customers' perceptions of the service experience. Even before purchase, consumers commonly look for cues about the firm's capabilities and quality (Berry and Clark 1986; Shostack 1977). The physical environment is rich in such cues (Rapoport 1982) and may be very influential in communicating the firm's image and purpose to its customers. Research suggests that the physical setting may also influence the customer's ultimate satisfaction with the service (Bitner 1990; Harrell, Hutt, and Anderson 1980).

Interestingly, in service organizations the same physical setting that communicates with and influences customers may affect employees of the firm (Baker, Berry, and Parasuraman 1988). Research in organizational behavior suggests that the physical setting can influence employee satisfaction, productivity, and motivation (e.g., Becker 1981; Davis 1984; Steele 1986; Sundstrom and Altman 1989; Sundstrom and Sundstrom 1986; Wineman 1986). The customer is left out of that research stream, however, just as

Mary Jo Bitner is Assistant Professor of Marketing, Arizona State University. The author acknowledges the support of the First Interstate Center for Services Marketing, Arizona State University, in conducting the research. The extensive assistance of Michael Hutt and the comments of Lawrence Crosby, Stephen Brown, Beth Walker, and Susan Kleine are gratefully acknowledged, as are the helpful suggestions of three anonymous JM reviewers.

Journal of Marketing
Vol. 56 (April 1992), 57-71

Servicescapes / 57

Kotler(1973)의 서비스 분위기: 물리적 환경을 물리적 자극이라 표현하며, 총체적 분위기(atmospherics)란 용어 사용	Bitner(1992)의 서비스 스케이프: 사회적, 자연적 환경과는 대비되는 개념으로 기업이 통제할 수 있는 객관적이고 인위적인 환경
시각적(visual): 색채, 조명, 규모, 형태 청각적(aural): 소리의 고저, 속도, 횟수 후각적(olfactory): 냄새, 신선함 촉각적(tactile): 연함, 부드러움, 온도	주변환경, 공간의 배치와 기능성, 상징/표시, 조형물 등으로 구분

출처: Kotler, P. (1973), "Atmospherics as marketing tool", *Journal of Retailing*, 49(4), pp. 48~64
Bitner, M. J. (1992), "Servicescapes: The impact of physical surroundings on customers and employees", *Journal of Marketing*, 56(April), pp. 57~71

었고 그 이후 다양한 분야로 그 연구가 확산되어 왔다. 이 분야의 기념비적인 연구는 마케팅의 대가인 코틀러(Kotler)가 1973년에 발표한 "Atmospherics as a Marketing Tool"이라고 하겠다. 서비스의 총체적인 분위기(atmospherics)는 조용한 언어(silent language)여서 주요한 마케팅의 도구가 될 수 있다며, 결국은 구매력을 높여서 기업의 수익성을 높이는 데 중요한 역할을 할 수 있음을 제안하였다. 신발가게나 가구점, 레스토랑, 항공사와 항공기, 점술가 사무소, 광고회사 등 다양한 소매유통업의 사례를 들어서 설명하였다. 코틀러 이전부터 논의되었던 서비스의 총체적인 분위기는 코틀러에 의해 시각적(visual), 청각적(aural), 후각적(olfactory), 촉각적(tactile) 요소로 정리되면서, 학문적인 연구의 분야로 자리잡게 되었다.

그 이후 많은 후속 연구가 있었지만, 직접적으로 서비스 스케이프라는 용어는 비트너(Bitner, 1992)에 의해 도입되었다. 비트너는 서비스 산업에서 서비스 제공자에 의해 만들어진 물리적 환경을 서비스 스케이프라고 표현하였다. 이는 서비스를 제공하는 기업과 서비스를 경험하는 고객 사이에서 상호작용이 발생하는 인위적으로 건설된 물리적 환경 가운데 특히 시설과 관련된 환경을 의미하며, 자연적·사회적 환경과는 대비된 개념이라 정의하였다. 즉, 서비스에 관련된 물리적 환경이 고객 및 직원의 서비스에 대한 인식과 행동에 영향을 준다는 점을 설명하기 위해 도입된 개념이 서비스 스케이프이다. 서비스 스케이프는 단순히 물리적인 장소를 넘어서 시간적인 장소와 감성적인 장소가 될 수 있다.

비트너는 같은 논문에서 서비스 스케이프의 물리적 복잡성의 정도(복잡함, 단순함)를 X축으로 하고 서비스 환경 내부의 참여자 구분(셀프서비스, 개인 간 서비스, 원격 서비스)을 Y축으로 하여 서비스 스케이프 매트릭스를 제시하였다.

그림 5-3 서비스 스케이프 매트릭스

		서비스 스케이프의 물리적 복잡성	
		복잡함	단순함
서비스 스케이프 내부의 참여자	셀프서비스 (단지 고객만)	골프 코스 물 미끄럼 놀이터	우체국 키오스크 현금자동입출금기(ATM) 전자상거래 웹사이트
	개인 간 서비스 (고객과 직원 모두)	고급 호텔 레스토랑 디즈니랜드 항공사 터미널	실비 호텔 핫도그 판매대 로드사이드 뱀 농장 버스 정거장
	원격 서비스 (단지 직원만)	전문 서비스 L. L. 빈	텔레마케팅 온라인 기술지원

출처: Bitner, M. J. (1992), "Servicescapes: The impact of physical surroundings on customers and employees", *Journal of Marketing*, 56(April), pp. 57~71

(2) 서비스 스케이프 모형

비트너(1992)는 서비스 스케이프의 구성요소와 고객과 직원의 반응과 행동을 포함한 서비스 스케이프 프레임웍을 제시하였는데, 환경 차원에는 공조환경(ambient condition), 공간 배치 및 기능성(spatial layout and functionality), 그리고 신호 및 상징물(sign and symbol), 조형물 등 3개의 차원으로 구성하여 그 개념을 구체화시켰다. 공조환경은 고객이 느끼는 주변 환경의 상태로 온도, 공기, 소음, 향기, 배경음악 등이 포함된다. 공간 배치 및 기능성은 서비스 공간 내에 존재하는 가구, 기계, 장치를 의미하고, 이들 간의 배치 또는 배열과 그 사이의 공간적 관계를 나타내었다. 신호 및 상징물은 기호적인 상징을 통해 고객과 직원 또는 서비스를 제공하는 기관들과의 암묵적인 커뮤니케이션으로 공간 내의 안내 표지판, 인공물, 장식 스타일 등을 포함하고 있다.

이 세 가지 환경차원 믹스는 서비스 스케이프를 구성하며 고객과 직원이 경험하는 환경은 서비스 스케이프로 정의된다. 여기서 중요한 포인트는 서비스 스케이프에 따라 직원과 고객이 반응하고 행동하는 양식이 달라질 수 있다는 점이다. 서비스 스케이프에 따라서 어떤 고객은 좋아하기도 하고 또 다른 고객은 별로 좋지 않게 느껴서 떠나갈 수도 있다는 점이다. 물론 직원의 반응과 행동도 마찬가지일 것이다.

간단히 생각해 보면, 조용히 동료와 차나 한잔 하려고 들어간 카페에서 무척이나 시끄러운 음악에다 더 크게 떠드는 주변의 고객들을 만나면, 주문하기 전에 다른 곳으로 가볼까 하는 생각이 드는 것은 당연할 것이다. 그 반대로 서비스 스케이프가 좋다고 인식이 되면 고객은 기꺼이 지갑을 열 준비(WTP, willingness to pay)가 될 것이다.

그림 5-4 비트너의 서비스 스케이프 모형

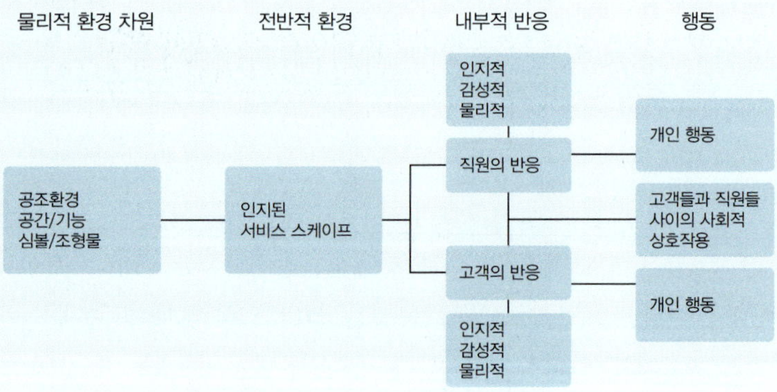

출처: Bitner, M. J. (1992), "Servicescapes: The impact of physical surroundings on customers and employees", *Journal of Marketing*, 56(April), pp. 57~71

종합사례

서울 속 아르헨티나 레스토랑 '부에노스아이레스'

어디에서 누구와 저녁을 함께할 것인가에 따라 그 모임에 대한 기대감이 달라지기도 한다. 교수들과 기업인이 모여 공통의 주제로 연구를 하는 모임은 그 자체로도 흥미롭지만, 이번 모임은 좀 색다른 곳이란 점에서 기대감이 더 컸다는 후문이 있었다. 바로 탱고와 와인 그리고 스테이크가 있는 서울 속 아르헨티나 레스토랑에서 만나기로 했기 때문이다.

입구에서부터 벌써 여기가 아르헨티나식 레스토랑임을 물씬 풍긴다. 안으로 들어가니 마치 부에노스아이레스의 어느 곳에 와 있는 듯한 착각을 하게 된다. 서비스 스케이프의 모든 요소가 그렇게 구성되어 있음을 알 수 있다. 다음의 사진은 그 모임에서 휴대

폰으로 촬영한 몇 장면이다. 첫 번째 사진은 남자 화장실 벽 타일 장식이고 두 번째와 세 번째는 테이블 세팅을 중심으로 실내의 모습을 포착한 것이다. 마지막은 장식장 안 가득 진열된 아르헨티나 유리잔과 나이프 등이다.

다음은 언론에 비친 레스토랑 '부에노스아이레스'의 모습이다.

남미 아르헨티나는 우리에게는 낯선 곳이다. 남미는 '열정', 아르헨티나 부에노스아이레스는 '탱고가 있는 도시'로 알 듯 모를 듯 일종의 환상이 남는다. 그래서 그 꿈의 도시는 꼭 한번 가보고 싶은 도시로도 다가온다.

이 같은 분위기는 고스란히 문화체험으로 이어진다. 직장인 회식, 송년회 테마로도 삼는 추세다. 아르헨티나의 낭만적 열정을 고스란히 맛볼 수 있는 공간을 찾아 이색적인 분위기 속에 각종 모임과 송년회를 갖는 것이다.

서울 강남구 역삼동 소재 아르헨티나 레스토랑 '부에노스아이레스'는 이 같은 목마름을 달래는 장소로 요즘 인기다. 라틴풍 물씬 풍기는 우아한 공간에서 부드러운 와인을 곁들이며, 열정적인 탱고를 감상하고 이색 파티를 즐기는 것이다. 탱고가 주는 자유로움과 해방감이 일상탈출의 묘미를 더하기 때문이다.

선릉역 인근에 자리한 이 레스토랑은 우선 인테리어부터가 다분히 이색적이다. 은은한 조명 아래 남미의 정열을 담은 빨간 타일과 안데스 최고봉 아콩카구와의 석양을 담아낸 오렌지빛 타일이 낭만적 분위기를 자아낸다. 그림 한 폭, 벽돌 한 장, 인테리어 하나하나에는 나름의 의미가 담겨 있다. 그림 '악사의 꿈'이 그렇고 '체스판'을 담아낸 그림도 그렇다. 레스토랑 주인 박유중 회장의 꿈과 비전이 표현돼 있다. 넉넉한 공간 배치도 여유롭다. 오크통을 이용한 스탠드 테이블, 공연을 즐길 수 있는 단체석, 탱고 공연이 펼쳐지는 무대, 프라이빗 와인셀러(150명) 등 한결같이 고급스러우면서도 쾌적함이 돋보인다.

본래 미식가들은 아르헨티나의 스테이크와 와인을 으뜸으로 친다. '부에노스아이레스' 또한 이들 메뉴를 곧잘 하는 곳이다. 이 레스토랑의 대표 메뉴는 아르헨티나 정통 소갈비 요리 '아사도'. 소갈비에 소금을 흩뿌려 숯불, 그릴에 구워내는데, 육즙의 풍미가 듬뿍 느껴진다. 우리 입맛에도 딱 맞다. 아르헨티나식 돼지고기 소시지 '초리소'도 와인 안주로 제격이다. 아르헨티나 정통 만두 '엠빠나다'도 별미다. 소고기, 감자 등을 이용한 그라탱 '빠스텔'은 식사 대용으로 인기다.

부에노스아이레스에서는 매일 저녁 8시부터 아르헨티나 정통 탱고 공연을 무대에 올린다. 3개월마다 아르헨티나 현지 전문 댄서팀을 교체해 늘 새로운 패턴의 탱고를 선보이고 있다.

출처: 『스포츠조선』, 2013. 12. 3.

참고문헌

김미영(2014), 「뉴 에어 스케이프(New Airscape)가 종사원의 직무몰입, 직무만족 및 직무성과에 미치는 영향」, 인하대학교 대학원 경영학과 박사학위논문.

이지민·김연성·이동원(2010), 「항공사 기내서비스의 서비스 청사진 분석에 관한 연구」, 품질경영학회지, 38(4), pp. 593~600.

서비스경영연구회 편역(2012), 『스마트 시대의 서비스 경영』, 제7판, 한경사, pp. 183~187.

Bitner, M. J.(1992), "Servicescapes: The impact of physical surroundings on customers and employees", *Journal of Marketing*, 56(April), pp. 57~71.

Chen, C., Ni, C. and T. Ding(2015), "Consumer Satisfaction to Hospitality: A Case Study of Public Planning for Good Servicescapes in Taiwan", *Journal of Tourism and Hospitality Management*, 3(5~6), pp. 113~127.

Goi, M. and K. Vigneswari(2015), "Constructing a Servicescape Scale for Higher Education Institutions", *International Journal of Innovation, Management and Technology*, 6(3), pp. 191~195.

Kotler, P.(1973), "Atmospherics as a marketing tool", *Journal of Retailing*, 49(4), pp. 48~64.

Ferrera O.(2105), "The customers' perception of servicescape's influence on their behaviours, in the food retail industry", Master's thesis, Dublin Business School, University.

Chapter 6

서비스 수요관리

도입사례

의료서비스 상품의 수요관리

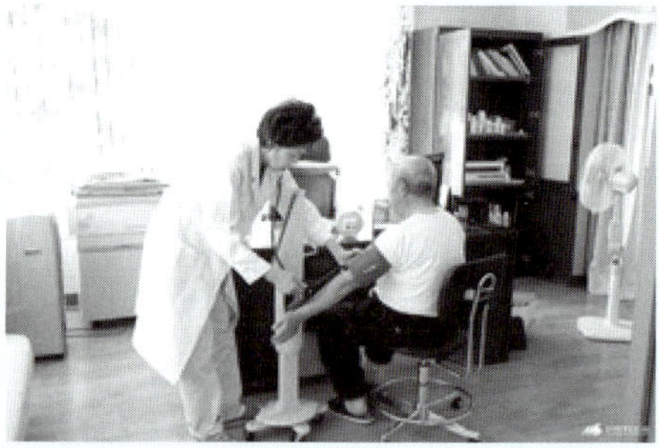

의료서비스 상품은 서비스의 특성인 '무형성'과 '생산과 소비의 동시성', '소멸성', '품질의 이질성' 등을 지니고 있는 대표적인 서비스 상품이다. 의료서비스의 공급관리에 있어서 공급능력의 조정을 위해 의료서비스 인력을 늘린다거나 시설을 확충하는 경우가 있으나 이러한 조정은 막대한 투자를 필요로 하기 때문에 이로 인한 리스크를 고려해야만 한다. 따라서 집중화된 수요를 어떻게 분산하여 현재의 공급능력에 적절하게 맞추어 갈 것인가를 모색하는 것이 더 효과적이다. 즉, 현재의 공급능력 수준에서 수요와 공급을 최대한 일치시키되 지속적으로 부족한 공급능력에 대해서만 최소한의 투자를 하는 것이 효율적이다.

의료서비스 상품의 수요관리 전략으로는 예약 시스템을 활용한 수요관리가 대표적이다. 예를 들어, 하루에 진료 가능한 환자 수가 100명인 경우, 예약 없이 찾아오는 환자 수를 요일별로 산정한 후 나머지 여유 진료가능 환자 수만큼만 예약을 받는 것이다. 만약 월요일에 예약 없이 찾아오는 환자 수가 70명으로 산정되었다면 월요일 예약은 30명의 환자만 받는 방식이다. 이렇게 하면 전체적으로 진료 가능한 환자(공급능력) 수만큼 골고루 수요가 분산될 수 있을 것이다.

출처: http://blog.naver.com/msp3441?Redirect=Log&logNo=40143650394

제1절

서비스 수요예측

(1) 서비스 수요예측의 목적

서비스 상품에 대한 수요예측은 수요관리의 출발점이라 할 수 있다. 불가능한 일이긴 하지만 특정 서비스 상품에 대한 수요예측이 완벽하게 정확하다고 가정해 보자. 그러면 과잉 서비스 인력도 없을 것이며 손님이 서비스를 받기 위해 기다리다 돌아가는 일도 없을 것이다. 서비스 제공자 입장에서는 가장 효율적으로 서비스를 제공할 수 있게 된다. 따라서 서비스 상품에 대한 수요를 얼마나 정확하게 예측하느냐 하는 것은 매우 중요하다.

서비스 수요예측은 대상기간에 따라 장기·중기·단기적인 측면으로 구분할 수 있다.

1) 장기적 수요예측

수요예측 대상기간이 1년 이상인 경우의 수요예측으로, 상대적으로 정확도가 낮은 특성이 있다. 일반적으로 전문가를 통한 주관적인 의견을 활용하게 되며 개별 서비스 상품에 대한 예측보다는 전체 서비스에 대한 수요의 추세를 파악하고 시장변화를 예측하여 서비스 시설의 변경이나 증설을 계획하는 것이 목적이다. 또한 예측 대상기간이 장기적이므로 서비스 조직과 관련된 활동에 미치는 영향이 크며, 경영자의 장기적 측면에 관한 의사결정이므로 서비스 조직의 존속에도 영향을 미칠 수 있다.

2) 중기적 수요예측

3개월 이상 1년 이하의 기간을 대상으로 하는 수요예측을 말한다. 이러한 수요예측은 경기변동에 의한 수요의 증감을 파악하여 인력·능력 계획을 수립하는 데 목적이 있으며, 중기수요에서의 인력은 서비스 활동시간으로 표현되기도 한다.

[그림 6-1]과 같은 회귀분석에 의한 인과형 수요예측모형을 사용하여 예측하는 것이 일반적이며 정확도는 어느 정도 높은 수준을 유지할 수 있다.

그림 6-1 회귀분석 모형

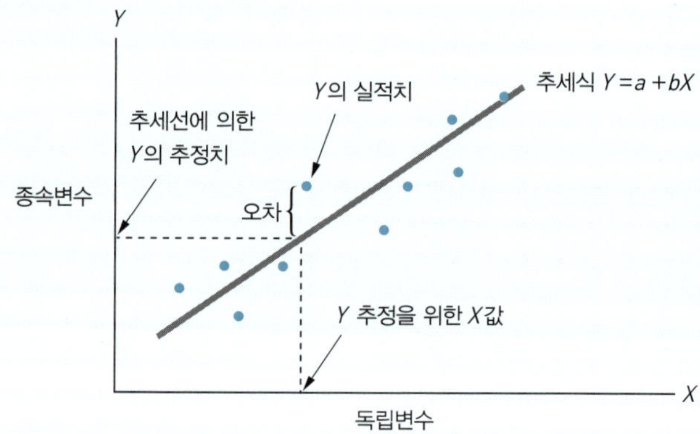

표 6-1 서비스 수요예측의 구분

구분	대상기간	예측대상	예측기법	예측용도	중점사항
장기	1년 이상	총 매출	주관적	서비스 시설 승설	장기적 추세의 발견 및 확인
중기	3개월~1년	서비스의 매출	인과관계	인력충원계획 서비스 상품믹스 결정	계절 효과 및 중기적 수요 등락 예측
단기	4주~3개월	개별 서비스	시계열	일정계획 수립, 인력배치	단기적·우발적 변동에 대응

3) 단기적 수요예측

3개월 이하의 기간을 대상으로 하는 수요예측을 의미한다. 이러한 수요예측에서 목적으로 하는 것은 서비스의 수와 시간대를 예측하는 것이다. 3개월 이내의 분기별 혹은 월, 일별로 예측이 이루어지며 과거의 추세나 계절성을 고려한 시계열 분석기법을 사용하여 예측하게 되어 높은 정확도를 유지하는 것이 관건이다. 즉, 고객의 수와 서비스 시간이 예측의 대상이 되며 그 결과로 서비스에 대한 일정계획이 구체적으로 완성된다.

(2) 서비스 수요예측 기법

서비스 수요예측 기법은 시계열 기법, 인과형 기법, 주관적 기법으로 구분할 수 있다.

1) 시계열 서비스 수요예측 기법

시계열이란 시간의 흐름에 따른 과거 자료의 변화를 말한다. 따라서 시계열 서비스 수요예측 기법은 미래가 계속 과거의 패턴으로 변화한다는 가정하에서 과거의 자료를 이용하여 미래의 수요를 예측하는 방법이다. 이 기법은 과거의 자료에 의존하는 단기예측기법으로 과거 수요패턴의 연속이라는 한계점을 가지고 있으나, 이해와 계산이 편리하여 수요예측에 가장 보편적으로 활용되고 있다. 시계열 서비스 수요예측 기법으로는 이동평균법과 지수평활법이 있다.

2) 인과형 서비스 수요예측 기법

인과관계를 이용한 서비스 수요예측 기법들은 하나 또는 그 이상의 설명변수들을 이용하여 종속변수인 수요의 변화를 예측하는 기법이다. 예를 들어, 광고비에 따라 변화하는 고객의 수를 예측하거나 은행의 금리 인상이나 인하와 같은 선행지표들을 이용하여 고객의 수를 예측하는 상황에서 인과관계 모델이 활용된다. 인과관계 모델로는 회귀모형이 가장 일반적이다.

3) 주관적 서비스 수요예측 기법

과거의 데이터가 부족하거나 수요의 패턴이나 특성이 불투명해서 수리적인 분석이 어려운 경우 주관적으로 수요를 예측하게 된다. 장기예측에는 객관성이 떨어지므로 전문가의 탁월한 판단력과 통찰력이 요구된다. 주관적 서비스 수요예측 기법으로는 시장조사와 델파이법을 들 수 있다.

① 시장조사(market research)

설문지, 전화 인터뷰 등으로 수집한 자료를 이용하여 고객의 특성에 대한 가설을 만들고 검증하는 체계적인 접근법이다. 이 방법은 서비스 신상품의 수요조사나 기존 상품의 시장확대를 위한 수요예측에 많이 활용된다. 시장조사의 과정은 다음과 같다.

- 원하는 정보에 대한 설문지의 설계
- 설문방법 선택
- 설문대상의 무작위 추출을 통한 표본의 선택
- 설문조사
- 설문조사 결과에 대한 통계적 분석

② 델파이법(delphi method)

델파이법은 익명의 전문가 집단으로부터 합의를 도출하는 과정이다. 이 방법은 예측모델을 만들기 위한 과거의 데이터가 없거나 경영자의 경험이 부족하여 판단의 근거를 찾을 수 없을 때 사용한다. 델파이법은 다음과 같은 과정을 거친다.

- 외부전문가 그룹을 선정하고 익명성을 유지
- 전문가들이 자유롭게 응답하고 그 논거를 제시
- 참가자들의 응답을 통계적으로 요약하고 정리하여 보고서를 작성
- 이 보고서를 전문가들에게 회람시키고 필요하면 전문가들의 응답을 수정
- 앞의 과정을 3~5 차례 반복
- 이러한 과정을 거쳐 최종적으로 도달한 결과를 최종 예측값으로 함

제2절

서비스 수요관리

원래 수요는 관리의 대상이 될 수 없다. 이 절에서 설명하는 수요관리는 전체적인 수요를 관리 내지 조절한다는 의미보다는 전체적인 수요 내에서 수요의 발생 시점을 조절한다는 의미가 강하다. 이를 위한 방법으로 몇 가지 수요조절 전략과 예약 시스템의 활용 및 초과예약 등을 설명한다.

(1) 고객에 대한 이해와 수요의 특성

수요를 효과적으로 관리하기 위해 가장 중요한 것은 고객이 누구인지를 파악하는 것과 고객이 무엇을 원하는지를 이해하는 것이다. 이것을 간과하는 경우가 의외로 많으며 단순히 이러한 과정을 수요관리의 일부분 정도로만 이해하는 경우가 있는데 이것은 매우 잘못된 생각이다. 왜냐하면 고객이 누구인지 그 고객이 무엇을 원하는지를 파악하지 못하면 고객을 만족시키는 것은 불가능하기 때문이다.

고객의 요구를 보다 정확하게 파악하기 위해 서비스 조직은 고객의 나이, 성별, 직업, 수입뿐만 아니라 고객의 소비 패턴과 그들의 요구사항 같은 고객 특성에 관한 자료를 수집함으로써 서비스를 공급할 대상이 누구이며, 어떤 종류의 서비스를 공급해야 할 것인지를 파악해야 한다. 그러나 실제로 이러한 자료를 확보하는 것은 쉬운 일이 아니며 비용도 많이 든다. 또한, 이러한 관련 데이터를 경제적으로 완벽하게 구축한다는 것은 불가능하지만 고객에 대한 정보는 무엇이든지 없는 것보다는 낫다는 것이 서비스 경영에서의 정설이라 할 수 있다.

효과적인 수요관리를 위해서는 고객과 그들의 요구를 이해하는 것만으로는 충분하지 않기 때문에 서비스 담당 관리자는 고객 수요의 특성과 경향을 함께 연구해야 한다. 왜냐하면 날씨, 사회, 정치 또는 지역사회에서의 스포츠 경기 같은 많은 인자들이 서비스 수요에 영향을 미치기 때문이다. 이러한 요인들 중에 일부는 주기적으로 발생하기도 하고, 어떤 요인들은 임의적으로 불규칙하게 발생하는데, 주기적으로 발생하는 요인들의 경향을 파악함으로써 고객 수요의 특성을 이해하는 데 도움이 될 수 있다. 고객 수요의 특성과 경향을 파악하고 있지 못하면 수요에 대한 효율적인 관리를 할 수 없다. 결국 고객 수요의 특성과 경향을 파악하는 것은 서비스 담당 관리자가 수요를 조절하기 위해 사용하는 전략들을 비교, 분석하는 데 도움을 줄 뿐 아니라 서비스 공급을 효율적으로 관리하는 데에도 매우 중요하다.

(2) 수요조절 전략

경제학의 관점에서 수요는 통제 불가능한 요소이다. 또한, 서비스에 대한 수요도 항상 서비스 조직의 직접적인 통제하에 있지 않다. 서비스의 수요는 가격, 경쟁사의 서비스, 잠재고객의 생활수준, 접근성, 심지어는 날씨와 같은 많은 다양한 요소들에 의하여 영향을 받고 결정된다. 그러나 지금부터 설명하는 많은 전략 혹은 방법들 중에서 하나 혹은 그 이상을 활용함으로써 수요를 조절 내지는 관리하기 위한 영향력을 행사할 수 있다. 단, 이러한 전략 대부분이 모든 서비스 조직에 적합하거나 실행 가능한 것은 아니며 서비스 조직의 특성에 맞는 전략을 활용해야 한다는 것을 주지할 필요가 있다.

1) 가격유인제도

이 방법은 가장 이해하기 쉽고 간편하게 사용될 수 있다. 대부분의 서비스에서 가격을 할인하게 되면 수요는 증가한다. 일반적으로 사용되는 가격전략은 단기간의 수요에 대한 변화를 시도할 때 활용되는데 어떤 서비스 조직은 자신들의 서비스의 수요를 높이기 위해 통상적인 가격보다 더 낮은 가격에서 서비스를 제공하기도 한다. 이러한 가격유인제도는 수요가 적은 기간 동안에 서비스를 사용하는 고객에 대해 강력하게 영향을 미칠 것이다. 예를 들어, 밤 시간대의 통화요금이나, 주말의 장거리 전화요금 또는 개인 휴대전화 서비스의 시간대별 할인이나

XXX 영화관 조조는 5,000원!!!

XXX 영화관 가격차별화의 일환으로 3월 2일부터 각 영화별로 가장 먼저 시작되는 1회에 한하여 관람료를 5,000원으로 대폭 인하합니다. 이번 가격인하는 한시적인 이벤트가 아닌 주말 및 공휴일에도 적용되는 고정요금 체계입니다. 궁극적으로 XXX 영화관을 사랑하시는 여러분들을 위한 차별화되고 특화된 서비스를 제공하기 위한 첫 단계이며, 향후 더욱 세련된 서비스로 여러분을 모시겠습니다. 조금만 서두르시면 모든 것이 고객님의 손 안에서 이루어집니다.

출처: 김연성 외 5인(2002), 『서비스 경영』, 법문사, p. 127

지역 할인 서비스, 영화관의 조조할인 서비스와 심야할인 서비스, 골프장의 동절기 그린피(green fee) 할인 등을 들 수 있다.

2) 비수기 수요의 촉진

대부분의 서비스 기업은 고정비가 크고 변동비가 적은 구조를 가지므로 비수기의 수요를 적극적으로 창출해야만 한다. 예를 들어, 여름이 비수기인 스키 리조트의 경우 세미나 또는 행사를 개최하기 위해 노력하고, 겨울이 비수기인 골프장에서 각종 이벤트를 통해 고객을 유치하는 노력을 하는 것이다. 가격유인제도에서 사례로 들었던 영화관의 조조할인 서비스 또한 고객이 즐겨 가지 않는 오전 시간대의 수요를 촉진시키기 위한 대표적인 예이다. 대학의 경우에도 방학 중에는 유휴시설이 많이 생기므로 강의실을 지역사회에 염가로 개방한다든지 자체적으로 별도의 교육 프로그램을 운영하는 경우를 볼 수 있다.

(3) 서비스 수율관리

수율관리의 목적은 수요와 공급을 적정수준으로 유지함으로써 이익을 최대화하거나 서비스 능력을 최대한 활용하자는 것이다. 원래 수율관리는 미국의 항공산업에서 도입된 접근법이지만 최근에는 호텔과 자동차 임대 사업 등에서도 많이 활용되고 있다. 수율관리는 기업이 상대적으로 고정된 서비스 능력을 가지고 운영될 때 활용되며 서비스 수요에서처럼 서비스 수요의 변동이 크고 서비스 가격이 높지 않을 때 적합한 접근법이다.

서비스 수율관리의 기본개념은 수익 산출 단위를 재고형태로 구분하는 것과, 서로 다른 고객에게 그 서비스 재고를 파는 것이다. 예를 들어, 비용이 별 문제가 되지 않는 부유한 여행객, 짧은 시간에 행선지에 가야만 하고 정해진 날짜에 꼭 돌아와야만 하는 사업 목적의 여행객, 비용이 중요한 문제가 되는 휴가객, 친구와 가족을 방문하는 사람, 가격만 적당하다면 언제든 이용할 수 있는 사람 등과 같이 고객의 유형별로 구분을 하고 항공사는 일등석, 비즈니스석, 일반석, 그리고 할인석과 같이 그룹별로 서비스의 수준을 다르게 제공함으로써 수율을 높이게 된다. 즉, 특성별 서비스 그룹에 대하여 서비스 조직이 보유하고 있는 능력을 어떻게 할당하는가에 따라 수율관리의 효과가 달라지게 되는 것이다.

일반적으로 항공사는 일등석 고객 또는 최고 운임을 지불하는 유료 고객으로 모든 좌석을 채우고 싶어 하지만 대부분의 비행기에는 좌석이 비는 경우가 많기 때문에 항공사는 할인된 가격으로라도 고객에게 남아 있는 좌석을 제공하여 수율을 높이려고 할 것이다. 서비스 수율관리에서는 효과적인 수요관리를 위하여 서비스 수요의 재고화 정책인 예약시스템과 초과예약 정책을 사용하게 되는데 이하에서 이러한 내용을 설명하기로 한다.

1) 예약 시스템

예약 시스템은 병원, 영화관, 호텔 등 많은 서비스 조직에서 활용될 수 있는 수요관리의 일반적인 전략이다. 이 방식은 서비스를 제품처럼 관리할 수 있게 해주는 장점이 있을 뿐만 아니라 고객이 서비스를 기다려야 하는 시간을 줄여줄 수 있다. 또한 과잉수요를 분산시켜 고객의 대기시간을 감소시켜 주며, 최근에는 예약이 많이 몰리는 시간에 가격을 할증시킴으로써 이익을 극대화시키는 역할도 하게 된다. 그러나 예약 시스템을 활성화시키기 위해서는 고객이 서비스 예약을 쉽게 할 수 있도록 시스템이 구축되어 있어야 한다. 예약 시스템이 잘못 구축되면 예약상의 오류가 발생할 수 있어 고객들에게 오히려 불편을 야기시킬 수 있으므로 정교한 예약 시스템을 구축해야 한다. 특히, 예약을 한 고객에게는 서비스를 확실하게 제공하도록 보증되어야 한다. 예약을 한 고객의 대기시간이 길어진다거나 예약하지 않은 고객이 먼저 서비스를 제공받을 경우 예약 시스템에 대한 불신이 오히려 커질 수 있다.

2) 초과예약

예약 시스템의 가장 큰 한계점은 예약 불이행(no-show)이다. 예약 불이행이란 예약을 한 고객이 아무런 통보 없이 나타나지 않는 경우를 말한다. 만약 이것이 다른 고객으로 즉시 대체될 수 없다면 서비스 조직에는 손실이 되는 것이다. 예를 들어, 레스토랑에 테이블 예약을 해 두었으나 고객이 약속을 지키지 않아 레스토랑이 손님을 못 받았다고 하면 그만큼의 기회손실이 될 수 밖에 없다. 이런 위험을 예방하기 위하여 실시하는 시스템을 초과예약(over-booking)이라고 하는데, 이는 서비스 조직이 가지고 있는 능력보다 많은 예약을 받음으로써 미래에 발생될 손실을 예방하려는 것이다. 그러나 이 초과예약 시스템의 약점은 예약 불이행이 발생하지 않아서 수요가 서비스 공급능력을 초과할 수 있다는 점이다. 이러한 상황에서는 일반적으로 예약한 손님에 대해 약속한 서비스를 제공하지 못한 책임으로 그에 대한 적절한 보상을 해줘야만 하고, 해당 고객의 불만족을 해소시켜야만 한다. 다음의 두 기사는 국내 항공사의 예약 불이행 현황과 예약 불이행을 근절시키고자 하는 국내 기업의 사례를 보여준다.

항공사도 'VIP no-show'로 몸살, 연간 평균 14만 석이 빈 좌석

서비스 업계에서 비교적 예약 부도율이 낮은 업종으로 꼽히는 항공업계도 'VIP' 고객들의 노쇼에는 맥을 못 춘다. 해외 출장이 잦은 기업 간부나 부유층들이 주로 이용하는 국제선 항공기 일등석과 비즈니스석의 예약 부도율이 이코노미석 예약 부도율보다 두 배 이상 높다는 것이다. 본지 취재 결과 국내 한 대형 항공사를 통해 국제선 일등석·비즈니스석을 예약해놓고 나타나지 않는 비율이 지난 3년간 평균 12%에 달하는 것으로 나타났다. 빈 좌석 수로 따지면 연간 평균 14만 석에 달한다는 것이다. 이에 비해 이코노미석의 '노쇼' 비율은 5% 선이었다. 일등석·비즈니스석의 예약 부도 현상이 이코노미석보다 두 배 이상 심한 셈이다. 인천~미국 로스앤젤레스 왕복 요금은 비즈니스석이 500만~700만 원, 일등석이 800만~1000만 원이다. 이는 이코노미석보다 약 5~6배가량 비싼 것이며, 결국 일등석·비즈니스석 예약 부도율이 높으면 높을수록 항공사는 큰 손해를 볼 수밖에 없는 구조다.

출처: 조선닷컴, 2015. 12. 17.

포스코 '노쇼 근절' 캠페인

서울 강남구에 소재한 포스코 안전생산전략실의 안 모 씨(32세)는 이날 오전 갑자기 잡힌 부서 회의를 준비하려고 사내 회의실 예약 시스템에 접속했다. 하지만 센터에 설치된 회의실 모두 9시부터 정오까지 예약이 꽉 차 있었다. 그런데 30분쯤 지나 혹시나 하는 마음에 직접 회의실을 찾았더니 2층 17개 회의실 중 다섯 곳이 비어 있었다. 회의실을 예약해놓고 취소하지도 않고 나타나지도 않은 것이다. 안 씨는 "혹시 예약한 부서 종사원들이 늦게라도 올지 몰라 결국 우리 팀은 사무실에서 서서 회의를 했다"고 말했다.

포스코그룹이 12일 '노쇼(no-show, 예약 불이행) 없애기' 캠페인을 시작했다. 기업 중에선 아시아나항공과 하이트진로에 이어 세 번째이며, 10대 그룹 중에선 처음으로 '노쇼 근절' 캠페인에 나선 것이다. 제철소에서 시작해 한국 재계 순위 6위에 오른 포스코그룹은 '신뢰'를 제1의 가치로 삼고 있다. 그런 포스코가 새해 들어 '노쇼를 뿌리 뽑자'는 캠페인을 벌이고 나선 것은 한국 사회에 자리 잡은 노쇼 관행이 조직의 효율성과 구성원 간의 신뢰를 갉아먹는 주된 요인이라고 보기 때문이다.

포스코그룹은 '포스코와 45개 계열사 전 임직원 35,000명은 노쇼는 물론 예약 시각이 임박해서 예약을 취소하거나 변경하지 않는다'는 내용의 캐치프레이즈를 사내 게시판에 올려 캠페인 시작을 알렸다. 포스코는 매주 월~금요일 아침 사내 방송에서 노쇼 사례와 그 폐해를 다룬 영상도 방영하고 사내 교육도 하기로 했다.

포스코그룹 회장은 지난 5일 신년 임원회의에서 "좋은 기업으로 가는 지름길은 예약 준수와 같은 '기본 원칙'을 충실히 지키는 조직 문화를 만드는 것"이라며 "노쇼를 근절할 대책을 만들어 그룹의 모든 구성원이 지켜나가자"고 말했다.

출처: 조선닷컴, 2016. 1. 13.

(4) 대기 고객을 위한 과학적 경영기법

서비스 관리자가 수요와 공급을 합리적이고, 과학적으로 관리하는 데에는 여러 종류의 과학적 경영기법이 도움이 될 수 있다. 예를 들면, 대기행렬 이론과 시뮬레이션을 들 수 있는데, 이 두 가지 기법은 특히 수요와 공급을 관리하기 위한 의사결정을 내리는 데 유용하다. 대기행렬 모델은 수요의 분포를 분석하여 서비스 능력(예를 들면, 인원)을 얼마로 하는 것이 효율적인지, 고객의 대기시간을 일정 수준으로 유지하기 위한 서비스 능력수준 등을 결정하는 데 활용될 수 있다. 즉, 이 모델은 대기행렬 내에서 각 고객이 소비하는 평균시간과 평균고객 수, 평균대기시간 같은 측정 자료를 분석적으로 제공하며 이러한 측정 정보는 서비스 관리자가 수요와 관련된 합리적인 결정을 하는 데 도움을 주는 것이다. 시뮬레이션 또한 대기행렬 모델에서 일반적으로 사용되는 강력하고 유용한 의사결정 도구이다. 시뮬레이션도 서비스 관리자가 시스템 수행과 서비스 능력 증대 또는 감소와 관련된 질문에 대한 중요한 정보를 제공해 준다.

(5) 대기 고객을 위한 일반적인 방법

우리는 일상생활 속에서 서비스를 받기 위해 대기하는 경우를 자주 경험하게 된다. 서비스 조직이 아무리 효율적으로 수요를 관리하더라도 이러한 대기를 완벽하게 제거하는 것은 불가능할 것이다. 다시 말하면, 대기행렬 또는 지연은 효율적으로 운영되는 서비스 시스템 내에서도 나타날 수밖에 없는 당연한 문제인 것이다.

대기 중인 서비스 라인에서 발생하게 되는 문제 중의 하나는 고객이 대기하다 지쳐서 서비스 시스템을 떠나는 경우 단기적으로 손실을 가져온다는 점이다. 서비스 시스템을 떠난 고객은 다른 시간대에 다시 돌아올 수도 있지만, 그 시스템을 영원히 떠나거나 경쟁사로 갈 수도 있으므로, 서비스 조직의 입장에서는 결코 바람직한 현상은 아니다.

따라서 이러한 이유로 대기시간을 감소시키고 대기 중인 수요를 적절히 관리함으로써 고객 이탈을 방지하는 것이 수요관리의 중요한 과제가 되고 있다. 대기 중인 수요를 효과적으로 관리하기 위해 다음과 같이 대기 고객의 심리를 적절히 활용하는 방법이 필요하다.

1) Unoccupied time goes slowly: 아무 일도 하지 않고 무료하게 대기하면 더 지루하게 느낀다는 것으로 대기하는 고객에게 각종 정보를 제공함으로써 심리적인 지루함을 덜 수 있게 한다. 멀티플렉스 영화관의 경우, 영화관 주위에 오락실, 식당, 커피숍 등을 갖추어 기다리는 고객이 지루하지 않도록 하고 있는 것이 대표적인 예이다.

2) Pre-service waits seem longer than in-service waits: 실제 서비스를 받을 때보다 서비스를 받기 전의 시간이 더 지루하게 느껴진다는 뜻으로 서비스를 받기 위해 대기 중인 고객에 대해 신경을 써야 한다는 것이다. 레스토랑에서 대기 중일 때 메뉴를 미리 제공해서 주문 음식을 선택하게 하는 것이 한 예이다.

3) Reduce anxiety with attention: 서비스를 받게 되는 시점을 알려주게 되면 고객 이탈 가능성을 줄일 수 있다는 것이다. 콜센터에 전화를 하게 되면 "통화연결까지 몇 분이 소요됩니다"라고 안내하는 것이 전형적인 예이다.

4) Social justice with FCFS queue discipline: 먼저 온 고객을 먼저 서비스함으로써 공정성을 보장해 주는 것을 의미한다.

5) Avoids idle service capacity: 유휴 서비스 인력이 있을 경우 이들이 대기하는 고객에 대해 관심을 보임으로써 기다리는 고객의 지루함과 이탈 가능성을 줄일 수 있다는 것이다.

[그림 6-2]는 대기와 관련된 고객의 심리를 단적으로 보여주는 사례이다. 미국의 휴스턴 공항은 초기에는 [그림 6-2]의 상단부 그림과 같이 운영되고 있었다. 즉, 승객이 도착 게이트에서 수하물 찾는 곳까지 1분 동안 걸어가고, 거기서 7분을 기다려서 자신의 수하물을 찾는 것이다. 사실상 88%의 시간을 수하물 찾는 곳에서 그저 서서 기다리는 것으로 소비한 것이다. 이것이 승객의 불만을 촉발시키고 있었다. 이 공항은 [그림 6-2]의 하단부 그림과 같이 승객을 수하물 찾는 곳까지 6분이나

그림 6-2 기다림의 심리(휴스턴 공항의 사례)

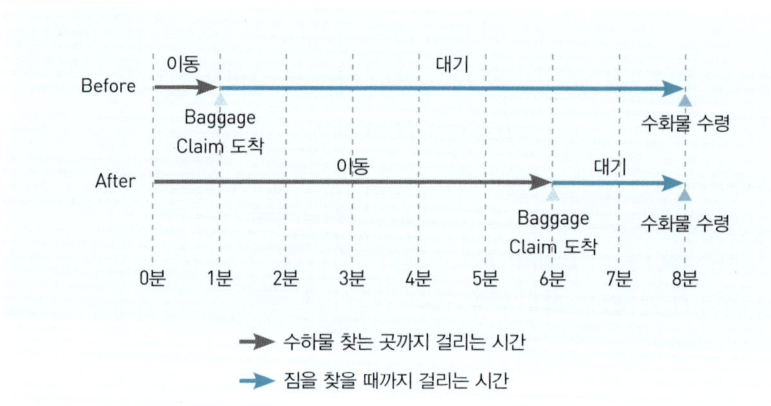

그림 6-3 대기행렬의 형태

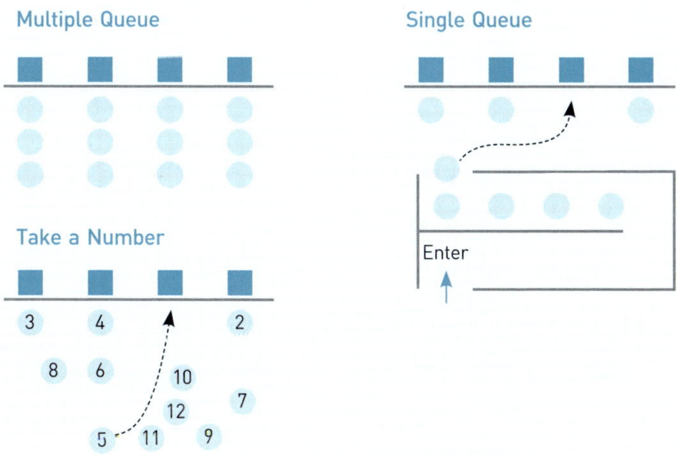

걸어가게 하고 대기시간을 2분으로 단축하는 개선안을 시행하였는데 승객의 불만의 목소리는 거의 나오지 않게 되었다고 한다. 즉, 도착 게이트에서부터 수하물 찾기까지의 총 소요시간은 8분으로 동일하지만 승객의 반응은 전혀 다르다는 것이다.

서비스 조직은 대기행렬의 형태에 대해서도 심사숙고해야 한다. 대기행렬의 형태는 [그림 6-3]과 같이 세 가지로 구분된다. 각 대기행렬의 형태마다 장단점이 있으며 그 특징을 정리하면 다음과 같다.

- Multiple Queue: 다수의 줄로 서는 방식
  - 제공되는 서비스가 차별화될 수 있다.
  - 고객은 선호하는 특정 서비스 제공자를 선택할 수 있다.

- 진입포기를 막을 수 있다.

- Single queue: 한 줄로 서는 방식
  - 오는 순서대로 서비스 받는 FCFS를 모든 도착 고객에게 적용함으로써 형평성을 보장한다.
  - 단일 대기행렬이기 때문에 복수 대기행렬에서와 같이 어느 줄에 설지를 고민할 필요가 없다.
  - 대기행렬은 단일 입구로 되어 있어 끼어들기 문제가 해소되고 일단 줄을 서면 포기하지 않게 된다.
  - 줄에서 기다리는 평균대기시간이 줄어든다는 면에서 더욱 효율적이다.

- Take a Number: 번호표 방식
  - 도착하는 고객이 자기 위치를 알게 하는 번호표를 받는 것으로서 단일 대기행렬의 변형이라 할 수 있다.
  - 대기행렬에서 위치를 표시하는 번호표를 사용하면 형식적인 줄은 필요 없게 된다.
  - 고객은 대화하거나 앉아서 쉬는 등의 자유로운 행동이 가능하게 된다.

종합사례

신라호텔의 서비스 수요관리

신라호텔은 재고화가 어렵고 수요의 변동이 극심한 서비스의 특성에 따라 수요를 예측하고 관리하기 위한 전략을 다음과 같이 수립하였다.

제주신라호텔은 2월 24일부터 29일까지 6일 동안 '얼리 스프링 이벤트'라는 주제로 2월 여행을 준비하는 사람들을 위해 특별 이벤트를 선보인다. 호텔에서 판매 중인 아이러브, 윈터 초이스, 얼리버드, 글램핑 윈터 스파 등 다양한 패키지 상품을 2박 이상 이용할 경우 제주신라호텔의 가장 인기 메뉴인 해산물 바비큐 뷔페를 2명까지 무료로 즐길 수 있으며 동반 고객은 15% 할인을 받는다. 제주신라호텔의 디너 뷔페 판매 가격은 2인 기준 151,800원이다. 뿐만 아니라 체크아웃 시 현대카드(플래티넘 이상)로 결재하면 7만 원 상당의 삼성상품권도 받을 수 있다. 위의 혜택에서 캠핑, 디너, 럭셔리 스위트 스파, 허니문 패키지는 제외된다.

호텔 측은 봄방학, 졸업, 입학 시즌을 맞아 어린 자녀가 있는 가족여행일 경우에는 아이러브 패키지를 추천한다고 밝혔다. 따뜻한 제주에서 즐기는 가족 여행 '아이러브 패키지'는 호텔 내 영유아를 위한 짐보리와 어린이를 위한 키즈 아일랜드에서 운영하는 영유아 및 어린이 캠프 프로그램 이용 시 특별 혜택을 받을 수 있다. 패키지에는 어른 2인, 어린이 1인 조식도 무료, 제주신라 레드 베어 인형과 그린핑거 마이키즈 여행용 4종 세트가 마련되어 있고 실내외 수영장, 야외 스파 존, 프라이빗 비치 하우스 무료 입장의 혜택도 주어진다. 또한 조식 뷔페에는 어린이 코너를 따로 만들어 아이들이 좋아하는 메뉴를 구성했다.

가족 여행객에게 제주신라호텔 인기가 높은 이유는 세계적인 영유아 놀이 브랜드 짐보리와 어린이를 위한 키즈 아일랜드, 겨울에도 따뜻한 물로 운용하는 실내외 수영장 등 어린 자녀들이 즐길 수 있는 다양한 공간과 프로그램이 있고 무엇보다 레저 전문 직원(GAO, Guest Activity Organizer)이 다양한 실내외 체험 프로그램과 함께 안전하게 아이들을 돌봐준다는 점이다.

커플 여행을 계획 중이라면 글램핑 윈터 스파와 윈터 초이스 패키지를 눈여겨보자. 24시까지 운영하는 윈터 스파 존에서 라이브 공연을 감상하며 수영과 스파, 사우나를 즐기며 로맨틱한 밤을 누릴 수 있고, 아름다운 숲의 정원에서 사랑을 속삭이며 세계 유명 와인도 즐길 수 있다. 끝없이 펼쳐진 남태평양을 감상할 수 있는 프라이빗 비치 하우스도 필수 데이트 코스다. 특히 윈터 초이스 패키지의 경우 내가 원하는 것만 골라서 패키지를 구성할 수 있어 개성이 강한 젊은이들에게 인기가 많다. 패키지의 자세한 안내는 호텔 홈페이지를 참조하면 된다.

이러한 내용을 정리하면 다음과 같은 4P 기준의 수요관리 전략으로 요약된다.

① Product: 서비스의 상품을 다양화
② Place: 서비스 제공시간과 장소를 조정
③ Price: 가격에 변동
④ Promotion: 커뮤니케이션을 증대하여 소통

출처: 매경닷컴, 2012. 2. 16.

참고문헌

김경섭·문정희·송옥현 역(2000), 『존 숄의 고품질 서비스』, 김영사.

김연성 외 5인(2002), 『서비스 경영』, 법문사.

김연성 외 6인(2009), 『글로벌 품질경영』, 박영사.

서비스경영연구회 편역(1999), 『서비스 경영』, 석정.

Albrecht, K. and R. Reid(1988), "Managing Service Capacity in an Ambulatory Care Clinic", *Hospital and Health Service Administration*, 33(2), Summer.

Bateson, J.(1985), "Perceived Control and the Service Encounter", In J. A. Czepiel, M. R. Solomon, and C. F. Surprenant(eds.), *The Service Encounter*, Lexington Books.

Gallagher, R.(2000), *Delivering Legendary Customer Service*, Midpoint Trade Books.

Haksever, C. et al.(2000), *Service Management and Operation*, 2nd ed., Prentice Hall.

Fitzsimmons, J. A. and M. J. Fitzsimmons(2010), *Service Management: Operation, Strategy and Information Technology*, 7th ed., McGraw-Hill.

Metters, R., King-Metters, K. and M. Pullman(2006), *Successful Service Operations Management*, Thomson.

Ramaswamy, R.(1996), *Design and Management of Service Processes*, Addison-Wesley.

Watson, L. J.(1999), *Management for Service Operations*, McGraw-Hill.

Part III

서비스 평가(See)

Chapter 7

서비스 품질 평가

도입사례

스타벅스 커피 코리아, 서비스품질지수 커피 전문점 1위

스타벅스는 2014년 한국표준협회가 발표한 '한국서비스품질지수'(KS-SQI) 평가에서 4년 연속 커피 전문점 부문 1위를 차지했다고 밝혔다. '한국서비스품질지수'(KS-SQI)는 한국표준협회와 서울대학교 경영연구소가 국내 서비스 산업과 소비자의 특성을 반영해 2000년 공동 개발한 서비스 품질 만족도 평가 모델이다. 본 모델은 본원적 서비스, 예상 외 부가서비스, 신뢰성, 친절성, 적극지원성, 접근 용이성, 물리적 환경 등의 7개 요인에 대해 해당 기업의 서비스나 제품을 직접 구매하여 경험해 본 고객들의 품질 평가를 바탕으로 국내 서비스 산업 전반의 품질 수준을 나타내는 종합 지표로 활용되고 있다. 조사는 2014년 3월부터 5월까지 서울, 대전, 대구, 광주, 부산 등 전국 5대 도시에서 서비스 산업 72개 업종에 속하는 총 299개 기업(기관 포함)의 서비스 또는 제품을 직접 이용해 본 경험이 있는 만 20세부터 59세까지의 성인 남녀 고객 86,200여 명을 대상으로 일대일 면접조사와 인터넷 패널조사를 병행해 실시됐다. 스타벅스는 올해 전 세계 스타벅스 최초로 고객의 이름을 호명해주는 '콜 마이 네임' 서비스를 비롯해, 모바일 앱을 통해 '나만의 음료'를 저장해 편리하게 음료를 주문하고 결제할 수 있는 혁신적인 스마트 주문 시스템인 '사이렌 오더' 서비스 등 한국적인 디지털 경험을 선보이며 높은 호응을 받고 있다. 아울러, 국내 소비자의 기호에 맞는 제품 및 원부재료를 자체 개발해 지속적으로 제품 국산화에 노력하고 있으며, 적극적인 정규직 시간 선택제 및 장애인 고용 등 열린 채용에 앞장선 공로로 2년 연속 일자리 창출 우수기업 대통령 표창 및 남녀고용평등 우수기업 국무총리 표창, 고용노동부 장애인 고용 신뢰 기업 대상 등을 수상했다.

금번 1위 수상으로 스타벅스는 올 들어 한국산업통상자원부, 고용노동부, 한국언론인협회, 한국브랜드경영협회 등으로부터 소비자 만족도 및 고용창출, 동반성장 부문 등으로 모두 14개의 내외 시상 및 표창을 수상하게 되었다.

출처: 인터넷 일간스포츠, 2014. 6. 27.

제1절

서비스 품질의 개념과 측정 모형

(1) 서비스 품질이란?

서비스 품질에 대한 정의는 학자나 관점에 따라서 내용이 달라지기도 하지만 기본적 특징에 있어서는 서로 일치하며 무형성(intangibility)과 동시 소모성(simultaneous consumption)이라는 특성을 포함하고 있다. 대표적인 학자들의 서비스 품질에 관한 정의는 다음과 같다.

Juran(1974)은 수요자에 대한 효과 및 영향에 대한 측면에서 서비스 품질을 다섯 가지로 분류하였는데, 첫 번째로는 고객에게 보이지 않는 내부적 품질, 두 번째로 고객의 눈에 보이는 하드웨어 품질, 세 번째로 수요자의 눈에 보이는 소프트웨어 품질, 네 번째로 시간의 정확성 내지 신속성 그리고 마지막으로 심리적 품질로 서비스 품질을 분류하였다. Crosby(1979)는 서비스 품질 또한 제품 품질의 정의와 비슷하게 "요구사항에 대한 일치(conformance to requirement)"라고 정의하였다. Lewis and Boom(1983)은 고객의 기대와 실제 고객에게 제공된 서비스 수준이 일치되는 정도를 측정하는 것으로, 고객의 기대에 부합하도록 서비스를 제공하는 것이 서비스 품질이라 정의하였다. Grönroos(1984)

는 서비스 품질이 서비스 고유의 특성으로 강한 주관성을 갖고 고객별로 다양하게 인식하는 특성을 반영하여 기술적 품질(technical quality)과 기능적 품질(functional quality), 그리고 기업 이미지(corporate image)로 구분하였다. 기술적 품질(technical quality)은 소비자와 서비스 제공자 간의 상호작용 결과로서 '서비스 기업이 제공하는 것에 대한 소비자 지각'을 뜻하며, 기능적 품질(functional quality)은 '소비자가 서비스를 어떻게 지각하는가 혹은 결과로서 기술적 품질을 어떻게 만드는가'를 말한다. 마지막으로 기업 이미지는 기업에 대한 소비자의 견해로 소비자의 서비스에 대한 기대에 중요한 영향을 미친다고 한다. 또한 서비스는 무형성을 띠고 있어 기업 이미지는 대부분의 서비스 기업에 있어 중요한 요소가 되며 전체 서비스 품질은 고객이 서비스를 제공받기 전에 기대한 서비스와 서비스를 제공받는 동안 고객이 실제로 느끼는 서비스를 비교하여 결정된다고 하였다. Dodds and Monroe(1985)는 서비스 품질에 대한 정의는 객관적·주관적 품질이라는 두 가지 접근법에 의해서 달라질 수 있다고 하였는데 객관적 품질은 제품이 갖는 기술적인 우월성 혹은 탁월성을 설명하는 개념이며, 반대로 주관적 품질은 사람들마다 주관적 반응을 포함한다는 개념이다. 이러한 두 정의의 차이를 Holbrook and Corfman(1985)은 기계적 품질(mechanistic quality)과 인간적 품질(humanistic quality)이라는 용어로 표현하기도 하였다. Parasuraman, Zeithaml and Berry(1985)는 서비스 품질이란 고객에 의한 주관적이고 포괄적인 평가로 서비스에 관련하여 갖는 전반적 판단이나 태도로 정의하여 지각과 기대 사이에 기각된 품질에 대해 고객마다 그 방향과 정도에 따라서 차이가 존재한다고 하였으며, 또한 Parasuraman, Zeithaml and Berry(1988)는 서비스 품질은 객관적·실제적 품질과는 서로 다르고, 서비스의 구체적 속성이라기보다는 추상적 개념이며, 서비스 품질은 태도의 한 형태이고, 서비스 품질에 대한 평가는 대체로 비교개념으로 이루어지기 때문에 고객은 다른 여러 서비스들과 비교하여 상대적 우월성 또는 우수성을 비교하며 평가한다고 하였다. Bitner(1990)는 서비스에 있어서 가장 중요한 것이 서비스 제공자와 고객 간의 상호작용으로서 상대적·지속적인 정서적 방향을 뜻하는 전반적인 태도로 서비스 품질을 정의하였다. Cronin and Taylor(1992)는 서비스 품질은 고객만족의 선행변수이고 고객에게 있어서 지각된 서비스 품질이란 어떠한 서비스에 대한 고객의 장기적·전체적인 평가를 의미하는 태도로서 개념화되고 측정되어져야 한다고 하였다. Fitzsimmons(2008)는 서비스 품질에 대한 평가는 서비스 전달 프로세스 중에 만들어지므로 서비스 품질은 서비스를 받았을 때의 인식과 서비스를 바랄 때의 기대를 비교함으로써 내릴 수 있다고 하였다. 김연성 외 6인(2009)은 서비스 품질은 서비스 속성의 집합이 사용자들을 만족시키는 정도라고 하며 기대에 대한 인식의 일치라고 하였다.

이와 같이 시간과 학자에 따라 다양하게 내려지는 서비스 품질의 정의는 일련의 공통점을 가지고 있는데, 이는 지각된 품질을 상대적이면서 지속적인 정서적 방향을 의미하는 전반적인 태도에 비유한 것이다. 지각된 서비스 품질이 태도와 유사한 개념으로 이해되는 이유가 여기에 있는 것이다. 즉, 지각된 서비스 품질은 제품의 전반적인 우월성과 관련되어 상대적이고도 포괄적인 가치판단을 의미하는 것이다. 다음 [표 7-1]은 위에서 설명한 학자들의 서비스 품질에 관한 정의를 정리한 것이다.

표 7-1 서비스 품질에 대한 학자별 정의

학자	정의
Juran (1974)	서비스 품질을 수용자에 대한 효과 및 영향에 대한 측면에서 다섯 가지로 분류 • 고객에게 보이지 않는 내부적 품질 • 고객의 눈에 보이는 하드웨어 품질 • 수요자의 눈에 보이는 소프트웨어 품질 • 시간의 정확성 / 신속성 • 심리적 품질
Crosby (1979)	제품 품질의 정의와 유사한 요구조건에 대한 일치로 정의
Lehtinen and Lehtinen (1982)	고객이 서비스 품질을 결정하는 요인으로 고객과 서비스 조직 요소들 간의 상호작용에 따라 세 가지 차원으로 분류 • 물리적 품질 • 기업 품질 • 상호작용 품질
Lewis and Boom (1983)	고객의 기대에 부합하도록 서비스를 제공하는 것
Grönroos (1984)	서비스 고유의 특성으로 강한 주관성을 갖고 고객별로 다양하게 인식하는 성격을 반영하여 세 가지 차원으로 분류 • 기술적 품질 • 기능적 품질 • 기업 이미지
Dodds and Monroe (1985)	객관적 품질과 주관적 품질이라는 두 가지 접근법에 의해 달라질 수 있다고 정의
Holbrook and Corfman (1985)	기계적 품질과 인간적 품질이라는 두 가지 접근법에 의한 정의
Parasuraman, Zeithaml and Berry (1985)	고객에 의한 주관적이고 포괄적인 평가로 서비스에 관련하여 갖는 전반적인 판단이나 태도로 정의
Bitner (1990)	서비스 제공자와 고객 간의 상호작용으로 상대적·지속적인 정서적 방향을 의미하는 전반적인 태도로 정의
Cronin and Taylor (1992)	고객만족의 선행변수로 고객에게 있어서 지각된 서비스 품질은 특정 서비스에 대한 고객의 장기적·전체적 평가를 의미
Fitzsimmons (2008)	서비스를 받았을 때의 인식과 서비스를 바랄 때의 기대를 비교함으로써 정의 내릴 수 있음

(2) 서비스 품질의 특성

Parasuraman, Zeithaml and Berry(1998)의 연구에서 볼 수 있듯이 서비스 품질은 각각의 고객마다 그 방향과 정도에 따라 만족이 다르게 나타나기에 특정할 수 있는 유형적 단서는 서비스 제공 과정에서의 물리적인 능력이나 인적 요소에 의해 정해진다. 이처럼 결과가 아닌 과정에서 서비스 품질이 결정되는 이유는 서비스의 네 가지 특성인 무형성(intangibility), 이질성(heterogeneity), 비분리성(inseparability) 그리고 소멸성(perishability)의 특성 때문이다.

서비스 특성을 살펴보면, 네 가지 서비스 특성 중 무형성은 서비스 고유의 특성이다. 유형적 제품과는 달리 소비자의 어떠한 감각으로도 서비스를 직접적으로 확인할 수 없음을 말한다. 그리하여 소비자들은 서비스의 무형성으로 다뤄지는 불확실성을 줄이기 위하여 서비스 품질의 상징이나, 유형적 증거를 찾으며, 결국 소비자들이 볼 수 있는 사람, 설비, 상징, 커뮤니케이션 소재, 가격이나 장소 등으로 서비스 품질을 추측하게 되는 것이다. 두 번째 특성으로는 이질성이 있는데, 이는 동일한 서비스일지라도 서비스를 제공받은 고객에 따라 제공된 서비스 품질이나 성과의 평가가 달라질 수 있음을 말한다. 이는 서비스 품질 관리의 어려움이나 서비스의 표준화가 원인이 되기도 한다. 이러한 이질성을 해소하기 위하여 일관성 있는 서비스를 제공하여야 하며, 이를 위해서는 서비스 품질 관리가 매우 중요하다. 세 번째 특성으로 생산과 소비의 비분리성이 있다. 서비스는 생산과 소비가 동시에 이루어지며 즉 소비 행위가 이루어질 때, 서비스 제공자 또한 함께 존재한다는 것을 의미한다. 마지막으로 소멸성이란 비분리성에 의하여 발생하며, 서비스의 무형적 특성상 저장될 수 없기에 대량생산이나 저장이 불가하다는 특성을 뜻한다.

제2절

서비스 품질 측정 모형의 적용

(1) 서비스 품질 측정 모형

1980년대 중반 이후 서비스 품질의 개념과 측정에 대한 연구는 가장 활발하게 진행되어 온 분야이다. 그러나 [표 7-2]와 같이 개념과 측정에 관한 연구들 간에 의견의 불일치와 모형 간의 우수성에 대한 논쟁이 끊임없으며 학자들 간에 합의된 것은 거의 없다고 할 수 있다.

서비스 품질은 제품 품질과는 다르게 무형적인 요인들에 의해 결정되므로 측정이 쉽지 않다는 것 때문에 다양한 관점을 갖고 연구하게 된다.

서비스 품질의 측정에 관한 연구들은 주로 '기대(expectation)'와 '서비스 성과(performance)' 간의 차이를 측정하여 그것을 '서비스 품질'이라고 규정하는 SERVQUAL 모형과, 기대를 제외하고 '서비스 성과=서비스 품질'로 보는 SERVPERF 모형을 바탕으로 진행되고 있다. 즉, Gap-based 서비스 품질 측정 방법으로 SERVQUAL 모형이 이러한 방법을 주장하고 있고, SERVPERF 모형은 기대를 측정하지 않고 서비스 성과만을 측정하는 것을 주장하고 있다.

두 가지 품질 측정 모형을 살펴보면 다음과 같다.

표 7-2 서비스 품질의 차원별 정의

10차원	5차원	정의
유형성	유형성	서비스의 평가를 위한 외형적인 단서 예) 물적 시설, 장비, 직원, 의사소통 도구의 외형
신뢰성	신뢰성	약속된 서비스를 믿을 수 있도록 정확하게 수행하는 능력 예) 철저한 서비스 수행, 청구서의 정확도, 정확한 기록, 약속시간 엄수
대응성	대응성	고객을 돕고 즉각적인 서비스를 제공하려는 의지 예) 서비스의 적시성, 고객의 문의나 요구에 즉시 응답, 신속한 서비스 제공
능력	확신성	서비스를 수행하는 데 필요한 기술과 지식의 소유 여부 예) 조직의 연구 개발력, 직원과 지원인력의 지식과 기술
예절		고객과 접촉하는 직원의 친절과 배려 예) 직원의 정중함, 존경, 공손함
신빙성		서비스 제공자의 진실성, 정직성 예) 기업 평판, 기업명, 직원의 정직성, 강매의 정도
안전성		위험, 의심의 가능성이 없는 것 예) 물리적 안전, 금리적 안전, 비밀보장
가용성	공감성	접근 가능성과 접근 용이성 예) 전화예약, 대기시간, 서비스 제공 시간 및 장소의 편리성
커뮤니케이션		고객의 말에 귀 기울이고 고객에게 쉬운 말로 알림 예) 서비스에 대한 설명, 서비스 비용의 설명, 문제해결 보증
고객의 이해		고객의 니즈를 알려는 노력 예) 고객의 구체적 요구사항 학습, 개별적 관심 제공, 사용/우량고객 인정

1) SERVQUAL 모형

서비스 품질 관련 연구에서 가장 널리 활용되고 있는 것은 Parasuraman, Zeithaml and Berry(이하 PZB, 1985)에 의해 개발된 다항목 척도 SERVQUAL 모형이다.

PZB는 서비스 품질을 측정하기 위하여 갭(GAP) 모형에 근거한 SERVQUAL이라는 다항목 척도를 개발하였다. 갭 모형은 [그림 7-1]과 같이 서비스 전달과정에서 발생하는 다섯 가지 갭을 찾는다. GAP1은 시장조사 갭으로서 경영자의 이해 부족에서 발생하며 시장조사 시행, 관리계층 축소, 상향적 커뮤니케이션 활성화를 통해 해소할 수 있다. GAP2는 디자인 갭이며 고객의 기대에 대한 경영자의 인식과 실무적 서비스 표준 사이에서 발생한다. 고객 지향적 서비스 품질의 목표설정, 서비스 전달 임무의 표준화, 최고경영자의 관심 등이 갭을 줄일 수 있다. GAP3는 적합성 갭이라고 하며 서비스 전달과정과 관련한 요소 혹은 작업이 사전에 설명된 절차와 기준에 맞지 않음으로 인해 발생하는 갭이다. GAP3는 경영자가 직원의 직무적합성을 확인하고 적절한 관리통제 시스템을 개발함으로써 갭을 해소할 수 있다. GAP4는 외부 커뮤니케이션으로 형성된 고객기대와 접점 직원이 제공한 실질 전달 서비스와의 차이에서 발생하는 갭으로 수평적 커뮤니케이션을 강화하고 과다약속을 지양함으로써 갭을 줄일 수 있다. 마지막으로 GAP5는 고객의 기대와 성과 간의 차이를 보여주는 것으로 이러한 네 가지 갭의 크기와 방향에 의해 결정된다(서

그림 7-1 서비스 품질 갭(GAP) 모형

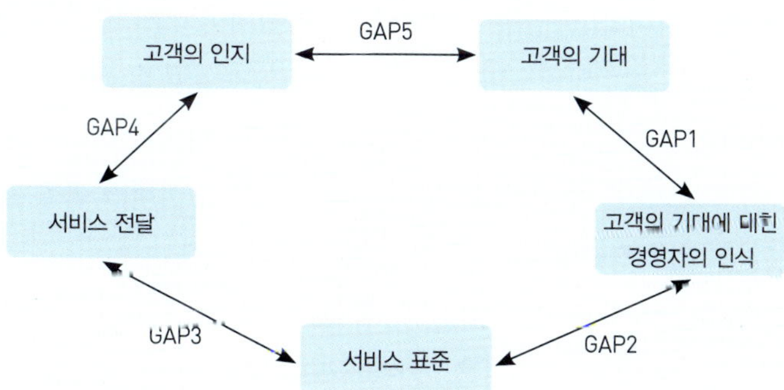

비스경영연구회, 2006).

PZB는 앞서 설명한 갭 모형을 근거로 서비스 품질의 여러 차원을 측정할 수 있다고 하였다.

PZB는 기존 연구에서 밝혀진 서비스 품질의 10가지 차원을 각 차원에 대하여 대략 10개의 차원(총 97개 항목)을 반복적인 요인분석과정을 거쳐 유형성(tangibles), 신뢰성(reliability), 대응성(responsiveness), 확신성(assurance), 공감성(empathy)의 다섯 가지 차원으로 통합하고 이것을 측정하기 위하여 '기대'를 측정하게 만든 후 성과와 기대와의 차이에 의해 서비스를 측정하는 도구를 개발하였다. SERVQUAL 측정에 있어서 다양한 연구들이 이루어져 왔으며 22개 항목과 5개 차원은 서비스 업종에 따라 용어를 다르게 사용해야 할 필요도 있으며 PZB의 SERVQUAL을 그대로 적용하여 측정하기보다는 각 산업에 맞는 서비스 속성의 규명에서부터 시작하여 서비스 품질을 측정해야 한다.

2) SERVPERF 모형

이 모형은 Cronin and Taylor(1992)에 의해 SERVQUAL에 대한 비판적인 연구로 서비스 품질을 서비스의 수행결과에 기초해서 측정하고자 하는 시도로 연구되었으며 SERVQUAL이 서비스 품질에 대한 개념화와 조작화가 부적절하다고 지적하였다. 이들은 '서비스=성과(performance)'라는 공식을 수립하고 SERVPERF라고 하며 서비스 품질을 서비스의 성과로서 측정하였다.

즉, Cronin and Taylor는 서비스 품질을 성과로 간주하는 관점의 연구를 전개하였는데 특히 성과만을 가지고 서비스 품질을 측정해야 한다고 주장하였다. 이들은 다음과 같은 네 가지 모형을 검증한 결과 오직 성과만을 가지고 측정한 방법인 SERVPERF 모형이 가장 우월하다는 것을 밝힘으로써 SERVQUAL에 대한 비판을 하였다. 따라서 서비스 품질을 측정할 때는 성과에 대한 지각을 사용하는 것만이 타당하다는 것을 주장한다.

첫째, 기대에 대한 제품의 성과를 비교하는 데 있어 변수들이 질적이기에 산술적 계산만으로 기대와 성과를 측정하는 데는 한계가 있다.

둘째, SERVQUAL의 서비스 품질을 태도의 개념으로 정의하더라도, 이러한 정의만으로는 만족과 서비스 품질을 명확하게 구별할 수 없다.

셋째, SEVQUAL과 SERVPERF에 대한 모형비교를 위해 4개 서비스 산업(은행, 방제업, 세탁소, 패스트푸드)에 적용한 결과 2개 산업(은행, 패스트푸드)에서만 적합한 반면 SERVPERF는 4개 산업 전부가 적합한 것으로 나타났다.

넷째, 회귀분석의 결과에서도 R^2값이 SERVQUAL의 R^2값보다 높게 나타남으로써 SERVPERF의 우수성을 증명하였다. 다섯째, SERVPERF의 경우 기대를 별도로 측정하지 않으므로 상대적으로 간편하다는 장점을 가진다.

Cronin and Taylor는 서비스 품질과 고객만족이 구매의도에 미치는 영향 연구를 통해 SERVPERF가 적절하다고 주장하였다.

즉, PZB의 SERVQUAL 모형과 Cronin and Taylor(1992)의 SERVPERF

표 7-3 SERVQUAL 모형과 SERVPERF 모형 비교

	SERVQUAL 모형	SERVPERF 모형
제안자	Parasuraman, Zeithaml, and Berry	Cronin and Taylor
모델의 구성	성과 – 기대	성과
기대의 정의	규범적 기대(제공해야하는 수준)	기대 수준 측정을 하지 않음
측정 자원	5개 차원 22개 항목	5개 차원 22개 항목

모형이 강력하게 주장하는 주 내용은 고객만족과 서비스 품질 간의 관계에 있다고 할 수 있다. 특히 지금까지 발표된 많은 연구를 살펴 볼 때 서비스 품질과 만족과의 관계는 상호 인과관계를 형성하고 있다고 볼 수 있다.

(2) 국내의 서비스 품질 측정 모형

국내 서비스 품질 측정은 고객만족지수 및 서비스 평가지수 등으로 개발되어 활용되기 시작했다. 도입 시기는 [그림 7-2]와 같다.

1) KS-SQI(Korean Standard-Service Quality Index, 한국서비스 품질지수)

KS-SQI는 한국표준협회와 서울대학교 경영연구소에서 우리나라 서비스 산업과 소비자 특성을 반영하여 개발한 모형이다. 이는 서비스 경

그림 7-2 서비스 평가지수의 도입 역사

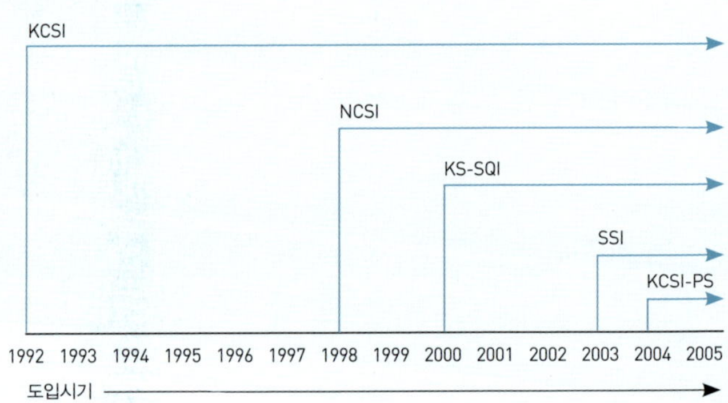

험 고객을 대상으로 서비스 품질에 대한 만족도를 조사하여 매년 발표하는 서비스 산업 전반의 품질 수준을 나타내는 종합지표이다. 2000년에 개발된 KS-SQI는 이론적 검증을 거친 14개 서비스 업종에 대한 서비스 품질지수 조사를 실시하였다. 이후로 업종과 기업의 수를 늘려나가면서 2008년에는 일반서비스업 61개 업종, 공공행정서비스 7개 부문을 대상으로 확대하여 서비스품질지수 조사를 실시하고 있다. 2000년 국민 행복을 위한 고품질 서비스 요구의 증가에 부응하고 급속한 세계화에 따른 선진서비스 접촉 기회가 증가됨에 따라 한국 실정에 맞는 서비스 품질 측정방안의 도입이 절실히 요구되고 있는 상황에서 개발되었다. 특히 해외에 비해 국내 서비스 품질 수준이 많이 낙후되어 있는 상황이기 때문에 서비스 품질 향상을 통한 기업경쟁력의 증대가 중요해짐에 따라 도입되었다.

KS-SQI는 서비스 산업의 품질 평가를 위해 개발된 국내 첫 서비스 품질 평가지수이다. NCSI와 KCSI는 일반적인 고객만족모형으로 만들어졌으며, 서비스 부문만을 위한 고유한 품질평가모형은 아니었다. 서비스 기업과 서비스 상품은 제조기업 또는 제품과 다른 고유한 특징이 있기 때문에 일반적인 고객만족지수로는 정확한 서비스 품질의 평가를 하기에 부족한 점이 많았다. 그래서 KS-SQI는 서비스의 고유한 특성을 반영한 다차원적인 모형으로서 전반적인 서비스 업종에 범용적으로 사용될 수 있도록 개발되었다. KS-SQI는 한국 내 구매 가능한 모든 서비스의 품질에 관한 국가 및 전 산업에 걸친 통일된 지표이다. 동종 산업은 물론 관련 다른 산업의 벤치마킹 자료로 활용이 가능하며, 서비스 품질의 선행지표와 결과지표 간의 인과관계 프로세스를 반영하는 계량모형을 적용하여 기업 서비스 품질의 진단 및 개선전략 수립을 위해 활용이

가능한 포괄적 모형이다.

KS-SQI는 [그림 7-3]과 같이 서비스 품질에 있어서 성과품질(outcome quality)과 과정품질(process quality)을 균형적으로 고려하였다. Parasuraman, Zeithaml and Berry(1985)는 서비스 품질의 평가는 서비스 이용의 성과뿐만 아니라 서비스 제공과정의 평가에서도 이루어진다고 제시하였다. 그러나 실제로 SERVQUAL 모형의 다섯 가지 차원에서 개념적 정의로 접근할 때는 오직 한 가지 차원(신뢰성)만 성과를 고려하고 있다. 나머지는 모두 과정을 다루고 있기 때문에 성과변수와 과정변수를 균형적으로 고려하지 못한다는 지적을 받아왔다. 그러나 서비스 품질에 대한 고객의 지각은 성과와 과정 차원의 양 측면 모두에 걸쳐 형성되기 때문에 이 두 가지 차원을 모두 고려하여 서비스 품질을 측정할 필요가 있다.

2005년에 실시된 KS-SQI 모형에 대해 대표 업종들을 검증해본 결과

그림 7-3 KS-SQI 품질 차원의 도출과정

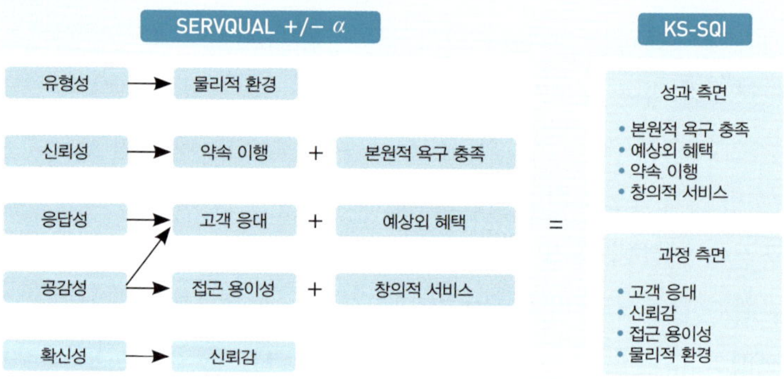

여덟 가지의 요인들과 서비스 품질 수준 사이의 설명력이 일부 떨어지고 측정항목의 의미가 모호하여 설문 응답자에게 쉽게 전달되지 못하는 등 여러 문제점들이 나타났다(서창적·이세영, 2006).

KS-SQI 모형은 몇 가지 기본원칙에 의해 개발되었다. 첫째는 측정 항목에 있어서 성과변수 도입이며 둘째는 모든 산업에 적용할 수 있는 통일된 지표 사용과 마지막으로 실무에 이용하기 쉽도록 SERVPERF의 관점을 따랐다는 것이다.

이러한 원칙하에 SERVQUAL 모형의 5개 차원 22개 항목을 기초로 하여 성과측면을 보강하고, 모호한 항목은 제거 및 일부 항목을 통합하는 방식으로 세부 측정항목을 재조정하였으며, 각 차원의 이름을 알기 쉬운 형태로 표시함으로써 새로운 모형을 개발하였다. 그 후 지속적으로 개선과 보완이 이루어져 [표 7-4]와 같이 고객에게 전달되는 서비스 성과 차원 2개, 서비스 제공 과정에서 고객이 경험하는 과정 차원 4개로 분류하였다. 성과 차원은 본원적 서비스, 예상외 부가서비스이며 과정 차원은 신뢰성, 친절성, 적극 지원성, 접근 용이성으로 구성된다.

표 7-4 KS-SQI 모형의 서비스 품질 구성요인

차원	구성요인	내용
성과	본원적 서비스	고객이 서비스를 통하여 얻고자하는 기본적인 욕구의 충족
	예상외 부가서비스	고객에게 타사 대비 차별적 혜택과 부가적 서비스 제공
과정	신뢰성	고객이 서비스 제공자에게 느끼는 신뢰감: 서비스 제공사의 진실성, 경직성, 서비스를 수행하는 데 필요한 기술과 지식의 소유
	친절성	예의 바르고 친절한 고객 응대 태도: 고객에게 예의 바르고 공손한 자세로 응대
	적극 지원성	고객의 요구에 신속하게 서비스를 제공하고자 하는 의지
	접근 용이성	서비스 제공 시간 및 장소의 편리성

2) NCSI(National Customer Satisfaction Index, 국가고객만족도지수)

NCSI는 두 가지 측면의 목적을 갖고 있는데 이는 품질경쟁력을 측정할 수 있는 국가경제지표의 개발이라는 거시경제적 측면과 기업의 보다 정확한 고객만족도 측정과 활용이라는 것이다. 한국생산성본부와 미국 미시간 대학교(University of Michigan)의 국가품질연구소(National Quality Research Center)에서 공동으로 개발한 국가품질 지수이다. NCSI는 1998년에 시작하여 이후 매년 1월에 정기시행을 하며, 37개 산업, 37,000여 명을 대상으로 조사 실시 및 결과를 발표하였다. 2009년에는 14개 부문, 56개 산업, 244개 기업, 67,000여 명을 대상으로 NCSI 조사를 실시하고 결과를 발표하였다. 설문항목별 점수는 최저 1점에서 최고 10점을 배정하는 10점 척도(10 point scale)를 이용하지만, 모든 측정 대상의 점수는 최저 0점에서 최고 100점의 지수로 변환된다. 설문조사 대상자는 특정 제품 또는 서비스를 경험한 고객을 대상으로 모든 업종에 대해 일대일 대면 인터뷰를 활용하며, 표본은 조사의 정확성과 신뢰성을 높이기 위해 기업 및 기관의 특성에 따라 1개 기업당 278명이 배정된다. NCSI 측정 대상 산업의 선정은 한국표준산업분류 Code상의 대분류를 기준으로 국내 산업을 13개 경제부문(economic sector)으로 분류한 후 이를 다시 산업 중분류를 이용해 27개의 산업으로 분류한다. 이것은 GDP에 대한 기여도를 기준으로 선정되기에 GDP 대비 규모가 작다고 하더라도 대다수 국민이 이용하고 있거나 공공성이 높은 공공행정서비스도 조사대상에 포함시키고 있다. 이 외에도 국내 소비자들의 관심의 대상이 되거나 시장규모가 급격히 증가하는 산업은 GDP 기여도가 낮다고 하더라도 조사대상에 포함시키고 있는데 게임 포털과 영화관 산업 등이 여기에 속한다. NCSI의 특성은 고객만족도의 수준을 파악하고 시계열 변동의 원인을 관리함으로써 현재 및 미래의 수익성과 밀접한 관계가 있는 고객유지율을 유지·제고시키고, 제품 및 서비스 품질을 개선하기 위한 기업 내부의 프로세스 개선을 도모하는 특성을 갖고 있다. NCSI의 측정 방법은 고객만족의 선행요인과 결과요인 간의 인과관계의 프로세스를 반영하는 구조방정식 모형을 통해 산출되며, NCSI 모형의 지표들은 각 지표당 2~3개의 설문항목 값들의 가중평균으로 구해진다.

가중치는 측정된 고객만족도가 고객유지율, 시장점유율, 재무적 성과 등과 같은 기업 활동의 궁극적인 성과지표들의 선행지표가 되도록 결정함으로써 기업의 전략적 지표가 되도록 설계되었다. 즉 구성개념(잠재변수)인 고객기대수준, 고객의 제품 및 서비스 인지 품질지수, 고객의 인지 가치지수를 NCSI에 연결시킴으로써, 잠재변수와 고객만족도의 인과관계에 대한 정보를 분석할 수 있다. 그리고 NCSI는 다시 고객행동(고객불만/고객충성도)에 연결되어 재구매 가능성을 의미하는 고객충성도를 이끌어내는 것이다.

그림 7-4 NCSI 모형

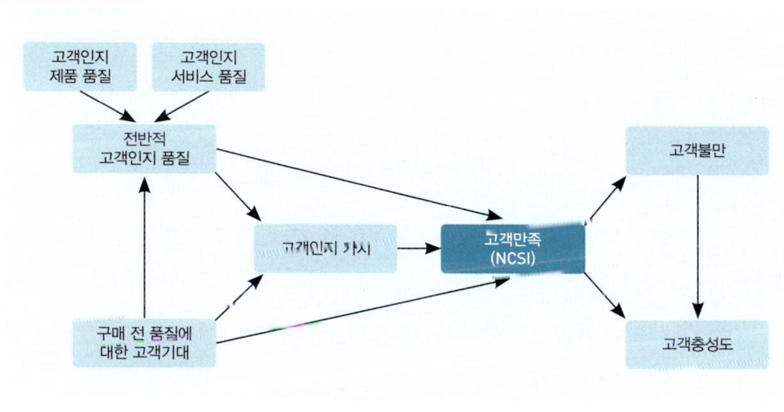

3) KCSI(Korean Customer Satisfaction Index, 한국고객만족도지수)

한국능률협회 컨설팅이 1992년에 개발한 지표인 한국고객만족도지수는 한국산업의 각 산업별 상품, 서비스에 대한 고객들의 만족 정도를 나타내는 지표이다. 국내에서는 가장 오랜 역사를 갖고 있는 것으로 조사대상 산업이 전체 GDP의 약 75%를 차지할 정도로 영향력이 크다. KCSI 조사결과는 매년 발표되며 경제성장의 양적 성장을 평가하는 GNP, GDP 등 생산성 지표와는 다르게 국가산업경제의 질적 성장을 평가하는 지표로서 중요한 역할을 한다. 나아가 우리나라 산업의 질적 성장을 유도하고 각 산업 또는 기업들이 경쟁력을 확보할 수 있도록 개발되었다. 한편 이를 통해 각 산업 및 기업의 수준을 확인하고 향후 관련 산업 및 기업의 경쟁력 향상을 위한 근거자료가 된다. 시장에서의 자사 경쟁력 제고와 함께 고객불만을 일으키는 상품이나 서비스의 문제점들을 개선하고 고객지향적인 경영활동을 할 수 있도록 해준다. KCSI 조사대상은 1992년 제조업 7개, 서비스업 5개로 총 12개 산업에서 시작하여, 최근에는 제조업 48개, 서비스업 51개로 총 99개 산업을 대상으로 실시하고 있다. 산업부문에서는 소비재제조업 28개, 내구재제조업 20개, 일반서비스업 41개, 공공서비스업 10개로 약 320여 개 기업을 대상으로 하고 있다.

4) SSI(Seoul Service Index, 서울시 행정서비스지수)

SSI는 서울시의 고품질 경영시정 구현을 목적으로 개발된 서울시 행정서비스의 품질평가지표이다. 이를 활용하여 행정서비스 분야별로 서비스 품질을 평가하고 그 결과를 반영해 더 나은 서비스를 제공하는 것을 목표로 한다. 고품질 경영시정 구현의 궁극적인 지향점은 서울시 성과(city performance)의 향상으로 이어진다. 이러한 성과는 시의 관점에서는 시민의 시정에 대한 지지(citizen loyalty)의 확보라고 할 수 있으며 시민의 관점에서는 시민행복(citizen happiness)의 증대로 이해할 수 있다. 특히 SSI는 기존 시민만족도 조사방식의 한계를 극복하고 현상에 대한 관찰뿐 아니라 그 발생원인을 탐지함으로써 시정 경영의 관리적 지침을 제공할 수 있는 일관되고 신뢰성 있는 지표를 개발·적용하는 데 유용하게 사용될 수 있다.

이러한 취지하에서 SSI의 도입으로 그동안 무사안일하고 경직되어 있었던 서울시 행정서비스에서도 서비스 부문과 기관 간 진실적인 선의의 품질경쟁이 촉진될 것으로 기대된다. 또한 민간기업의 품질경영 마인드를 시 행정에 접목시킴으로써 이른바 '경영시정'을 구현할 수 있게 된다. 그리고 원인과 결과를 동시에 평가하여 시민들이 체감하는 품질지표로 재평가됨으로써 지표에 대한 신뢰성 및 평가제도에 대한 시민들의 신뢰성을 확보하는 데 기여할 수 있을 것이다.

종합적으로 볼 때, SSI 평가는 인과모형에서 전제한 것처럼 시민행복과 시 행정의 성과를 향상시키고자 하는 목적을 지향하는 전략설정의 근거가 될 수 있을 것으로 기대된다. SSI는 서울시에서 이미 시행해왔던 기존의 시민만족도 조사방식이 일종의 미인대회 성격으로 전락할 수 있다는 한계를 극복하고, 현 품질 수준의 파악뿐 아니라 문제의 원인과 개선방안도 제시해줄 수 있는 유용한 지표라고 평가받고 있다.

SSI는 2개의 하위 지표로써 평가한다. 하나는 시민들이 체감하는 서비스 품질을 평가하는 SSQI(Seoul Service Quality Index)이고, 다른 하나는 체감 서비스 품질을 야기한 원인 또는 잠재력, 즉 기업 내부의 문제와 원인을 분석하는 진단 틀로써 활용된다.

SSI는 체감 서비스품질지수인 SSQI 모형, 내부 서비스 역량지수인 SSPI 모형, 서울시 행정서비스의 성과변수인 CP 모형 등 3개의 하위 모형으로 구분되며, 하위 지수들은 상호 인과관계를 갖는 것으로 모형화되었다.

그림 7-5 SSI 모형

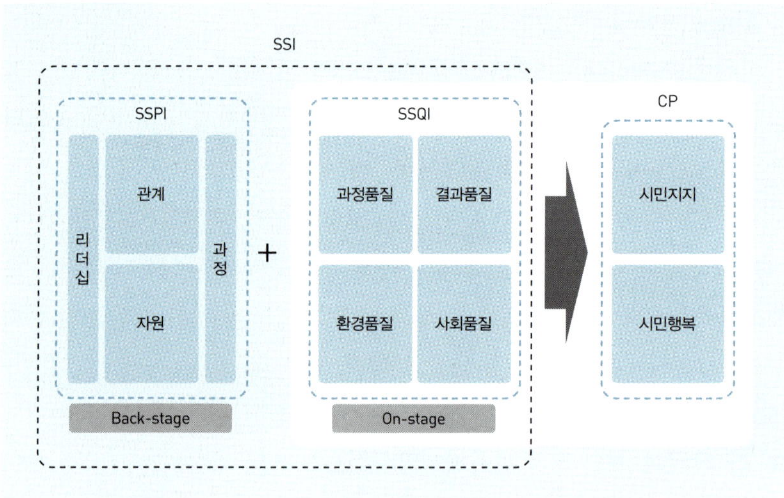

종합사례

신한은행, 'SCALE'로 직원별 · 지점별 서비스 품질 관리

신한은행은 금융권 최초로 고객의 편의를 고려한 원스톱 뱅킹 서비스(One Stop Banking Service)를 구현하는 등 대한민국 금융 서비스를 선도해왔다. 나아가 신한은행만의 차별적 서비스 품질관리지표인 SCALE(Service Capability Level)을 개발해 직원별 · 지점별 · 지역별로 서비스 품질을 관리하고 있다.

신한은행이 2011년부터 지속적으로 추진해 온 따뜻한 금융은 공유가치창출(CSV) 관점에서 국내 기업 중 선진적인 사례로 평가된다. 2012년 지속가능경영지수(DJSI) 국제 컨퍼런스에서 우수사례로 선정되기도 했다. 또 '따뜻한 금융'의 실천 프로그램인 '신한 미션데이'를 신설해 매월 모든 영업점과 본부 부서가 참여하고 있다. 또한, 소비자 권익 보호를 위해서도 노력하고 있다. 2012년 은행권 최초로 전 직원의 고객 중심적 사고 확립을 목적으로 '소비자 보호지수'를 신설해 각 영업점의 성과지표로 활용하고 있다. 소비자 보호지수는 상담 · 판매 · 관리 전반에 걸쳐 소비자를 위한 상품 판매가 제대로 되었는지 평가하는 지수다. 신한은행은 매월 지수 평가 결과를 영업점에 통보해 서비스 개선활동을 진행하고 있다. 더불어 '고객응대 VOC(Voice Of Customer) 리포트'를 신설해 불만 재발방지 및 고객만족 제고를 위해 노력하고 있다. 은행의 발전을 위한 고객의 의견을 데이터로 수집하고 유형별 분석 자료를 전 직원이 공유하는 것이다.

출처: 한국경제, 2014. 11. 10.

참고문헌

김연성 외 5인(2002), 『서비스 경영』, 법문사.

김연성 외 6인(2009), 『글로벌 품질경영』, 박영사.

서비스경영연구회 편역(2006), 『서비스 경영』, 제4판, 한경사.

서창적·이세영(2006), 「한국서비스품질지수(KS-SQI)모형의 개선에 관한 연구」, 서비스경영학회지, 7(2), pp. 99~121.

송광석·박정희·송예봄·최대국(2013), 「서비스 인카운터 지수의 개발 및 측정에 관한 연구–국내 공항서비스를 중심으로」, 서비스경영학회지, 14(5), pp. 273~296.

이유재·라선아(2006), 『한국기업의 서비스 품질평가제도 변천과정』, 서울대학교 출판부, pp. 13~15.

Bitner, M. J.(1990), "Evaluating Service Encounters: The Effects of Physical Surroundings and Employee Response", *Journal of Marketing*, 54, pp. 69~82.

Cronin, J. J. and S. A. Taylor(1992), "Measuring Service Quality: A Reexamination and Extension", *Journal of Marketing*, 56, pp. 55~68.

Crosby, P. B.(1979), *Quality is Free: The Art of Making Quality Certain*, McGraw-Hill.

Dodds, W. B. and K. B. Monroe(1985), "The Effect of Brand and Price Information on Subjective Product Evaluations", *Advances in Consumer Research*, 12, pp. 85~90.

Fitzsimmons, J. A. and J. M. Fitzsimmons(2006), *Service Management*, 6th ed., McGraw-Hill.

Grönroos, C.(1984), "A Service Quality Model and its Marketing Implications", *European Journal of Marketing*, 18, pp. 30~44.

Holbrook, M. B. and K. P. Corfman(1985), "Quality and Value in the Consumption Experience: Phaedrus Rides Again", *Perceived Quality*, Lexington Books, pp. 31~57.

Juran, J. M.(1974), *Quality Control Handbook*, McGraw-Hill, pp. 3~7.

Lewis, R. C. and B. H. Booms(1983), "The Marketing Aspects of Service Quality", *Emerging Perspectives on Services Marketing*, American Marketing Association, pp. 99~107.

Parasuraman, A., Zeithaml, V. A. and L. L. Berry(1985), "A Conceptual Model of Service Quality and Its Implication for Future Research", *Journal of Marketing*, 49(4), pp. 41~50.

______________________(1988), "SERVQUAL: A Multiple-Item Scale for Measuring Consumer Perceptions of Service Quality", *Journal of Retailing*, 64, pp. 12~40.

Chapter 8

서비스 회복

제1절 서비스 실패와 영향력

제2절 서비스 회복 시스템

제3절 악의적인 불량고객의 대처요령

도입사례

가장 즐거웠던 파티

뉴욕에서 멕시코로 가던 휴양객들은 여정 내내 불만스러운 일들만 겪었다. 이륙 시간만 6시간이 지연되었고, 일정에도 없던 귀항을 두 번이나 했으며, 착륙 직전에는 30분 동안이나 창공에서 선회했다. 이처럼 계속되는 지연과 잦은 사고들로 인해 여객기는 예정보다 10시간이나 연착했고, 기내에 준비된 음식과 음료수도 모두 바닥나고 말았다. 마침내 여객기가 목적지에 도착한 시간은 새벽 2시였는데, 착륙 과정에서 기체가 심하게 흔들리며 산소 마스크와 짐들이 승객들의 머리 위로 쏟아져 내렸다. 이렇게 지칠대로 지쳐 출구로 나온 휴양객들은 배고픔으로 현기증이 날 지경이었고, 휴가를 시작하기도 전에 이미 완전히 망쳐버렸다고 생각했다.

소비자 만족에 관한 한 회사에서 전설적인 인물로 알려진 칸쿤 리조트의 총지배인은 이 끔찍한 소식을 듣고 즉시 해결책을 마련했다. 그는 직원의 절반을 이끌고 공항으로 가서 테이블에 스낵과 음료수를 준비하고 라이브 음악을 연주할 수 있는 오디오 장비를 설치했다. 출구를 나오는 휴양객들은 저마다 환대를 받으며 직원들의 도움을 받아 짐을 싣고 미리 준비된 차에 올라 리조트까지 편안하게 갈 수 있었다. 또한 리조트에는 마리아치 악단에 샴페인까지 완벽히 갖추어진 성대한 파티가 그들을 기다리고 있었다. 더욱이 직원들은 다른 손님들을 이끌고 나와 인사를 나누게 하고 함께 어울리게 하였고 그 파티는 다음 날 동틀 무렵까지 이어졌다. 많은 손님들이 그들이 대학을 졸업한 이후로 가장 즐거웠던 파티라며 찬사를 보냈다.

위의 사례는 파리에 기반을 둔 클럽메드 칸쿤(Culb-Med-Cancun)이 악몽 같은 서비스 위기를 극복하고 휴양객들의 신뢰를 회복했던 방법으로 하버드 비즈니스 스쿨(Harvard Business School)에 소개된 내용이다.

결국 휴양객들은 여객기가 계획된 일정대로 운행되었을 때보다 훨씬 더 즐거운 휴가를 보내게 된 것이다. 그날 밤 클럽메드는 가장 특별한 서비스를 제공함으로써 고객들에게 깊은 인상을 주었을 뿐만 아니라, 이를 가장 많은 충성고객을 확보하는 특별한 기회로 만들었다. 더 정확하게 표현하면 연착과 실수라는 불의의 상황에 잘 대처해서 고객의 상처를 치료하고 고객과 더 돈독해질 수 있는 특별한 기회로 만든 것이다.

출처: Mark Stevens(2002), *Extreme Management*, Grand Central Publishing

제1절

서비스 실패와 영향력

(1) 서비스 실패에 대한 고객의 반응은?

서비스 품질에 대한 가장 중요한 원칙도 제품과 마찬가지로 "처음부터 완벽하게 하는 것"이다. 그러나 사람인 이상 실수는 언제나 발생하고 기업 입장에서 불가항력적인 어쩔 수 없는 일들도 발생할 수밖에 없다. 어느 누구의 불평이나 클레임도 발생하지 않는 완벽한 서비스는 현실적으로 불가능하기 때문이다. 그렇다면 자기가 겪은 불만에 대해 따지고 드는 고객은 더 좋은 서비스를 받을 수 있는 자격이 있는 사람이며 기업에 도움이 되는 사람이다. 보석이 있는 곳을 가르쳐주듯 시간과 돈을 들여 고객의 눈으로 본 회사의 개선점을 정확히 지적해주기 때문이다.

기업과 고객이 불만을 대하는 가장 큰 관점의 차이는 고객은 실수를 알아차리고 가르쳐주고 싶어서 안달을 하는데, 기업과 지인들은 이를 매우 귀찮아한다는 점이다. 고객들이 기업에게 고마운 이유는 첫째, 제품과 서비스를 구매해주기 때문이고, 둘째, 불만을 말해주기 때문이다. 이때 기업은 고객불만에 대해 어떻게 대처하였는지에 따라 고객충성도가 결정된다. 어떤 서비스에 대한 불만이 발생할 경우 고객의 반응은 다양하다.

– 특정 형태의 공개적인 행동을 취한다(해당 기업 또는 소비자보호 단체와 같은 제3자에게 불평하는 행위, 민사 또는 형사소송 등을 포함).
– 특정 형태의 개인적인 행동을 취한다(해당 회사를 떠나는 행위 포함).
– 어떤 행동도 취하지 않는다.

고객은 [그림 8–1]에서 열거한 다양한 반응 중 하나 또는 여러 조합으로 구성된 행동을 보여줄 수 있다. 특히 기업의 서비스 담당자는 고객

그림 8–1 서비스 실패에 대한 고객의 반응 유형

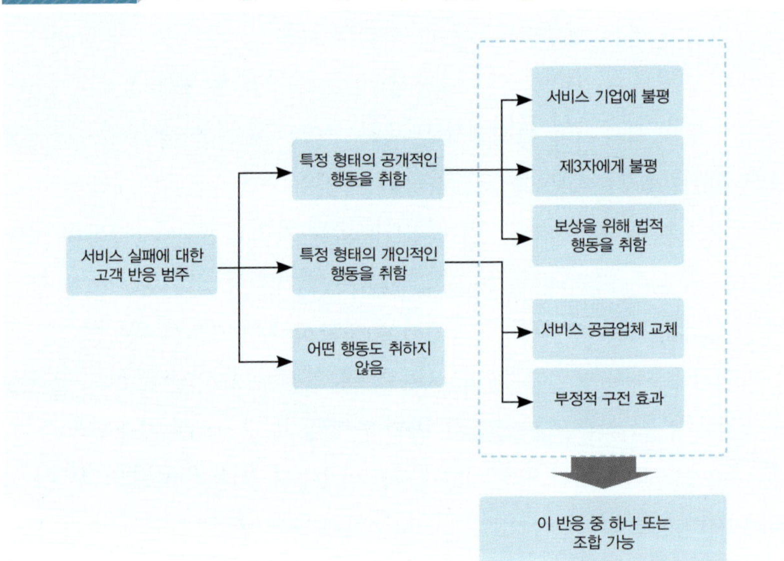

출처: Jochen Wirtz 외 3인(2014), 『서비스 마케팅』, 김재욱 외 역, 시그마프레스, p. 394

이탈의 영향이 해당 고객의 이탈에 따른 손실에만 그치지 않을 수 있음을 유념해야 한다. 불만고객은 종종 많은 다른 고객에게 자신이 처했던 문제점을 전파한다. 인터넷의 등장으로 인해 불만족한 고객이 게시판에 불만 정보를 올리거나 해당 조직에서 겪은 불쾌한 경험을 말하기 위해 웹사이트나 블로그, 트위터, 페이스북 등에 퍼뜨림으로써 순식간에 다수의 사람들에게 나쁜 영향력을 미칠 수 있기 때문이다.

도미노 피자(Domino's Pizza)에서 불만고객 처리방법에 따른 손익을 정확하게 조사한 적이 있다. 예를 들어 2만 원짜리 피자를 구입한 불만고객 한 명이 있다고 하자. 이를 제대로 회복하지 않고 묵살하면 회사는 2만 원을 절약한다. 대신 그 고객은 다시는 도미노 피자를 찾지 않을 것이다.

이 고객은 평균 한 달에 5번 정도 피자를 사 갔다. 이것은 1년에 60개로 연간 120만 원(2만 원×5개×12개월)의 판매손실을 초래하게 된다. 그러나 이것은 단순히 불만족해서 떠난 고객 한 사람만을 기준으로 계산한 손실에 불과하다. 이 고객으로 인한 판매손실의 파급효과(ripple effect)를 계산해보면 이보다 훨씬 커지게 된다.

보통 불만고객은 평균 12명의 다른 잠재고객에게 불만을 전달한다. 불만을 전해 들은 고객이 모두 거래를 중단하진 않겠지만, 이들이 간접적인 불만고객이 된다고 생각하고 이 중에서 10명 정도는 거래를 중단할 가능성이 있다고 가정하자. 이는 결과적으로 연간 120만 원×10명=1200만 원의 판매손실을 가져오는 것이다. 물론 이 금액은 단순 추정치에 불과하지만, 중요한 것은 서비스 실패에 따른 고객상실비용의 발생규모가 생각하는 것 이상으로 매우 크다는 점을 알아차리는 데 충분한 근거가 된다.

(2) 불만고객 중 어느 정도가 실제로 불평을 제기할까?

'여섯 개의 종'이 가져온 행운

'일곱 개의 별'이라는 이름을 가진 한 여관이 있었다. 이 여관 주인은 실내를 안락하게 꾸미고, 친절한 서비스를 제공하며, 가격도 적당한 선에서 유지하는 등 손님 유치를 위해서 할 수 있는 온갖 수단을 다 동원했지만 성과가 없었다.

절망에 빠진 여관 주인은 어느 날, 한 현자를 찾아가 조언을 구하기로 했다. 그런데 여관 주인이 쏟아내는 한탄조의 이야기를 모두 들은 현자는 다음과 같은 간단한 해결책을 제시했다.

"방법은 아주 간단하네. 여관 이름을 바꾸면 되네."

그 말을 들은 여관 주인은 깜짝 놀라서 대답했다.

"여관 이름을 바꾸라구요? 그럴 수는 없습니다. '일곱 개의 별'은 몇 세대를 거쳐 전해진 이름입니다. 게다가 이 이름은 전국적으로 잘 알려져 있는 걸요."

이 말을 들은 현자가 다시 대답했다.

"아니, 그래도 여관 이름을 바꾸어야 하네. 여관 이름을 '다섯 개의 종'으로 하고, 여관 입구에 종을 여섯 개 매달아놓게."

"아니 여관 이름은 '다섯 개의 종'인데, 여섯 개의 종을 매달아놓으라니 어처구니가 없군요. 그렇게 해서 무슨 효과가 있겠습니까?"

"일단 그렇게 해놓고 한번 지켜보게나."

현자가 미소를 지으며 말했다.

그리하여 여관 주인은 미심쩍어하면서도 현자가 시킨 대로 이름을 바꾸고 종을 매달아놓았다. 그런데 놀라운 일이 벌어졌다. 여관 앞을 지나던 여행객들이 너 나 할 것 없이 주인의 실수를 알려주려고 여관에 들어왔던 것이다. 게다가 이들은 하나같이 실수를 알아차린 사람이 자기밖에 없을 것이라고 굳게 믿고 있었다.

한편, 일단 여관에 들어와 그 안에 있는 레스토랑에 발을 들여놓은 사람들은 여관 내부의 안락함과 친절한 서비스에 감동을 받아 음료수를 주문하고, 방이 있는지를 물어보았다. 현자의 말대로 여관의 이름을 바꾸고, 약간은 엉뚱해보이는 행동을 시도해 본 것이 여관 주인이 그토록 오랫동안 기다려왔던 특별한 기회를 제공해주었던 것이다.

출처: 토마스 홀트베른트(2005), 『웃음의 힘』, 배진아 역, 고즈윈

위의 사례에서도 보았듯이, 고객불만을 효과적으로 처리하게 되면 오히려 고객충성도를 높일 수 있으며 단골 고객이 될 가능성을 높일 수 있다. 소비자 문제를 다루는 미국의 TARP(Technical Assistance Research Program)는 고객이 불만스럽거나 중요한 문제가 있었지만 불만을 제기하지 않는 경우, 그 기업의 다른 제품을 재구매할 의사가 단지 9%에 불과하다는 것을 발견했다. 기업이 고객의 불만을 해결해 주지 못했더라도 그들의 불평을 잘 들어주기만 해도 재구매율은 19%로 상승했고 고객불만이 고객만족으로까지 이어졌다면 고객유지율은 54%까지 상승했다. 그리고, 문제가 현장에서 신속하게 해결되는 경우의 고객유지율은 최대 82%까지 나타났다.

특히 [그림 8-2]에서 보면 중요한 고객손실에 대해 신속하게 불만사항이 해결된 경우는 불만고객의 95%가 높은 재구매 의도를 보여주고 있음을 알 수 있다.

최근에는 많은 기업에서 콜센터를 설치하고 있으며 이를 통해 제품의 고장이나 서비스에 대한 불만을 가장 많이 접수하고 해결해 주고 있다.

그림 8-2 불만고객의 재구매 의도

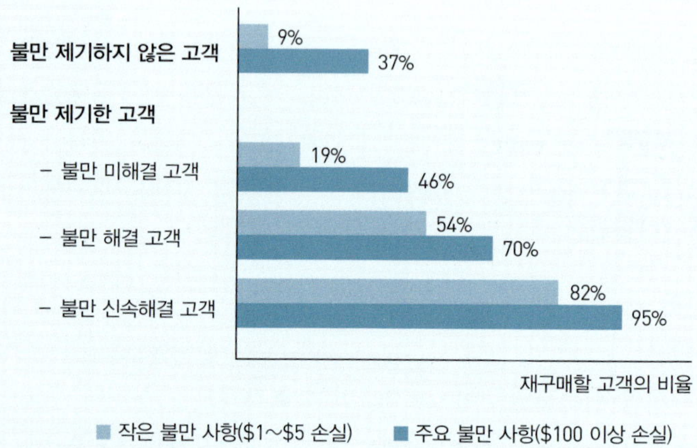

출처: Zemke, R.(1993), "The Art of Service Recovery: Fixing Broken Customers and Keeping Them on Your Side", in Scheuing, E. E. and W. F. Christopher, eds., *The Service Quality Handbook*, AMACOM, p. 464

그런데 여기에 중요한 연구결과가 있다. 89%의 고객은 "제품에 하자가 있더라도 해당 기업의 콜센터에서 그러한 불만을 경청하고 효과적으로 문제를 해결해준다면 그 기업의 제품을 재구매할 의사가 있다"는 것이다. 실수한 것이 중요한 것이 아니라 그 후에 기업이 어떻게 대처하느냐가 더 중요하다는 뜻이다.

이처럼 아무런 문제가 없었던 고객보다 서비스 실패를 경험한 뒤 문제가 신속하게 해결되어 완전히 만족한 경우의 고객이 향후에 재구매하는 현상이 더 많음을 서비스 회복 패러독스(service recovery paradox)라고 한다. 예를 들어, 항공사 체크인 카운터에 도착한 승객이 좌석확약을 받았음에도 초과예약으로 인해 좌석이 없다는 것을 발견했다고 하자.

만약 이 승객의 서비스 회복을 위해 추가 요금 없이 비즈니스 등급으로 승급해 준다면 이 고객은 문제가 발생되기 이전보다 더욱 만족하게 되고 충성고객이 될 가능성이 높다.

서비스 회복 패러독스는 서비스 실패를 경험하고 우수한 서비스 회복으로 기쁨을 느낀 고객에게 해당된다. 그러나 이 접근법은 기업에게 많은 비용을 초래하게 한다. 또한 서비스 회복 패러독스가 항상 적용되는 것은 아니라 첫 번째 서비스 실패가 발생한 후 서비스가 완전히 회복되어 고객 만족으로 이어진 경우에만 적용된다. 만약 두 번째 서비스 실패가 발생한다면, 서비스 회복 패러독스 현상은 발생하지 않는다는 점도 유의해야 한다.

(3) 불만고객은 무엇을 기대하는가?

다양한 서비스 회복 노력에 대한 고객 평가는 서비스의 종류나 유형, 그리고 보상의 수준에 따라서 달라질 수 있지만 공정성 이론(theory of justice)에 따르면 종합적으로 다음과 같은 세 가지 공정성의 상호작용에 의해서 평가가 달라지게 된다. 서비스 실패가 일어났을 때, 고객은 무엇보다도 공정하게 처리되기를 기대한다. 고객들은 그들이 공정하게 대우받아야 하며 충분한 보상을 받아야 한다고 생각한다. 서비스 회복 과정의 공정성 이론(Stephen Tax and Stephen Brown, 1998)에 따르면 서비스 회복으로 인한 만족의 85%는 보이는 세 가지 공정성의 영역에서 기인한다고 보았다.

1) 절차적 공정성(procedural justice): 서비스 실패를 수정하기 위해 사용한 프로세스(즉, 대응속도, 절차의 이용편의성 및 유연성, 회사의 정

책 등과 같은)에 대해 인식하는 공정성의 정도이다. 서비스가 회복되기 위해서는 어떠한 고객이든지 겪어야 하는 방침과 규정에 관련되어 있다. 고객은 기업이 책임을 다해 줄 것을 기대한다. 이것이 편리하고 신속한 회복 과정에 이어서 공정한 회복 과정의 첫 번째 핵심이며, 시스템의 유연성과 함께 서비스 회복을 위한 고객의 노력을 포함한다.

2) 상호작용적 공정성(interactional justice): 고객을 대우하는 매너(즉, 사과에 대한 규정 등과 같은)에 대해 인식하는 공정성의 정도이다. 서비스를 회복시키려는 기업 직원들의 고객을 향한 행동과 관련되어 있다. 서비스 실패에 대한 솔직한 설명과 문제해결을 위한 노력은 매우 중요하다. 그리고 서비스 회복에 대한 기업의 노력 자체가 고객들에게 진정성이 있으며, 공정하고, 정중하게 지각되어야 한다.

3) 결과적 공정성(outcome justice): 회복결과(즉, 보상, 수리, 교환 등과 같은)에 대해 인식하는 공정성의 정도를 말한다. 이것은 서비스 실패로 야기되는 불편함과 손실에 대해 고객이 받게 되는 보상과 관련되어 있다. 이 보상의 대상은 서비스 실패 자체에 대한 보상뿐 아니라 고객이 서비스 실패와 서비스 회복의 과정에 소요한 시간, 노력까지도 포함되어야 한다.

공정성 이론은 서비스 실패로부터 효과적인 회복이 이루어지려면 기업이 비난을 감수하고, 신속하게 대응하는 동시에 진지한 사과와 함께 공정한 서비스 결과를 제공해야 한다는 것을 시사하고 있다. 세 가지 공정성 차원이 서로 상호작용한다는 사실은 어느 한 공정성 측면에서 실패할 경우 전체 회복노력이 실패하게 될 수 있음을 나타낸다.

그림 8-3 서비스 회복 과정에서 지각된 공정성의 세 가지 차원

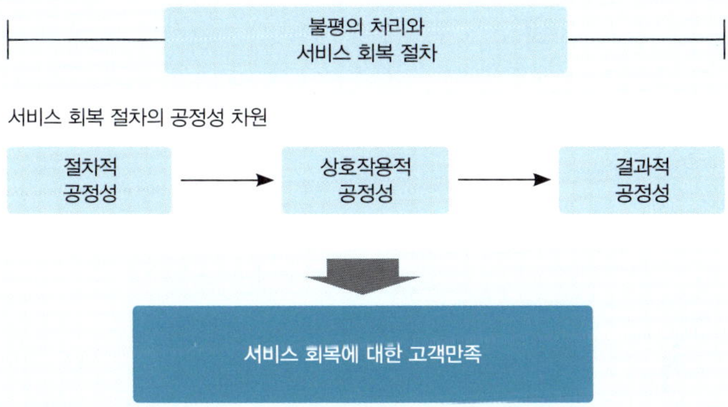

출처: Tax, S. S. and S. S. Brown(1998), "Recovering and Learning from Service Failure", *Sloan Management Review*, 49(1), pp. 75~88

제2절

서비스 회복 시스템

(1) 서비스 회복의 절차는?

죽음의 5단계

불치병에 걸린 환자들은 보통 다섯 단계의 심경 변화를 겪는다고 한다. "진단이 잘못됐을 거다", "그럴 리가 없어"라는 '부정'이 첫 단계다. 이어서 "왜 하필이면 나한테 이런 병이…"라는 질문으로 '분노'가 찾아온다. 현대 의학으로 몸과 마음을 다스리면 나아질 것이라고 믿는 '타협'이 그 다음이다. 시간이 더 흐르면 엄청난 상실감으로 자포자기 상태의 '우울'에 빠졌다가 결국 마음의 평화를 찾고 운명을 받아들이는 '수용'에 이른다.

스위스 출신 정신의학자 엘리자베스 퀴블러 로스(Elizabeth Kubler Ross)가 죽음과 죽어감(On death and Dying)에서 정리한 죽어가는 환자들이 겪는 '죽음의 5단계' 이론이다. 퀴블러 로스는 자신의 이론에 따른 죽음을 맞이하는 사람의 심경 변화가 직업·재산을 잃게 된 사람에게도 적용된다고 했다.

최근 세계적인 주식시장이나 금융위기 시스템을 겪어나가는 과정도 이와 거의 비슷하다. 금융위기가 닥치기 몇 달 전만 해도 월스트리트(Wall Street) 금융사들은 "큰 문제가 아니다"라고 했다. 이는 첫 단계인 '부정'이다. 그러나 사태가 커지자 "정책 당국은 뭐 하고 있는가"라는 불만과 분노가 쏟아졌다. '분노와 반발'이 가라앉자 '타협'이 찾아왔다. 부실이 심한 극소수 회사만 정리하면 사태가 수습될 거란 기대가 그것이다. 하지만 메릴린치·리먼브러더스가 주저앉고 AIG마저 흔들리면서 기대는 물거품이 되었다. 마지막은 '수용'이다. 월스트리트와 미국민들은 7천억 달러의 구제 금융을 받아들여야 했다.

출처: 장정빈(2009), 『리마커블 서비스』, 올림, p. 252

마치 시한폭탄처럼 화난 고객을 침착하게 다루기 위해서는 효과적인 서비스 회복 요령을 알고 있어야 한다. 이것을 '회복(recovery)'이라고도 하는데, 마치 병원의 간호사와 의사들이 환자를 돌보아 건강한 상태로 되돌려놓듯이 고객을 화난 상태에서 정상으로 되돌려놓는 것을 의미한다. 하지만 서비스 회복은 그냥 두면 좋아지는 것이 아니다. 의사나 간호사처럼 서비스업 종사원의 노련한 기술과 경험, 정성이 깃든 단계별 치료과정을 거쳐야 빨리 회복할 수 있다.

앞에서 퀴블러 로스의 죽어가는 사람의 심리 이론을 살펴보았는데 불만을 터뜨리는 고객의 심경도 역시 이와 놀랍도록 비슷하다. 따라서 불만고객에 대한 대응의 포인트는 바로 이 심리 단계를 이해하는 데서 출발해야 한다.

첫째, 경청하는 단계이다. "왜 하필 나한테 이런 엉터리 같은 제품이 걸려들었단 말인가?"라며 고객이 분노하고 있을 때는 설득하려 해서는 안 된다. 분노를 충분히 발산하도록 말을 가로채지 말고 속 시원하게 모두 털어놓고 발산하도록 해주어야 한다. 1단계 '부정'의 심리 단계라고 할 수 있다. 이때 중요한 것은 경청하는 일이다. 고객이 부정하고 분노하고 있을 때 말을 가로막거나 논리적으로 설득하려 해서는 안 된다.

둘째, 공감하는 단계이다. 고객들은 어느 정도 선의를 갖고 불만을 제기한다. 그런데 직원이 제품에만 초점을 맞추어 논리적으로 접근하고 수리 자체에만 집중하게 되면 고객은 순식간에 배신감을 느끼게 된다. 그렇기 때문에 고객의 심정을 이해해주는 직원의 공감 능력과 감성적 태도가 중요하다. 이는 두 번째 단계인 분노의 심리 단계와 비슷하다. 고객이 분노를 표현하는 것은 꼭 직원 때문이 아니다. 직원에게 감정을 발산하는 것뿐이므로 굳이 개인적인 일로 받아들일 필요는 없다. 고객의 격한 감정이 수그러들면 "고객님께서 말씀하시려는 점을 충분히 알겠습니다"라고 이야기하며 고객의 분노와 당혹감을 충분히 느끼고 있음을 표현해주는 자세가 필요하다.

셋째, 사과와 함께 긴급 복구하는 단계이다. 비로소 고객은 논리적인 사고와 합리적인 문제 해결 그 자체에 관심을 갖기 시작한다. "제가 보기에는 괜찮은데요", "사람이 하는 일인데 그럴 수도 있지 않겠습니까?" 하고 대수롭지 않다거나 애매한 태도를 보여서는 안 된다. 불만을 제기한 고객은 이미 인내심이 그 한계점에 다다라 있는 상태이기 때문이다. 신속한 도움으로 회사도 고객 못지않게 신경을 쓰고 있다는 걸 분명히 보여주어야 한다. 특히 제품의 경우 하자가 발생할 가능성은 얼마든지 있다. 문제는 이렇게 하자가 발생하면 결국에는 환불을 해주거나 물건을 교환해주어야 하는데도 시간을 너무 오래 끌어서 고객으로부터 신용을 완전히 잃어버린다. 얼마나 신속하게 고객의 불만에 대응하느냐가

위기를 기회로 반전시키는 핵심이다. 또한 직원들은 책임을 뒤집어쓸까 봐 사과하기를 몹시 꺼린다. 회사는 고객에게 불편을 초래한 것에 대해 사과하는 것이다. 퀴블러 로스 이론으로 보자면, 여기서 고객은 세 번째 '타협'의 단계에 와 있는 것이다.

넷째, 상징적 보상을 하는 단계이다. 회복이란 원래대로 되돌려놓는 걸 의미한다. 회사는 사건 자체를 해결하는 것도 좋지만, 이 특별한 기회를 통해 고객과 돈독한 관계를 유지하고 궁극적으로 떠나지 못하게 해야 한다. 회사가 고객을 위해 무엇인가를 더 주고 있다는 제스처를 보여주는 것으로, 뭔가 보상을 해야 한다. 이때 보상의 내용은 반드시 값비쌀 필요가 없으며, 미안한 마음만 전할 수 있는 정도면 된다. 문제 해결 자체로 끝내거나 앞으로 조심하겠다는 말로만 마무리할 것이 아니라 심각한 불편을 느끼게 한 것에 대해 특별 할인이나 기념품 제공 등 상징적인 보상이 필요하다.

다섯째, 고객의 만족을 확인하는(follow-up) 단계이다. 이는 고객이 회사의 조치에 만족했다는 것을 확인하는 후속 조치를 말한다. '상징적 보상'이나 '고객만족의 확인'은 특히 약간 속이 상한 정도가 아닌 분노했을 때와 같은 심각한 클레임이라면 반드시 필요하다. 며칠 후 엽서를 보내거나 전화를 걸어서 다시 한 번 사과하고 '우리는 당신을 진심으로 소중하게 생각하고 있다'는 것을 느낄 수 있게 한다. 고객이 우리의 해결책에 대해 만족하지 않는다면 추가적으로 필요한 사항이 무엇인지를 알아본다. 고객이 대단히 만족해한다면 문제를 제기해준 것에 대해 감사 표시를 잊지 않는다. 실수했을 때가 바로 고객 감동의 기회라는 것을 깨닫고 복구공사를 잘하는 기업이 진정한 일류 기업이다.

모든 비스니스에서 불만족해하는 고객은 항상 있기 마련이다. 차이점은 회사가 불만족해하는 고객을 얼마나 잘 대응할 수 있는가 하는 데 있다. 그들을 서투르게 다루면 회사는 평생의 적을 만드는 것이고, 그들을 잘 다루게 되면 회사는 고객을 평생의 친구로 얻게 되는 것이다.

(2) 효과적인 서비스 회복 시스템은?

서비스 회복이 단순히 소홀한 서비스에 따른 문제를 해결해주는 것 이상의 프로세스가 되려면 상품과 서비스를 창출하는 주된 프로세스의 체계적인 개선을 위한 차원이 되어야 한다.

서비스 회복은 세부적으로 보면 효과적인 서비스 회복 절차인 적극적 서비스 회복 절차, 계획된 서비스 회복 절차, 훈련된 서비스 회복 절차, 권한 위양된 서비스 회복 절차가 있다.

1) 서비스 회복은 적극적이어야 한다

서비스 회복은 준비되어 있어야 하고 앞에서 든 사례 '가장 즐거웠던 파티'의 경우처럼 매우 적극적이어야 한다. 서비스업 종사원은 고객의 불만족신호를 느낄 수 있어야 하며, 고객이 문제를 겪고 있는지 물어봐야 한다. 예를 들어, 웨이터는 저녁을 반만 먹은 고객에게 다음과 같이 물어볼 수 있을 것이다. "선생님, 혹시 식사에 문제가 있었나요?" 이때 고객은 다음과 같이 말했다고 하자. "이 스테이크는 완전히 익어 있는데 내가 주문한 것은 반 정도 익은 스테이크였어요." 이와 같은 질문을 통해 고객이 만족하지 않은 채로 식당에서 나가 다시는 오지 않게 하는 결과를 낳지 않고, 웨이터는 서비스 회복의 기회를 얻을 수 있다.

모두 깜짝 놀라지 않으셨습니까

김 대리를 포함한 4명은 저녁식사를 마치고 근처 커피숍에 들렀다. 차를 주문하고 기다리는데 종업원이 물이 든 유리컵을 탁자 위에 놓다가 바닥에 떨어뜨렸다는 것이다. 서둘러 깨진 유리를 치우고 죄송하다고 몇 번이고 사과하고 나서 커피가 나왔는데, 아늑한 분위기도 좋았고 커피 맛도 꽤 괜찮았단다. 그런데 커피를 마시고 일행이 계산대로 나오자 아까 그 종업원이 서둘러 카운터로 달려나와서 카운터 종업원에게 "돈을 받지 말아 달라"고 부탁하더라는 것이다. 김 대리가 "괜찮다"고 하면서 그대로 계산을 하려 하자 그 종업원도 굳이 "안 받겠다"고 버텨서 결국 타협안으로 김 대리는 "유리컵 하나를 깬 실수를 했으니 한 잔 값은 받지 말고 세 잔은 계산하라"고 제안했다. 그런데 그 종업원은 웃으면서 "무슨 말씀이십니까, 제가 실수로 유리컵을 떨어뜨렸을 때 여기 네 분께서 모두 깜짝 놀라지 않으셨습니까?"라고 말하며 거절했다는 것이다. 이 종업원은 김 대리의 언짢은 기분을 알아차리고 두고두고 잊지 못할 에피소드를 만든 것이다.

출처: 장정빈(2003), 『먼저 돌아눕지 마라』, 물푸레, p. 72

2) 서비스 회복 절차는 계획되어야 한다

서비스 실패에 대한 회복 계획이 미리 개발되어 있어야 한다. 특히 정기적으로 발생하고 시스템 안에서 설계될 수 있는 것에 대해서는 더욱 치밀한 계획이 필요하다. 예를 들어 항공과 호텔업계에서는 수익관리 차원에서 가끔 초과예약이 발생하는 경우가 생긴다. 그 결과, 예약한 고객이 비행기에 탑승하지 못하거나, 호텔에 투숙하지 못하는 경우가 종종 발생한다. 호텔은 초과예약과 같은 일반적인 서비스 문제에 대하여 사전에 다른 호텔로 예약고객을 보내는 방법 등에 관한 사전 지침을 미리 마련해 두어야 한다.

여러분이 이 호텔의 지배인이라면?

매리어트 호텔(Marriott Hotel)은 전 세계에 470여 개의 체인을 갖고 있는 특급 호텔이다. 이 중 보스턴에 있는 롱 워프(Long Woalf) 매리어트 호텔에서 일어난 일이다. 호텔 직원의 실수로 숙박 예약을 초과해서 이중으로 받게 되었다. 그 결과 예약 완료 고객 중 한 사람에게 룸을 제공하지 못할 형편이 되었다. 설상가상으로 그 고객에게는 전화 연락이 되지 못했고, 고객은 당연히 예약을 하였으므로 투숙하기 위해 호텔에 도착하였다. "만약 여러분이 이 호텔의 지배인이라면" 어떻게 할 것인가를 "고객불만의 회복 공식"을 참조하여 생각해 보기 바란다.

이 사례는 실제 사례인데 서비스 회복의 줄거리는 이러했다.

얼마 전에 보스턴의 롱 워프 매리어트 호텔에 체크인하면서 벨을 만났다. 그는 언젠가 이 호텔의 프런트 데스크에서 목격한 회복의 과정을 이야기했다.

어느 여행자가 체크인을 하려고 했는데 예약 초과로 룸이 없었다. 그때 프런트 데스크의 매니저가 다음과 같이 말하는 것이 벨의 귀에 들려왔다. "드릴 말씀이 없습니다. 있을 수 없는 일이지만 우리가 예약을 많이 받았습니다. 귀하께서 예약을 했는데도 오늘 밤에 룸이 없다는 것을 유감스럽게 생각합니다. 이 일로 대단히 죄송스럽게 생각합니다. 제가 이 근처 호텔에 당신을 위해서 예약을 해놓았습니다. 이 카드를 가지고 파커 하우스 호텔(Parker House Hotel)의 프런트 데스크로 가십시오.

거기서 귀하를 맞이할 것입니다. 화가 나셨으리라고 생각합니다. 입장이 바뀌었다면 저 역시 그럴 것입니다. 파커 하우스 호텔의 시설 수준은 우리 호텔과 같습니다. 안심하셔도 좋습니다. 여기 택시비와 팁 비용으로 10달러를 드리니 받아주십시오." 비록 완전히 흡족한 것은 아니었지만 그 고객은 카드와 현금을 받아들고 중얼거리면서 갔다.

그러나 벨은 이 사건에서 강한 인상을 받았다. 그는 최종 마무리를 포함한 회복의 우수한 사례를 목격한 것이다. 실망한 고객이 택시 승차장으로 가기 위해 호텔을 나실 때 그 매니저는 부하 직원에게 "저 고객은 아직도 만족하지 않은 것 같다. 저 사람이 파커 하우스 호텔에 도착해서 체크인하고 룸에 들어갈 때까지 대략 15분 정도 걸릴 것이다. 15분 후에 저 고객에게 전화해서 룸이 마음에 드는지 물어보라. 그리고 내일 아침에 우리 호텔의 손님으로서 아침을 들도록 초청하라. 그리고 고객을 초대했다고 식당의 책임자에게 메모를 전달하라. 이러한 일들을 실수 없이 하라"고 지시하는 것이었다.

출처: 론 젬케 외(1994), 『초우량 기업의 서비스 경쟁력』, 윤순봉 역, 21세기북스, p. 63

3) 서비스 회복의 응대 기법을 교육해야 한다

고객과 직원은 서비스 실패를 예상하지 못한 경우에 적절하게 대처하지 못한다. 비일상적인 서비스 실패와 지정된 회복 절차에 대한 효과적인 교육은 접점 직원으로 하여금 자신감을 갖고 고객을 응대할 수 있게 한다.

4) 서비스 회복은 권한 위양이 필요하다

우리가 서비스를 받게 될 때 가장 듣기 싫었던 말은 "그 일은 제 담당이 아닌데요"일 것이다. 하지만 리츠칼튼 호텔(Ritz-Carlton Hotel)에서는 "담당자에게 물어보겠습니다"라는 말을 들을 수 없다. 벨맨에게 에어컨 상태를 불평해도 "죄송합니다, 제가 처리해 드리겠습니다"라고 답한다. 실제로 리츠칼튼은 모든 직원들에게 고객 응대를 위해 언제든 2000달러를 사용할 수 있는 권한을 부여했다. 직원들은 이 돈으로 투숙객이 두고 간 비행기 티켓을 가져다 주러 공항에 다녀올 수도 있고, 실내 공기를 불평하는 알레르기 환자를 위해 공기청정기를 설치해 줄 수도 있다. 결국 직원들에게 이 돈은 자신이 생각하는 최고의 서비스를 고객에게 베풀 권한의 상징이다.

이처럼 직원은 불만고객을 만족시키기 위해 필요한 판단과 커뮤니케이션 기술을 활용할 수 있는 권한이 있어야 한다. 이것은 특히 기업이 미리 개발했거나 교육했던 지침에서 벗어난 서비스 실패의 경우 더욱 필요하다. 그래야 직원들은 상황에 대한 주인의식을 갖고 그들이 가진 능력 한도 내에서 고객의 문제를 능동적으로 해결할 수 있다.

5) 서비스 보증의 효과는?

고객중심적인 기업이 고객불만의 신속한 해결 및 효과적인 서비스 회복을 제도화하기 위한 방법으로 활용하는 것이 서비스 보증(service guarantees)이다. 최근 서비스 우량기업을 중심으로 고객에게 무조건적인 만족을 보증하는 기업들이 점점 늘어나고 있다. 보증이란 만일 서비스가 사전에 정한 기준을 만족시키지 못한다면 고객에게 보상하겠다는 약속을 말한다. 보상은 주로 손쉽게 대체 서비스나 환불 혹은 크레딧(credit)을 요구할 수 있는 형태로 주어진다.

서비스 보증은 다음과 같은 이유 때문에 서비스 품질 수준을 높이기 위한 효과적인 수단이 되고 있다.

① 서비스 보증은 기업으로 하여금 서비스 각 요소에 대해 고객이 원하는 기대를 정확히 파악할 수 있게 해 준다. 브리티시 항공사(British Airways)는 고객들이 서비스를 판단하는 네 가지 차원이 배려 및 관심, 선도적인 조치, 문제 해결, 그리고 잘못된 서비스의 회복임을 알아냈다.

② 서비스 보증은 명확한 기준을 세운다. 이 기준은 해당 기업이 표방하는 바를 고객과 직원에게 전달하는 역할을 한다. 불량서비스에 대해 보상을 실시하게 되면 낮은 품질의 서비스에 대한 보상으로 기업은 상당한 재무적 비용을 감당해야 하기 때문에 관리자로 하여금 보증에 대해 심각하게 고려하게 한다. 예를 들어 오전 10시 30분까지 배달을 보장한다는 페덱스(FedEx)의 서비스 보장은 모든 관련 직원의 책임과 서비스 기준을 구체적으로 정의해 준다.

③ 보증의 실행은 의미 있는 고객의 피드백과 그러한 피드백에 근거한 행동이 이루어질 수 있도록 시스템이 개발된다. 비정규직 인력 공급회사인 맨파워사(Manpower Inc.)는 고객만족에 대한 피드백을 받기 위해 인력을 파견한 첫날부터 고객에게 전화해서 그들의 적극적인 피드백을 받아 서비스 개선에 반영한다.

④ 보증은 서비스 조직이 왜 실패하는지에 대해 알게 하고 잠재적인 실패 요소를 구분할 수 있도록 유도한다. BBBK는 고객이 벌레가 들어오지 못하도록 문과 창의 틈을 철저하게 밀봉하는 등 고객 스스로 시설 개선 노력을 성실하게 지킬 때만 방재 작업을 시작하고 서비스를 보장한다.

⑤ 보증은 구매결정에 대한 위험을 완화시키고, 장기적인 고객충성도를 구축함으로써 기업의 마케팅 능력을 키워준다.

고객 관점에서 서비스 보증이 가져다 주는 혜택은 구매와 관련된 모든 위험을 줄여주는 것이나. 햄튼인(Hampton Inn)의 100% 만족 보증의 경우에서처럼 많은 고객이 그들이 호텔에서 만족할 것임을 알기 때문에 햄튼인에 머물 것을 결정한다.

서비스 보증의 예

의류 브랜드(L. L. Bean)의 보증

우리는 보증에서, 우리의 제품은 모든 면에서 100% 만족을 보장한다. 만약 이 반대의 경우가 확인되면 언제라도 우리로부터 구매한 모든 것을 환불한다. 우리는 당신이 완전히 만족할 수 없는 그 어떤 것도 L. L. Bean으로부터 갖게 되는 것을 원하지 않는다.

출처: www.llbean.com/customerservice/aboutLLBean/guarantee.html (accessed March 12, 2012.)

방제기업 BBBK(Bugs Burger Bug Killer)의 보증

- 한 마리의 해충이나 쥐라도 있다면 당신은 돈을 지불할 필요가 없다.
- 만약 BBBK의 서비스에 불만족한다면, 1년치 서비스 요금만큼 환불 받을 수 있다.
- 서비스를 받은 다음 당신이 한 마리의 해충이나 쥐라도 발견한다면, 당신의 식사비와 임대료를 지불할 것이며, 사과의 편지를 보내고, 미래의 식사비와 임대료도 지불할 것이다.
- 해충이나 쥐 때문에 당신이 망한다면, 우리는 모든 손실금과 5,000 달러를 지불할 것이다.

출처: Hart, C. W. (1990), "The Power of Unconditional Service Guarantees", *Harvard Business Review*, 68, pp. 54~62

BBBK의 사례처럼 어떤 기업의 서비스 보증은 단순하고 무조건적이다. 그러나 다른 어떤 기업의 서비스 보증은 많은 제약을 포함하기도 한다. 어떤 보증이 당신에게 더 신뢰감과 확실함을 주는지는 물어볼 필요도 없다. 따라서 서비스 보증은 다음의 기준을 충족해서 설계되어야 한다.

- 무조건적이어야 한다. 보증을 통해 약속했다면, 그것은 조건이 없어야 하고, 고객이 당연하게 생각해야 한다. 예를 들어 우편주문 회사인 L. L. Bean은 모든 반품을 즉시 받아들이고, 교체해 주거나 환불해 준다.
- 이해와 의사소통이 쉬워야 한다. 보증에서 얻을 수 있는 이익을 고객이 명확하게 알아야 한다. 예를 들어 베니건스(Bennigans) 식당은 15분 이내에 식사가 나오지 않으면 점심을 무료로 제공한다고 약속한다.
- 고객에게 의미가 있어야 한다. 보증은 고객에게 중요한 것이어야 하고, 보상은 서비스 실패를 보상하고도 남을 정도여야 한다. 도미노 피자에서는 주문이 30분 이내에 배달되지 않으면 고객에게 무료 피자를 제공하기보다는 3달러 할인을 해준다. 왜냐하면, 고객은 무료로 받는 것이 편치 않아서 보상서비스로 무료 피자를 거절하기도 하기 때문이다. 그러나 가격할인 혜택은 심리적으로 좀 더 편안하게 느끼고 보상서비스로 받아들이기 쉽기 때문이다.
- 보증을 요청하기 쉬워야 한다. 보증을 요청하기 위해 많은 노력을 하지 않아도 되어야 한다. 만약 무언가 잘못되었을 때 보증을 요청하는 고객에게 확인을 해 주는 노력을 하는 것은 서비스 제공자여야 한다. 시티트래블(Cititravel)은 최저 항공료를 보장하고 그 차액을 환불해 주는데, 무료 전화 한 통화로 더 낮은 항공료를 확인하고 환불을 받을 수 있다.
- 쉽게 보상받아야 한다. 서비스 실패가 발생하면, 고객이 문제없이 쉽게 보증을 받을 수 있어야 한다. 도미노 피자와 베니건스의 사례에서처럼 최고의 보상은 현장에서 바로 이루어진다.

제3절

악의적인 불량고객의 대처요령

(1) 고객은 항상 옳은가?

미국의 낙농업체인 스튜 레오나드(Stew Leonard's)의 정문 바위에는 다음과 같은 글귀가 새겨져 있다.

규칙 1 고객은 항상 옳다.
규칙 2 만약 이 말이 옳지 않다고 생각되면 규칙 1을 다시 읽어라.

불만고객의 행동에 대한 연구로 유명한 미국의 서비스 연구회사인 TARP(Technical Assistant Research Program)도 고객의 문제 중 3분의 1이 고객 책임이라는 것을 발견했다. 이것을 더티 클레임(dirty claim)이라고도 한다. 때로는 술에 취해 직원들을 괴롭히거나, 자기 잘못을 뒤집어씌우거나, 직원들의 사소한 실수를 악용해서 공짜 혜택을 얻어내려는 불량고객들도 있다. 그러나 고객들이 문제를 일으키는 이유의 상당 부분이 기업이 제대로 설명해주지 않은 데서 발생한다는 점을 간과해서는 안 된다.

고객들의 잘못된 행동은 제품에 대한 올바른 사용법을 몰라서 발생하는 경우가 있기 때문이다. 기업은 제품과 서비스에 대해서 고객이 꼭 알고 있어야 할 규정이나 유의사항을 알려주는 것을 자주 잊어버리곤 한다. 기업에게는 너무 익숙하고 사용설명서에 모두 나와 있으니 고객도 상식적으로 잘 알고 있으리라는 믿음 때문이다. 설사 고객에게 잘못이 있더라도 직원의 역할은 고객에게 책임을 묻는 것이 아니라, 고객이 정확하게 이해했는지를 다시 한번 확인하는 직원으로서의 책무를 다했는지를 되돌아보는 것이다.

월트 디즈니(Walt Disney)는 설령 고객에게 문제가 있을 경우에도 "그곳에 써 있는 것을 읽지 않았습니까?", "팸플릿에 나와 있는 내용입니다", "안내를 받지 못했습니까?"라는 민망한 대응은 절대 삼가도록 강조하고 있다. 일단 고객에 실례가 되지 않도록 배려하면서 자기 잘못인 것처럼 정중하고 밝게 다시 한번 안내하는 것이다.

상품 설명에 대해서 잘 듣지 못했다

담당자가 상품에 대해 자세히 설명하지 않고 매우 안전하다고만 하였다. 투자설명서는 가입 후 읽으라고 주었다. 나는 투자설명서는 한 번도 읽지도 펴보지도 않았다. 당시에 판매직원이 굉장히 바빴고 지점에 사람도 많았으므로 20~30분씩 설명을 할 수 있는 상황도 아니었다. 너무 바빠서 상품에 대해서 설명을 할 수 없었다. 우리가 투자를 하고 나올 때에도 기다리는 고객이 있었다. 선취수수료에 대한 설명만 해 줬더라도 가입하지 않았을 것이다. 손실 전액을 보상해야 마땅하다. 보상해주지 않으면 은행 객장에 드러눕겠다.

출처: H 은행 민원인의 주장

그러나 기업이 '너그러운' 서비스 회복 정책을 보유하고 있거나 무조건적인 보증을 제공할 때, 일부 고객은 그러한 기업의 호의를 악용할 수 있는 가능성도 항상 존재한다.

특히 불량 수준을 넘어 악마 같은 고객들의 직원에 대한 무례한 행동은 직원에게 모욕감과 수치감 등의 심리적 스트레스를 주고, 사기를 저하시키며, 접점에 있는 서비스업 종사원들의 불만을 유발함으로써 이직률을 증가시킨다. 또한 불량고객에 의한 불필요한 노력과 비용 소모가 선량한 다른 고객에게 사용될 자원을 낭비하게 만들기도 한다.

모든 서비스의 목적은 고객을 만족시켜 고객이 계속 찾도록 하고 좋은 소문을 내도록 하는 데 있다. 그러므로 설령 불량고객이라 하더라도 올바른 고객으로 인도할 능력을 갖추어야 한다. 그렇다고 이들 불량고객에게 직원들이 계속 학대당해도 된다는 말은 절대 아니다.

사우스웨스트 항공(Southwest Airlines)의 전 CEO인 허브 켈러허(Herb Kelleher)는 다음과 같이 말했다. "요즘 기업들이 하나님 말씀처럼 신봉하고 있는 '고객은 항상 옳다'라는 말은 완전히 틀렸다. 그것은 직원을 배신하는 것이다. 고객 중에는 기내에서 폭음을 하고 이유 없이 직원을 괴롭히는 등 해를 끼치는 이들이 있다. 가치 있는 고객들만 항상 옳으며 그런 고객만이 대접받을 가치가 있다." 그래서 사우스웨스트 항공은 3회 이상 직원을 괴롭힌 고객은 더 이상의 탑승을 거절한다. 부득이하지만 '고객을 받지 않을 재량권'을 서비스업 종사원에게 줌으로써 고객 못지않게 회사의 큰 자산인 직원들을 보호해야 한다고 생각하기 때문이다.

따라서 상습적이고 돈을 뜯어내려는 고의적인 불량고객은 반드시 퇴출시킨다는 결단이 필요하다. 위 사례처럼 사우스웨스트 항공 같은 서비스 우수 기업들은 직원을 해고하기 이전에 불량고객을 해고하는 것을 고려해야 한다는 사실을 깨닫고 있다.

불량고객은 경솔하고 악의적인 방식으로 행동하여 기업, 직원, 다른 고객에게 문제를 발생시킨다. 모든 서비스 현장에는 불량고객이 존재한다. 불량고객은 가능하면 고객으로 받아들이지 않는 것이 바람직하지만, 그러지 못할 경우 그들의 악의적 행동을 통제하거나 미리 차단할 필요가 있다.

(2) 불량고객의 유형은?

'제이워커(jaywalker)'란 '무단횡단자'를 뜻한다. 같은 맥락에서 서비스나 제품을 잘못 소비하거나 잘못 사용하는 고객을 '제이커스터머(jay-customer)', 즉 불량고객이라 부른다. 그러나 실제로 불량고객에 대하여 한마디로 정의를 내리기가 쉽지 않다. 뿐만 아니라 산업별로 그 유형도 천차만별이다. 그러나 일반적으로 서비스업 종사원이 대응해야 하는 몇 가지 유형을 살펴보면 다음과 같다.

표 8-1 불량고객의 유형 및 개념

유형	개념	예
사기꾼형	서비스 보증 등을 악용하여 보상을 받거나 보험사고 등을 위장하여 부당이득을 취하는 고객	• 호텔 불편 시 100% 환불을 이용하여 고의로 민원 제기 • 자동차 사고로 위장하여 보험금 수령
도둑형	제품이나 서비스에 대가를 지불하지 않거나 훔치는 고객	• 호텔 객실 내 미니바 이용 후 물을 담아놓음 • 대형 마트에서 몰래 물건을 가져감 • 전력 미터기를 우회해 전력을 무료 이용
규칙 위반형	정해진 규칙이나 규율을 무시하는 고객	• 수영장에서 수영모를 착용하지 않음 • 무단횡단 보행 • 위험하게 스키를 탐
호전형	사소한 일로 직원 등에게 거칠게 항의하는 고객	• 증권사 객장에서 고함을 지름 • 콜센터 상담원에게 소리를 지름
내분형	화난 고객들 중에서 다른 고객들과 싸우는 고객	• 옆 테이블 고객과 다툼 • 내기 골프에서 지고 심하게 다툼 • 레스토랑에서 고객끼리 심한 논쟁을 함
파괴형	물리적 시설을 훼손하거나 더럽히는 고객	• 콘도의 주방기구를 파손 • 공중전화기 번호판을 담뱃불로 훼손 • 은행의 현금 인출기에 커피를 쏟음
신용 불량형	제공받은 제품이나 서비스에 대한 값을 지불하지 않으려는 고객	• 사용한 전화비를 계속적으로 납부하지 않음 • 음식값을 외상으로 하고 갚지 않음

출처: 이유재·허태학(2007), 『고객가치를 경영하라』, 21세기북스, p. 182

공항 VIP 라운지에서 300번 넘게 공짜밥을 먹다

어느 중국 사람이 자국 항공사에서 1등석 티켓을 예매했다고 한다. 그런데 중국 항공사의 경우 1등석을 예약하면 비행기 타기 전에 공항 VIP 라운지에서 식사할 수 있다는 것을 악용해 티켓 끊은 뒤 라운지에서 밥 먹고 난 후 다음 날로 항공권의 날짜를 변경하고 다시 밥 먹고 다음 날로 연기하는 등의 방법을 통해 무려 1년간이나 그렇게 밥을 먹은 뒤 환불한 고객이 있어 화제가 되었다. 티켓 환불기간이 1년 동안인 점을 악용한 것인데 그 후 해당 항공사는 규정을 바꿨다고 한다.

출처: www.facebook.com/jonna.facts

(3) 상습적인 불량고객의 응대법

상습적인 불량고객이란 비합리적인 요구를 하면서 시간을 낭비하게 만드는 고객을 말한다. 다음은 상습적인 불량고객이 나타내는 몇 가지 특징들이다.

1) 항상 누군가 비난을 퍼부을 대상을 찾는다

실수로 발생하는 문제란 없어야 하며 항상 누군가가 잘못해서 문제가 생긴다고 생각한다. 따라서 '그 누군가는 바로 서비스업 종사원 당신'이라고 주장한다.

2) 고객 자신의 실수나 책임은 조금도 인정하는 일이 없다

자신은 흠잡을 데 없는 사람이며 다른 사람의 무능력과 잘못 때문에 자기가 희생당하고 있다고 생각한다.

3) 다른 사람이 무엇을 해야 하는지에 대한 생각이 확고하다

어느 고객이 당신에게 '항상', '결코', '해서는 안 되는' 등과 같은 단어를 강조하여 불만을 늘어놓는다면 상습적 불량고객일 가능성이 높다.

4) 불만을 길게 늘어 놓는다

정상적인 불량고객은 간간이 쉬면서 불만을 말하지만 상습적 불량고객은 쉴 새 없이 또 다른 불만을 꺼내들어 연속적으로 불만을 제기한다.

이렇게 해서 일단 상습적인 불량고객이라고 판단되면 다음은 어떻게 대처할 것인지를 생각해야 한다. 실제로 상습적 불량고객이 많은 것은 아니지만 이들을 효과적으로 다루지 않으면 귀중한 서비스 인력과 시간을 비생산적인 일에 낭비하는 셈이다. 상습적 불량고객을 다루기 위한 몇 가지 접근방법은 다음과 같다.

한 외국계 은행의 불량고객 선정기준

불량고객(이 은행은 "특별관리고객"으로 지칭) 선정기준(3회 이상)

- 불만사항 관련 민원을 월 3회 이상 제기하는 고객
- 직원의 단순한 실수를 꼬투리 잡아 금감원이나 회사 민원담당팀에 민원을 제기하지 않겠다는 조건으로 금전적인 보상을 요구하는 고객
- 심한 욕설과 음담패설로 상담원에게 수치심을 유발하는 고객
- 상담 이외의 의도로 상담원과 1시간 이상 인터넷 채팅 시간을 끄는 고객

전산등록 및 관리방법

- 상담이력 등록란에 상담유형과 그 세부사항을 구체적으로 기록한다.
- 해당 고객으로부터 전화가 올 경우 모니터에 불량고객(특별관리고객)임을 알리는 팝업이 뜨게 한다.
- 전산에 등록하는 시점의 최종 상담원을 해당 고객의 전담직원으로 지정하여 향후 전담하여 응대한다.
- 콜센터뿐만 아니라 전 영업점에서도 해당 고객에게 특별한 관심과 주의를 기울일 수 있도록 정보를 공유하는 프로그램을 개발한다.

① 끊임없이 늘어놓는 불평 속에 합리적인 불만내용이 들어 있는지를 찾아내기 위해 적극적으로 경청하라.

② 고객이 주장하는 장황한 불만내용을 서비스 제공자의 표현으로 요약해서 확인하라. 예를 들어 "죄송합니다만, 결국 오래 기다리셔서 기분이 나쁘다는 말씀이신가요?"

③ 고객이 과장하거나 확대하는 일을 줄이기 위해 사실관계를 질문하라. 예를 들어 고객이 "하루 종일 전화했지만 아무도 안 받았다"고 주장한다면, 실제 몇 번이나 언제 전화했는지를 확인한다.

④ 고객에게 사과하는 일이 자연스럽더라도 잠시 사과하고 싶은 욕망을 억제해야 할 경우가 있다. 고객이 진정으로 원하는 바가 문제를 해결하는 데 있지 않고 책임을 덮어씌우려는 데에 있을 수 있기 때문이다.

⑤ 특히 서비스 제공자의 문제해결 방식에 만족하지 않을 때에는 고객으로 하여금 직접 문제의 해결방법을 제시하도록 유도하라. 또한 고객과의 대화를 위해 할애할 수 있는 시간을 제한하라. 예를 들어 "10분 후에는 다른 사람과 약속이 되어 있습니다. 그때까지 어떤 방법이 있는지 함께 생각해볼까요?"와 같은 식으로 유도하라. 목표는 불평 늘어놓는 일을 중단시키고 문제해결을 위한 대화를 시작하게 만드는 것에 있다.

어느 기업이나 또는 어느 콜센터에서나 상습적인 불량고객이 있다. 그런 일이 어느 상담원이나 영업점에서 한 번 있었다고 해서 바로 이 고객을 불량고객이나 비양심적인 고객으로 간주하고 대처하는 것은 위험하다. 의심스러워도 고객이 옳을지 모른다고 한 번 더 생각해보는 것이 바람직하다. 외국의 어느 비디오 대여점 사장은 야구의 룰을 이용해서 삼진아웃제도를 실시한다고 한다. 고객과 직원 사이에 비디오 반납 여부를 두고 분쟁이 생기면, 첫 번째는 무조건 대여점이 착오가 분명하다고 말한다. 같은 고객과 두 번째 그런 일이 생겨도 역시 마찬가지다. 하지만 세 번째에도 그런 일이 생기면 이 고객은 상습적인 불량고객으로 간주된다.

참고문헌

론 젬케 외(1994), 『초우량 기업의 서비스 경쟁력』, 윤순봉 역, 21세기북스, p. 63.

유영목(2005), 『서비스 품질 경영』, 양서각.

이유재·허태학(2007), 『고객가치를 경영하라』, 21세기북스, p. 182.

장정빈(2003), 『먼저 돌아눕지 마라』, 물푸레, p. 72.

______(2009), 『리마커블 서비스』, 올림, p. 239.

토마스 홀트베른트(2005), 『웃음의 힘』, 배진아 역, 고즈윈.

Jochen Wirtz 외 3인(2014), 『서비스 마케팅』, 김재욱 외 역, 시그마프레스.

Hart, C. W.(1990), "The Power of Unconditional Service Guarantees", *Harvard Business Review*, 68, pp. 54~62.

Tax, S. S. and S. S. Brown(1998), "Recovering and Learning from Service Failure", *Sloan Management Review*, 49(1), pp. 75~88.

Tax, S. S., Brown, S. W. and M. Chandrashekaran(1998), "Customer Evaluations of Service Complaint Experiences: Implications for Relationship Marketing", *Journal of Marketing*, 62(2), pp. 60~67.

Timm, P. R.(2001), *Seven Power Strategies for Building Customer Loyalty*, AMACOM.

Zemke, R.(1993), "The Art of Service Recovery: fixing Broken Customers-And Keeping Them on Your Side", in Scheuing, E. E. and W. F. Christopher, eds., *The Service Quality Handbook*, AMACOM.

www.llbean.com/customerservice/aboutLLBean/guarantee.html(accessed March 12, 2012.)

Part IV

서비스 경영의 미래(Future)

Chapter 9

제조업의 서비스화

도입사례

롤스로이스
– 고품질 항공기엔진, 토탈케어 서비스로 날개를 달다 –

롤스로이스 항공기 엔진과 Total Care Service를 제공하는 운항관리소 전경
출처: 한국정보산업연합회, 2015년 IT산업 7대 메가트렌드, 2014
(http://blog.daum.net/windada11/8766958)

1906년에 설립된 영국의 자동차 및 항공기 엔진 제조회사 롤스로이스(Rolls-Royce Ltd.)는 높은 엔지니어링 역량을 보유한 회사이다. 1998년에 자동차 부문을 매각하고 항공기 엔진, 해양, 에너지 사업에 전념하고 있는 롤스로이스사는 항공기 엔진 제조 분야에서 GE(General Electric Company)와 함께 업계 선두를 유지하고 있으며 전 세계 170여 개의 고객사에 4,500대의 항공기 엔진을 공급 및 관리하고 있다. 이러한 입지는 1996년 당시의 CEO 존 로즈(John Rose)가 실행한 전략의 결과이다. 존 로즈는 제품 판매의 수익성이 하락하는 것에 대응하기 위해 엔진 판매가격은 낮추고 대신에 유지보수 서비스를 통한 매출확대를 도모하였다. 이러한 롤스로이스사의 노력으로 탄생한 서비스가 바로 Total Care Service이다(신형원, 2010).

Total Care Service를 위해 운영되고 있는 롤스로이스 운항 관리소는 전 세계 4,500여 대의 엔진에 부착된 센서에서 실시간으로 보내오는 온도, 압력, 스피드, 진동 등의 데이터를 분석하여 수리 및 부품 교체 여부를 결정하며 엔진 성능을 평가하고 있다. 이 서비스를 통해 롤스로이스사는 고장을 미연에 방지하여 항공기 운행시간을 증가시켰고 완전정비점검에 따라 고객사에 발생하던 수백만 달러의 비용과 수리비를 감축시킬 수 있었다(한국정보산업연합회, 2014).

롤스로이스의 항공기 엔진 서비스의 성공은 매출을 통해 확인할 수 있는데 엔진과 관련된 총매출 중에서 항공기 엔진 서비스의 매출이 차지하는 비율은 59%로 약 26억 파운드에 달하는 것으로 나타났다. 항공기 엔진 시장점유율 역시 1999년 27%에서 2009년 34%로 성장하였다. 영국의 주요 제조기업이 파산하거나 인수되던 상황에서 롤스로이스가 건재할 수 있었던 비결은 바로 뛰어난 제조품질에 서비스라는 날개를 달았기 때문이다(Economist, 2009).

이제 더 이상 롤스로이스는 단순히 항공기 엔진이라는 제품을 판매하는 회사가 아니다. 토탈케어 서비스라는 서비스 기반의 상품을 통해 각 엔진을 사용하는 시간을 판매하는 회사가 되었다(Oxford Economics, 2013). 정기 유지보수부터 종합관리까지 엔진운용과 성능을 보장하면서 고객에게 신뢰와 이익을 제공하는 회사가 되었다.

이러한 롤스로이스의 사례는 최근 제조기업에 나타나고 있는 변화를 여실히 보여준다. 그것은 바로 '제조업의 서비스화'이다. Oxford Economics(2013)가 300여 개의 글로

그림 9-1 상위 서비스 전략

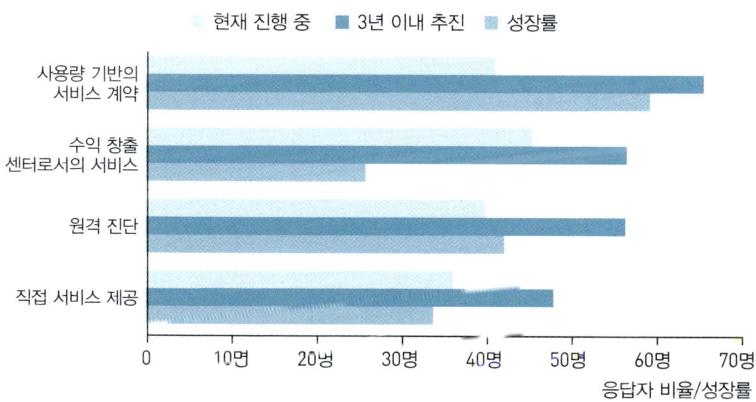

출처: Oxford Economics, 2013

벌 기업 임원을 대상으로 한 설문조사에 따르면 70% 이상의 제조기업이 2015년까지 서비스를 활용해 제품을 차별화할 예정이고, 절반 이상(56%)은 서비스를 이익 창출의 핵심전략으로 전개할 것이라고 응답했다. 또한 제조 부문 최고 책임자의 77%는 경쟁력의 핵심요소로 서비스 강화를 꼽았다. 또한 [그림 9-1]을 통해 각 기업이 구상하고 있는 서비스 전략들과 성장률을 확인할 수 있다. '제조업의 서비스화'는 대세를 넘어서서 제조기업 생존의 필수적 요소가 되어가고 있는 것이다.

제1절

제조업의 서비스화의 개념과 유형

(1) 제조업의 서비스화(Servitization)란?

과거 제조기업에 있어서 가장 중요한 것은 제품의 생산이었다. 그러나 오늘날에는 제품생산에서보다 연구개발(R&D), 디자인, 마케팅, 애프터서비스 등의 서비스 기능에서 상대적으로 높은 가치가 창출되고 있다. 기술평준화로 인해 제품 자체의 차별화가 어려워진 실정에 맞춰 제조 기업들이 제품과 서비스의 통합을 통해 새로운 가치를 창출하고 이를 통해 경쟁력을 강화하려 하고 있는 것이다(장병열 외, 2014). 이러한 제조기업들의 변화된 비즈니스 모델을 제조업의 서비스화라고 한다.

서비스화(servitization)란 용어가 처음으로 등장한 것은 Vandermerwe and Rada의 연구(1988)에서이다. Vandermerwe and Rada(1988)는 서비스화란 제품, 서비스, 지원, 지식, 셀프서비스를 하나의 묶음으로 제공하는 것이라고 하였다(김동희, 2014). 이러한 서비스화의 개념은 [표 9-1]과 같이 다양한 연구에 의해 발전되어 왔다. Robinson *et al.*(2002)은 서비스화를 제품과 서비스의 통합 패키지라고 말하며 과거 제품판매의 부가적 차원에 불과하던 서비스가 제품과 융합되어 서로 분리할 수 없는 단계로 진화하는 것이라고 설명하였다. 또한 Ren and Gregory(2007)는 서비스화를 제조기업의 전략적 변화로 보았는데 고객만족, 경쟁우위확보, 기업성과개선이라는 목적을 달성하기 위해 제조기업이 서비스 지향적으로 되고 더 나은 서비스를 개발하기 위해 노력하는 것을 의미한다고 정의했다. Lightfoot(2008)과 Baines(2009) 등은 서비스화를 조직 역량과 프로세스의 혁신으로 정의하며 보다 나은 상호가치를 창출하기 위해 제조기업이 기존의 제품판매에서 제품-서비스 통합 시스템(PSS, Product-Service System)으로 변화하는 것을 의미한다고 하였다. 이러한 서비스화는 서비스 마케팅(service marketing), 제품-서비스 통합 시스템(PSS, Product-Service System), 서비스 운영(service operation), 서비스 사이언스(service science) 등의 명칭 아래 그 의미를 확장해가며 다양한 방향으로 연구가 진행되고 있다(Baines 외, 2009; 김동희, 2014).

기존 문헌연구를 보면 서비스화를 정의할 때 제품 서비스화(product servitization)와 기업 서비스화(enterprise servitization)의 개념이 혼재되어 있는 것을 확인할 수 있다. 제품 서비스화란 제품과 서비스를 융합하는 것으로 대표적 기업으로는 애플(Apple)과 롤스로이스(Rolls-Royce Ltd.)가 있다. 기업 서비스화란 제품 서비스화에서 더 확장된 서비스화의 형태로 제조기업이 제품 관련 서비스를 하던 것에서 더 나아가 서비스를 전적으로 제공하는 순수 서비스 기업이 되는 것을 의미한다. 이는 기업 자체의 서비스화라고 할 수 있는데 대표적 기업으로는 IBM과 GE가 있다(류지희 외, 2010). 이러한 서비스화의 등장으로 인해 제조 산업과 서비스 산업의 경계가 허물어지고 있는데 [그림 9-2]는 그러한 현실을 반영하고 있다.

표 9-1 학자별 서비스화의 정의

학자	서비스화의 정의
Vandermerwe and Rada(1988)	기업의 핵심사업에 제품, 서비스, 지원, 지식, 셀프서비스를 더해 하나의 묶음으로 제공하는 것
Versterepen and Den Berg(1999)	핵심제품에 추가 서비스를 더하는 것
White 외 (1999)	제조기업과 전통적인 서비스 영역의 활동 구분을 모호하게 하는 제품 기반 서비스의 출현
Robinson 외(2002)	제품과 서비스의 통합 패키지
Voss(2003)	제조기업이 더 많은 서비스 요소를 고객에게 제공하는 트렌드
Lewis 외(2004)	제품 기능의 전달 방법이 변화되는 전략
Ward and Graves(2005)	제조기업이 서비스의 범위를 넓히는 것
Ren and Gregory (2007)	고객만족, 경쟁우위 확보, 그리고 기업성과의 개선을 위하여 제조기업이 서비스 지향적이 되거나 더 양질의 서비스를 개발하도록 하는 전략적 변화 과정

출처: Baines 외, 2009; 김동희, 2014

그림 9-2 애플과 구글의 웹-모바일(web-mobile) 간 융합가속화

출처: 김수정, 2012

(2) 제조업의 서비스화의 유형

Oliva and Kallenberg(2003)는 서비스화와 관련하여 기존의 제조기업이 서비스 영역을 확장하면서 나타나는 서비스의 진화 단계를 설명하는 연구를 발표하였는데 그 연구에서 기업들이 단순히 서비스를 제품판매를 위한 부가적 요소로 보는 데에서 벗어나 서비스를 주요 제품으로 인식하는 과정을 제시하였다.

Oliva and Kallenberg(2003)의 모형에 나오는 단계는 제품 관련 서비스 단계(product-related services), 설치 기반 서비스 단계(installation based services), 관계 기반 서비스 단계(relationship-related services), 프로세스 중심 서비스 단계(process-centered services)이다. 이러한 제조기업의 서비스 진화 단계는 다시 제품 관련 서비스 강화, 설치 기반 서비스화, 플랫폼 서비스 제공 등 총 세 가지 단계로 재정의할 수 있고 그에 따라 [그림 9-3]과 같이 제품 관련 서비스, 설치 기반 서비스, 플랫폼 서비스라는 세 가지의 서비스화 유형이 등장한다(류지희 외, 2010).

제품 관련 서비스란 제품이 주요 제공물이고 서비스는 제품의 부가적 차원에서 지원 역할을 하는 것을 의미한다. 설치 기반 서비스는 구매자가 제품의 기능을 활용하기 위해 필요로 하는 모든 서비스를 말한다. 여기서는 서비스가 주요 제공물이고 제품은 서비스를 전달하는 과정에서 활용되는 운영 프로세스이다. 서비스 부분에서 수익을 창출하려 하며 이를 위해 구조와 프로세스를 구축하고 제품마다 개별적인 서비스를 제공한다. 기업은 제품 중심에서 서비스 중심으로 변화하게 된다. 플랫폼 서비스는 고객의 다양한 니즈(needs)에 맞춰 통합적인 솔루션을 제공하는 것을 말한다. 이러한 통합적 솔루션에서 제품은 제공되는 솔루션의 일부분일 뿐이고 서비스가 모든 가치를 통합하는 플랫폼 역할을 한다. 플랫폼 서비스를 하기 위해서 기업은 공급사슬의 첫 부분에서 고객니즈를 파악하여 적합한 솔루션을 위한 제품과 서비스의 조합을 파악해야 한다(Davies, 2003; 류지희 외, 2010).

그림 9-3 서비스화의 구성요소 및 진행단계

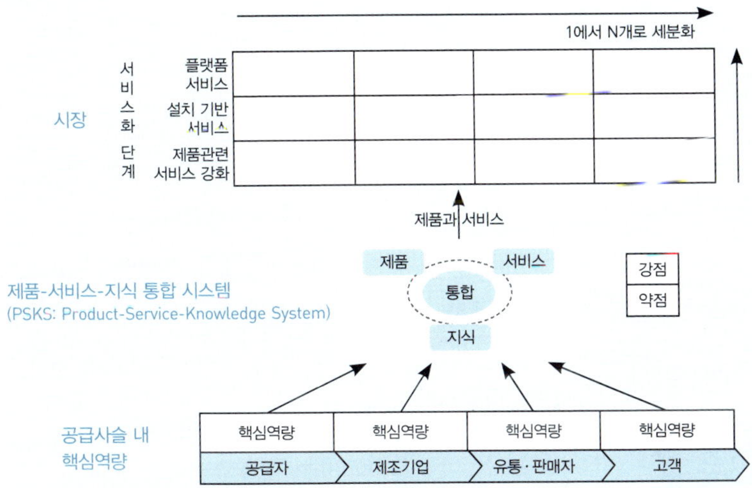

출처: 류지희 외, 2010

제2절

제조업의 서비스화의 필요성과 사례

(1) 제조업의 서비스화의 필요성

제조기업들은 글로벌 경기 침체, 기술평준화, 중국 및 동남아 국가 등의 급부상 등으로 인한 도전에 직면해있다. 성장의 한계와 수익성 악화 등의 난제를 극복하기 위한 활로를 찾고 있는 제조기업들에게 제조업의 서비스화는 가히 혁신이라 할 수 있다. 이미 수많은 글로벌 제조기

표 9-2 산업별 주요기업의 제품과 서비스의 결합

산업	기업	내용
전자	애플	아이튠즈, 앱스토어를 통한 서비스 생태계 구축
	제록스	복사기 제조기업에서 문서 관리시스템 회사로 변화
	필립스	의료서비스 사업을 위해 헬스와치(2006년) 등을 인수
자동차	GM	텔레매틱스 서비스를 제공하는 자회사 온스타에 550만 명의 가입자 확보
중공업	캐터필러	GPS를 통한 원격관리시스템으로 굴삭기의 상태와 이력을 분석하고 부품교체, 연비향상, 불법사용 감시 등의 서비스 제공
건설	빈치	전체 매출의 14%에 불과한 공항·도로·주차장 운영 서비스 사업이 영업이익의 58%를 차지

출처: 신형원, 2010

그림 9-4 서비스화 패러다임의 전환

출처: 박경종 외, 2014

업들은 한발 앞서 서비스화를 본격적으로 추진하고 있으며 이들에 의해 제조업에 새로운 패러다임이 본격화되고 있다.

제조업의 서비스화에 따른 제품과 서비스의 융합은 기업에게 제품과 서비스의 차별화, 수익창출 다변화, 고객충성심 제고, 환경문제 해결 등의 장점을 제공하기에 수많은 기업들이 제조업의 서비스화에 노력하고 있는 것이다. 또한 제조업의 서비스화는 보다 높은 부가가치를 창출하는데 [그림 9-5]를 통해 이를 확인할 수 있다. 과거 제조기업의 가치사슬을 살펴보면 제품의 제조와 조립과정에서 많은 가치가 창출되었지만 지식 기반의 경제사회인 21세기에는 연구개발, 유통, 서비스 등에서 더 많은 가치가 창출되고 있다. 따라서 스마일 커브 개념도는 기업의 비즈니스 모델이 서비스화로 이동해야 보다 많은 가치를 창출할 수 있다는 시사을 제공한다.

이런 상황임에도 불구하고 이건우(2013)의 연구에 따르면 현재 국내 제조기업의 서비스화 수준은 주요 OECD 국가들과 비교했을 때 현저히 낮은 수준인 것으로 나타났다. [그림 9-6]은 국내의 제조업 생산의 서

그림 9-5 스마일 커브 개념도

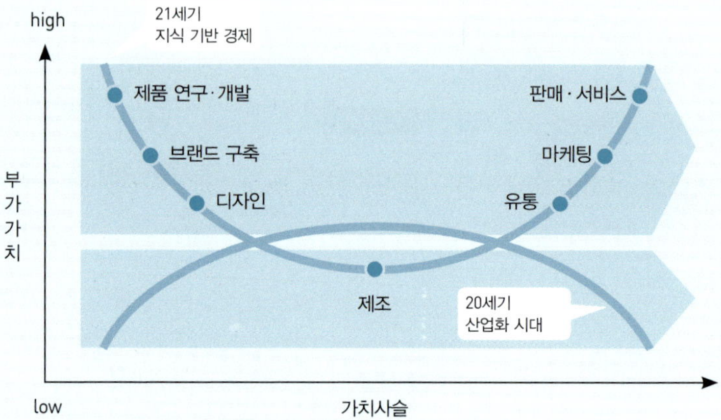

출처: Shih, 2001; 이효정, 2014

그림 9-6 제조업에 대한 서비스 투입계수의 국제비교(2009년)

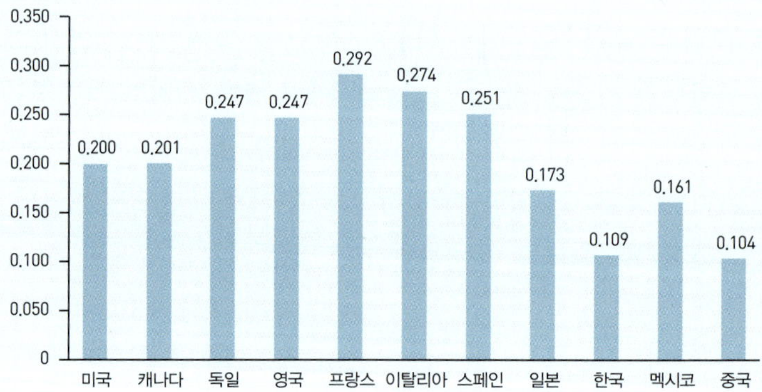

출처: 이건우, 2013

비스 투입 촉진과 이로 인한 서비스 산업의 성장 관계가 선진국에 비해 현저하게 뒤떨어져있음을 보여준다. 국내외 제조기업들의 서비스화 노력을 통해 배워야 할 것이다.

(2) 제조업의 서비스화의 사례

제조업의 서비스화에 대한 사례를 제품 관련 서비스 강화, 설치 기반 서비스, 플랫폼 서비스 등 세 가지 유형에 따라 분류하였다.

1) 제품 관련 서비스 강화

제품이 수요 제공물이고 서비스는 제품의 기능을 보증하기나 기업의 이윤에 도움이 되는 서비스와 같이 부가적 차원에서 지원 역할을 한다.

세멕스(Cemex)의 시멘트 '계(契)모임' 지원

- 세계 3대 시멘트 업체인 멕시코의 세멕스는 시멘트 매출의 85%가 소매 고객일 정도로 B to C 고객이 다수임.
  - 멕시코는 정책적 도시개발이 적어 대단위 공사가 적고 소비자들이 직접 집을 짓는 경우가 많기 때문임.
- 소매고객의 확대를 위해 세멕스 직원들이 빈민가 고객들과 1년 동안 생활하며 소비패턴을 연구한 결과, 마을사람들끼리 계를 만들어 출산, 결혼식 등의 비용으로 사용한다는 것을 알아내고 이를 시멘트 소비로 활용할 방법을 모색함.
- 지역별로 3명이 모여 매주 각자 13.5달러의 곗돈을 내서 차례로 집을 짓는 데 필요한 시멘트를 구매하는 시멘트 계(Patrimonio Hoy, 오늘을

위한 기금) 캠페인을 진행.

- 세멕스 직원이 마을에 가서 직접 홍보하고 개인별로 건축설계 조언을 하며 재료비의 80%를 대출.

• 연간 5억 달러 이상의 신규 시멘트 수요를 창출하고 저소득층 18만 가구가 내 집을 마련.

출처: 신형원, 2010

양말 배송을 원하는 고객을 타깃으로 한 블랙삭스닷컴

• 스위스의 양말회사 블랙삭스닷컴(www.blacksocks.com)의 창업자인 사미 리히티(Samy Liechti)는 컨설턴트로 재직하던 시절 클라이언트를 만나는 자리에서 자신의 구멍 난 양말을 발견하고 나서 양말에 신경이 쓰여 비즈니스에 실패함.

• 이를 계기로 양말의 구매패턴을 관찰한 결과, 재구매가 귀찮아서 오래된 양말을 계속 신는 소비자가 있다는 것을 발견하고 '양말 배송 서비스'를 시작함.

- 1년에 89달러를 내면 3켤레씩 3번에 걸쳐 배송함.
- 양말 배송을 원하는 고객의 특성에 맞추어 색깔과 디자인을 단순화하여 정리 및 착용 시의 간편성 강화.

• 전 세계 75개국에 수출하고 있으며, 2009년 기준 배송 서비스를 받는 고객이 유럽 내에서 4만 명에 이름.

출처: 신형원, 2010

피아트(Fiat) 'Eco Drive'

- CO_2 배출량에 대한 환경 규제가 강화되면서 환경 트렌드 기반의 서비스의 필요성이 대두되는 가운데 피아트는 Eco Drive 서비스를 제공함.
  - Eco Drive: 자동차 주행 시 환경오염 물질을 감소시키고 연료소비를 줄이기 위해 도입된 친환경적인 서비스로, 자동차와 소프트웨어 어플리케이션을 융합시킨 형태의 서비스 시스템.

- 피아트 그룹의 Sustainability Report(2008)에 따르면 Eco Drive로 운전자의 나쁜 운전 습관을 교정함으로써 평균 15~20%의 연비를 절약할 수 있다고 함.

- EU는 2015년까지 CO_2 배출량을 130g/km 수준으로 낮추도록 규제하고 있는데 JATO 분석에 따르면 피아트와 MINI가 규제를 지켰으며 아래 표에 따르면 2009년도에는 피아트가 가장 낮은 수치를 기록함.

세계 주요 자동차 브랜드 평균 CO_2 배출량

브랜드명	평균 CO_2 배출량(g/km)		브랜드명	평균 CO_2 배출량(g/km)	
	2008	2009		2008	2009
Chevrolet	156.8	141.6	Honda	154.5	146.5
Audi	177.0	162.6	Volkswagen	159.4	152.5
Toyota	146.5	132.9	Mercedes	185.6	178.8
Suzuki	158.3	144.9	Nissan	164.5	158.9
Hyundai	151.6	138.8	Fiat	134.3	129.1
Mazda	161.4	151.2	Kia	153.4	148.9
Ford	148.4	140.4	Mini	133.9	129.7

출처: 김수욱, 2011

2) 설치 기반 서비스화

구매자가 제품의 기능을 활용하기 위해 필요로 하는 모든 서비스를 말한다. 여기서는 서비스가 주요 제공물이고 제품은 서비스를 전달하는 과정에서 활용되는 운영 프로세스이다. 서비스 부분에서 수익을 창출하려 하며 이를 위해 구조와 프로세스를 구축하고 제품마다 개별적인 서비스를 제공한다. 기업은 제품 중심에서 서비스 중심으로 변화하게 된다. 앞서 사례로 든 롤스로이스의 Total Care Service 역시 이에 해당한다고 볼 수 있다.

한국타이어의 T-station 서비스 도입 사례

- 과거에 한국타이어는 승용차, 트럭, 버스, 레이싱 차량용 래디얼 타이어 개발 및 제조에 주력했었으며 이에 따라 고품질 제품 생산 및 판매 네트워크에 초점을 두었었으나 2006년 T-station 서비스를 도입하면서 새롭게 거듭남.
- T-station 서비스란 타이어의 구매와 동시에 유지, 관리해주는 서비스로 타이어 진단, 위치 교환, 밸런스 조정, 휠 얼라인먼트 등의 서비스를 제공함.
- 부품 공급업체에서 한 단계 나아가 고객과 직접 대면하여 관련 서비스를 제공함으로써 새로운 수익을 창출함.

출처: 김수욱, 2011

현대미포조선의 라이프타임 서비스 사례

- 라이프타임 서비스란 제품의 수명이 끝날 때까지 각 시기에 따라 서비스를 제공하는 것으로 통상적인 보증기간 내에 발생하는 클레임 처리에 국한하지 않고 선박의 수명이 다할 때까지 고객의 니즈를 먼저 발견하고 정보를 제공하여 각종 서비스를 지원함.

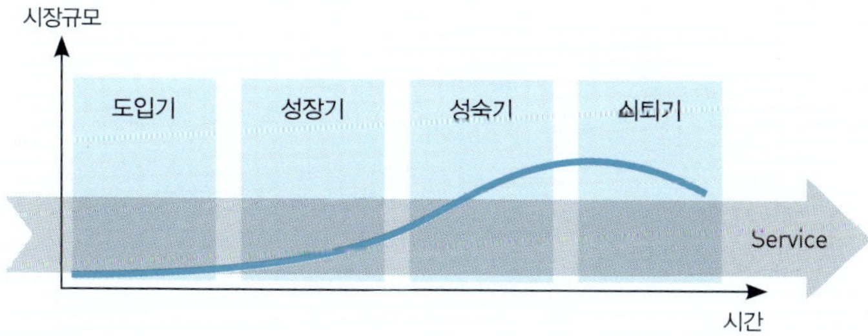

- 지속적인 서비스에 따라 부가수익과 고객사의 충성도를 제고하는 비즈니스 모델을 창출함.

출처: 김수욱, 2011

3) 플랫폼 서비스화

고객의 다양한 니즈에 맞춰 통합적인 솔루션을 제공하는 것을 말한다. 이러한 통합적 솔루션에서 제품은 제공되는 솔루션의 일부분일 뿐이고 서비스가 모든 가치를 통합하는 플랫폼 역할을 한다. 플랫폼 서비스를 하기 위해서 기업은 공급사슬의 첫 부분에서 고객의 니즈를 파악하여 적합한 솔루션을 위한 제품과 서비스의 조합을 파악해야 한다.

IBM의 기업 맞춤형 솔루션 제공

- 1914년 설립된 IBM은 세계 최고의 컴퓨터 제조기업이었으며 또한 개인용 컴퓨터 시장을 본격적으로 확산시킨 회사임.
- 그러나 IBM은 PC 업계의 가격 경쟁이 심화되자 PC 사업부 전체를 중국 레노보(Lenovo)에 넘기고 1990년대부터 고객 위주의 컨설팅, 시스템 통합 등 기술 및 비즈니스 관련 서비스를 제공하는 솔루션 판매를 전문으로 하는 서비스 회사로 탈바꿈함.
- 이러한 기업혁신의 노력으로 2004년에는 총매출에서 서비스 사업의 매출이 차지하는 비율이 50%에 달했으며 현재 하드웨어 중심의 제조기업에서 서비스 기업으로 변모하였다고 평가됨.

출처: 황병선, 2013

애플(Apple)의 플랫폼 모델

- 1976년 스티브 잡스(Steve Jobs)와 스티브 워즈니악(Steve Wozniak)에 의해 설립된 기업으로 기존 주력 상품이었던 컴퓨터 시장에서 탈피하여 새로운 비즈니스 모델을 추구함.
- 기존의 제품 유지보수 및 주변기기 판매와 같은 제품 관련 서비스 강화에서 벗어나 iTunes로 대표되는 플랫폼 서비스를 제공하고 있다. 또한 이를 플랫폼으로 활용하는 iPod, iPhone, Apple TV 등 새로운 제품을 출시하여 제품믹스를 넓히고 이와 동시에 플랫폼을 통해 고객과 공급자, 콘텐츠 제공자 등 다양한 이해관계자에게 가치를 창출하고 공유하고 있음.

서비스화 프레임워크 예 – Apple Inc.(현재)

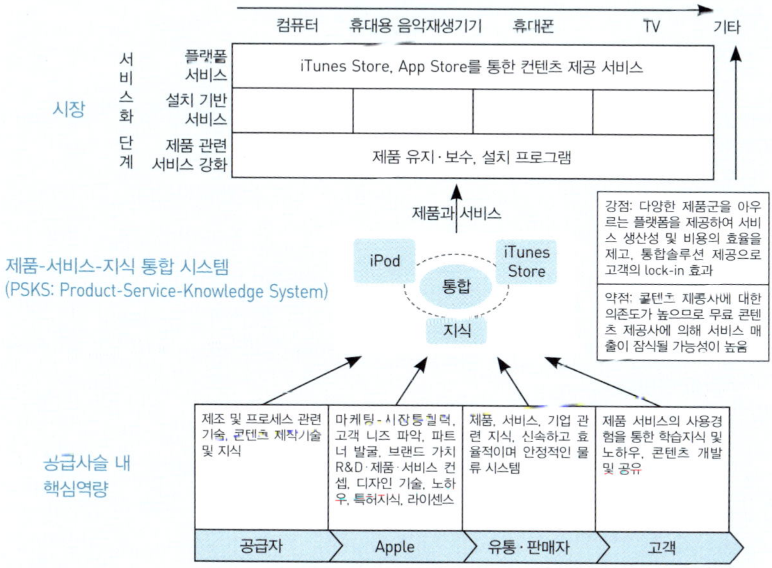

출처: 류지희 외, 2010

참고문헌

2015년 IT산업 7대 메가트렌드(2014), 한국정보산업연합회(http://blog.daum.net/windada11/8766958).

김동희(2014), 「제조업 서비스화의 품질과 성과의 관계에 관한 연구」, 서울대학교 대학원 박사학위논문.

김수욱(2011), 「제조업의 서비스화 전략」, 서비스사이언스전국포럼 연합세미나: 제조서비스의 도전과 미래, 고려대학교.

김수정(2012), 「국내 제조업체의 서비스화에 관한 성과연구」, 국민대학교 대학원 박사학위논문.

류지희·임호순·박광태·김홍일(2010), 「기업 생태계 관점에서 고찰한 제조업의 서비스화 이론 및 사례연구」, 고려대학교 대학원 석사학위논문.

박경종·윤재홍·장병열·조현보·한동철(2014), 『서비스 경영』, 이프레스.

신형원(2010), 「제조업 성장의 묘수: 서비스화」, SERI 경영노트, 58, 삼성경제연구소.

이건우(2013), 「생산과정에서 본 한국경제의 서비스화 추이와 시사점」, e-KIET 산업경제정보, 568.

이효정(2014), 「아무도 몰랐던 '을'의 성장 비밀」, 한국경제매거진, 2015년 9월 5일 검색.
http://magazine.hankyung.com/business/apps/news?popup=0&nid=01&nkey=2014031300953000101&mode=sub_view

장병열·황석원·문영환(2014), 「제조업 기반 서비스 산업 R&D 혁신전략」, 정책연구, 2014-20.

황병선(2013), 「제조업 제품의 서비스화 사례」, DIGIECO, Issue&Trend, 2015년 8월 26일 검색.
http://www.digieco.co.kr/KTFront/report/report_issue_trend_view.action?board_seq=6600&board_id=issue_trend#

Baines, T., Lightfoot, H., Peppard, J., Johnson, M., Tiwari, A., Shehab, E. and M. Swink(2009), "Towards an Operations Strategy for Product-centric Servitization", *International Journal of Operations and Production Management*, 29(5), pp. 494~519.

Davies, A.(2003), "Are Firms Moving 'Downstream' into High-value Services?", In Tid, J. and F. M. Hull(Eds)., *Service Innovation: Organizational Responses to Technological Opportunities and Market Imperatives*, Imperial College Press, pp. 321~340.

Economist(2009), Britain's Lonely High-flier(Rolls Royce), Retrieved May 18th, 2015. http://www.economist.com/node/12887368

Lewis, M., Portioli Staudacher, A. and N. Slack(2004), "Beyond Products and Services: Opportunities and Threats in Servitization", In Proceedings of the IMS International Forum, IMS International Forum Italy, 1, pp. 162~170.

Lightfoot, H.(2008), "Real Life Challenges - Service Innovation in Manufacturing", Fraunhofer ISI Workshop, Karlsruhe.

Oliva, R. and R. Kallenberg(2003), "Managing the Transition from Products to Services", *International Journal of Service Industry Management*, 14(2), pp. 160~172.

Oxford Economics(2013), "제조환경변화: 변화하는 글로벌 시장에서의 경쟁우위 확보", Manufacturing Transformation Report, PTC 제휴보고서.

Ren, G. and M. J. Gregory(2007), "Servitization in Manufacturing Companies: A Conceptualization, Critical Review, and Research Agenda", Frontiers in Service Conference 2007, San Francisco, CA, US.

Robinson, T., Clarke-Hill, C. M. and R. Clarkson(2002), "Differentiation through Service: A Perspective from The Commodity Chemicals Sector", *Service Industries Journal*, 22(3), pp. 149~166.

Shih, S.(1992), *Empowering Technology Making Your Life Easier*, Academic Press.

Vandermerwe, S. and J. Rada(1989), "Servitization of Business: Adding Value by Adding Services", *European Management Journal*, 6(4), pp. 314~324.

Voss, C. A.(2003), "Rethinking Paradigms of Service: Service in a Virtual Environment", *International Journal of Operations and Production Management*, 23(1), pp. 88~104.

Ward, Y. and A. Graves(2005), "Through-life Management: The Provision of Integrated Customer Solutions by Aerospace Manufacturers". http://www.bath.ac.uk/management/research/pdf/2005-14.pdf

White, A. L., Stoughton, M. and L. Feng(1999), *Servicizing: The Quiet Transition to Extended Product Responsibility*, Tellus Institute.

Chapter 10

지속가능경영을 위한 서비스 경영

제1절 지속가능경영의 개념과 공유가치창출(CSV)

제2절 공유가치창출(CSV)의 유형 및 사례

도입사례

CISCO 네트워킹 아카데미
– 인터넷 불모지에 IT를 꽃피우다 –

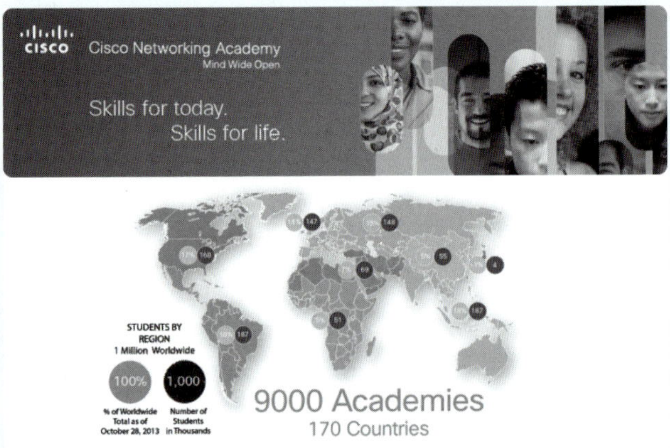

전 세계 CISCO 네트워킹 아카데미의 분포
출처: CISCO 네트워킹 아카데미 홈페이지
(https://www.netacad.com/about-networking-academy)

1984년에 설립된 CISCO는 세계적인 네트워킹 솔루션 회사로 미국 텍사스 주에 본사를 둔 대표적인 글로벌 IT 기업이며, 2014년도 총매출 471억 달러(53조 6000억 원), 포브스 선정 2015 세계기업가치 순위에서 15위를 차지한 굴지의 기업이다(Forbes, 2015). CISCO는 창립 초기부터 사회공헌활동을 활발히 해온 회사로 유명하며 기업은 개인, 기업, 세상에 장기적 차원에서 진정한 도움을 줄 수 있어야 한다는 신념 아래 운영되고 있다. Fortune지가 선정하는 '일하기 좋은 100대 기업'에 1998년부터 2014년까지 17년 연속 뽑혔으며 모든 면에서 기업이 갖춰야할 덕목을 갖춘 기업을 평가하는

Fortune의 블루리본(Blue Ribbon) 기업에 선정되기도 하였다(곽숙철, 2014).

이러한 CISCO는 1997년부터 3억 5000만 달러(약 4천억 원)를 투자하여 전 세계 170여 개국에 9000여 개의 네트워킹 아카데미를 설립하고, IT 소외지역과 소외계층을 중심으로 IT 전문 인력 양성 교육을 무료로 실시하고 있다. CISCO의 네트워킹 아카데미 프로그램은 클라우드 컴퓨팅 기술을 기반으로 하여 16개 언어로 교육이 제공되고 있으며 2만여 명의 강사들이 학습을 지원하고 3만여 개의 구인, 구직 사이트를 별도로 운영하면서 매년 백만 명이 넘는 학생들을 지원하고 있다(송기혁, 2012). 기술 소외 지역에 대한 CISCO의 아카데미 사업은 궁극적으로 회사가 그 지역에 진출했을 때 인적 자원을 확보하는 수단인 동시에 지역 일자리 창출의 원천이 되었다. 실제 설문조사결과에 따르면 50%의 수강생이 취직하게 되었으며 더 좋은 직장으로 이직한 경우까지 합치면 70%에 이른다고 한다(박성규, 2015).

이러한 CISCO의 네트워킹 아카데미는 기업의 CSV 활동의 대표적 사례로 손꼽힌다. 자사의 핵심역량 분야와 관련된 사회적 공헌 활동을 통해 기업과 사회 쌍방 간의 이익을 창출해내는 이러한 사례는 향후 기업들의 지속가능경영을 위한 통찰력을 제공한다.

제 1 절

지속가능경영의 개념과 공유가치창출(CSV)

(1) 지속가능경영(CSM, Corporate Sustainability Management)이란?

최근 사회적으로 기업들의 책임에 대한 관심이 높아지면서 공유가치창출(CSV, Creating Shared Value) 활동을 전개하고 있는 회사들이 증가하고 있다. 소비자들이 기업에 기대하는 책임이 커져감에 따라 기업의 경제적 지표에도 영향을 미치고 있기 때문이다. 실제로 미국 Walmart의 경우 2000년대 초반부터 부당한 노동정책과 경쟁행위로 지탄을 받고 있었는데 이것이 기업 매출에도 영향을 끼쳤다. 2005년 Fortune의 설문조사결과에 따르면 소비자의 8%가 이러한 기업윤리문제로 Walmart를 이용하지 않는다고 응답하였으며 비난 시위가 발생하였던 것이다(윤각 외, 2014).

과거 기업들은 경제적 가치 창출에만 주안점을 두고 있었으며 기업의 사회적 책임에 있어서도 재무적 이윤 창출과 고용 부분에만 한정하여 인식하고 있었다. 그러나 오늘날에는 이러한 양상에 변화가 나타나고 있다. 수많은 글로벌 기업들이 등장하면서 기업이 사회에서 갖는 영향력과 역량이 커짐에 따라 그에 대한 책임을 수행해야 한다는 주장이 거세지고 있다. 이는 점점 높아져가는 소비자들의 의식수준을 반영하고 있으며 특히 2008년 금융위기를 겪으면서 분출된 기업에 대한 사회적 불만을 나타낸다. 기업들에 대한 경제적, 사회적, 환경적 책임 요구가 거세지고 있는 것이다(Porter and Kramer, 2011). 기업들은 더 이상 경제적 이윤 창출만으로는 소비자에게 인정받을 수 없고 다양한 사회적 책임요구를 수행해야 경쟁력을 가질 수 있는 시대가 도래하였다.

사실 이러한 요구들은 기존에 지속가능경영이란 개념으로 발전되고 있었으며 1972년에 처음 제기되었다. 지속가능경영의 개념은 1987년 UNEP(United Nations Environment Program, 국제연합 환경계획)에서 '환경적 관점에서 책임을 지고 사회적으로도 건전한 지속가능한 성장'으로 정의되었으며 1992년 리오 회의, 2002년 세계지속가능발전회의를 통해 현재의 개념이 정립되었다(조동성, 2007). 또한 Elkington(1997)은 지속가능경영의 3대 축으로 TBL(Triple Bottom Line)을 제시하였는데 이는 경제적 수익성, 환경적 건전성, 사회적 책임성으로 구성되었다. 기업이 경제적 가치뿐만 아니라 환경적 가치, 사회적 가치 모두 균형 있게 추구해야 한다는 개념의 TBL은 지속가능경영의 개념을 보다 정교화하고 현실화하도록 만들었다. 또한 지속가능경영의 주요활동 주체를 기업으로 정하여 기업이 주주 이익의 극대화라는 목적의식에서 확장해서 기업 활동에 영향을 미치는 모든 이해관계자들을 고려해야 한다는 개념까지 포함시켰다(유승규, 2015).

이러한 지속가능경영은 기업이 경제적, 환경적, 사회적으로 선전하고 책임을 갖는 경영을 실천함으로써 지속적인 발전을 지향한다는 의미에서 사회적 책임과 같은 맥락으로 여겨지고 있으나(정관용, 2006; 유승규, 2015), 실제로 기존에 행해지던 기업들의 사회적 책임(CSR, Corporate Social Responsibility) 활동은 단순한 기부형태의 활동에 국한되는 등 경영 패러다임으로서의 접근은 이뤄지지 않았다. 그러나 최근에는 이러한 한계에서 탈피하여 기업의 자산과 핵심역량을 기반으로 경제적 책임과 이윤창출을 추구하는 동시에 사회적, 환경적 책임을 수행할 수 있는 공유가치창출(CSV) 경영이 지속가능경영의 새로운 경영 패러다임으로 제기되고 있다(Porter and Kramer, 2011).

(2) 기업의 사회적 책임(CSR, Corporate Social Responsibility)과 공유가치창출(CSV, Creating Shared Value)

공유가치창출(CSV)은 기존 기업들의 사회적 책임(CSR)의 한계를 극복하고 새로운 경영 패러다임을 제기하기 위해 주장되었다. 기업의 사회적 책임에 대한 논의는 Bowen(1953)의 저서에서 '기업인의 사회적 책임'이라는 용어가 사용되면서 대두되었다. 그는 기업인의 사회적 책임을 '기업인의 의무란 기업만이 아닌 사회 전체의 가치와 목표를 포함하여 바람직한 의사결정을 이루는 것'이라고 정의하였다. 이후 McGuire(1963)는 사회적 책임을 기업이 행해야할 사회 전반에 대한 책임이라고 규정하였으며, Carroll(1979)은 기업의 사회적 책임활동을 법적, 경제적, 윤리적, 자선적 차원으로 나눠 설명하였다(윤각 외, 2014; 전승훈, 2015).

그러나 기존의 CSR 활동은 선의의 자선 행위에만 치중되어 있었으며, 기업이 얻은 수익의 1% 내지는 0.1%, 경우에 따라서는 0.01% 정도를 사회적 목적에 사용하는 행위로 인식되어 왔다. 다시 말해 기존의 기업 CSR 활동은 기부의 형태, 사회공헌활동에 대한 자금 제공 등 자선의 형태, 또는 기업 구성원들이 직접 사회봉사활동을 수행하는 사회봉사의 내부화 형태로 진행되어 온 것이다(조동성, 2012). 또한 CSR 활동의 목적에 있어서도 기업의 경영목표인 재무적 성과 달성 과정에서 발생한 사회의 부정적인 시각과 문제해결을 위해서 CSR 활동을 하는 양상이 주류를 이루면서 CSR을 단지 일시적인 해결책으로 다룰 뿐 기업의 핵심적 경영목표와 활동으로 다루지 않았다. 그 결과로 CSR 활동은 기업 평판에만 영향을 미칠 뿐 기업과 사회의 이익에 연결되지 못하는 한계를 가지게 되었고 실제로 거시적 차원에서 경제, 사회, 환경, 윤리 등에 큰 효과를 주지 못하고 있음이 밝혀졌다(Visser, 2011).

이러한 상황에서 2000년대에 들어 기업의 지속가능성을 CSR과 접목시키려는 움직임이 나타나면서 기존 CSR의 한계점을 지적하며 과거 당위적 차원의 CSR이 아닌 전략적 차원의 CSR로의 전환에 대한 요구가 나타나기 시작했다(김진욱 외, 2009; 윤각 외, 2014). 이는 경제적 가치와 사회적 가치를 동시에 창출할 수 있는 새로운 경영의 필요성이 대두된 것을 의미한다(Porter and Kramer, 2011). 이제 기업의 전략과 경영활동 전개에 있어서 재무적 이익가치뿐만 아니라 사회적 가치와 책임을 동시에 추구하는 기업이 소비자로부터 선택받게 되고 지속가능한 새로운 경쟁우위를 확보할 수 있을 것이라는 주장이 제기되고 있다(김시월 외, 2014).

공유가치창출(CSV)은 이러한 변화와 요구에 대한 해답으로 각광을 받는 방법으로서 Porter와 Kramer가 2011년 Harvard Business Review에서 발표한 "Creating Shared Value"라는 논문에서 주창한 개념이다. Porter and Kramer(2011)에 따르면 CSV는 기업이 재무적 수익 창출 이후에 기부 또는 사회공헌활동을 하는 것이 아니라 기업 활동 그 자체가 재무적 이윤과 사회적 가치를 동시에 창출하는 기업 경영의 패러다임을 의미한다.

과거에는 기업과 사회의 관계, 경제적 가치와 사회적 가치 창출의 관계를 제로섬 게임(zero-sum game)으로 파악하였으나 Porter와 Kramer는 "기업의 가치와 사회의 가치를 동시에 추구할 수 있으며 이 세상에 존재하는 수많은 사업기회 중에는 반드시 두 가지 가치를 동시에 추구할 수 있는 대안이 있다"고 주장하며 제로섬 관계에서 벗어난 시각을 제공하였다. 1970년대에 Peter Drucker가 인간중심 자본주의(people-centered capitalism)를 주장하면서 "오늘날 사회적이고 세계적인 모든 이슈는 숨겨진 사업기회"라고 말했던 것이 실현되고 있는 것이다(조동성, 2012). [표 10-1]에서 보는 바와 같이 CSR에서 CSV로 이행해감에 따라 사회적 가치 창출을 비용으로 인식하는 관행에서 벗어나 새로운 사업기회로 파악하고 경제적 가치와 사회적 가치 모두를 창출하기 위한 방안을 모색하는 패러다임으로 변화하고 있다.

표 10-1 CSR과 CSV의 차이 비교

구분	CSR (Corporate Social Responsibility)	CSV (Creating Shared Value)
기업의 목적	주주 이윤 극대화 시민의식을 전제로 한 자선활동	경제적·사회적 가치 창출 비용 대비 경제적·사회적 편익 및 효율 고려
가치 창출	선행(Doing Good) 부가적 가치 창출 → 부분적 개선	투입비용 대비 높은 가치 창출 새로운 가치 창출 → 근본적 개선
활동	시민의식을 전제로 한 자선활동	기업과 공동체 모두를 위한 가치 창출
인식	이윤극대화와 관련 없는 활동	이윤극대화를 위한 필수요소
추진 이유	기업의 독자적 판단 정부·시민단체 등 외부압력 대응	경제적·사회적 가치 고려 판단 외부 압력으로부터 자유
추진 방식	외부관계자와 내부의 재량으로 결정	기업의 특정상황에 맞게 내재적 결정
예산	기업의 CSR 예산 (매출액 대비 1% 미만)에 한정	기업 전체 예산(매출액 전체)에 CSV 반영
담당 조직	기존 조직과 병렬적인 별도의 조직 (수직적 조직구조)	별도 조직이 따로 없이 모든 조직에 반영 (수평적 조직구조)
기간	단기적·중기적 성과 지향	장기적·미래적 성과 지향
지속성	손실 발생 시 활동 중단	이익·손실과 관계없이 진행
진정성	사회적 물의를 일으킨 회사의 활동에 대해 사회는 냉소적	기업활동에 사회가치 창출활동이 반영되므로 사회는 긍정적 평가
한계	CSR 예산 규모에 따라 활동 제한	CSV 활동에 대한 낮은 인식 수준

출처: Porter and Kramer, 2012; 박홍수, 2014; 이두희 외, 2011; 조동성, 2012

제2절

공유가치창출(CSV)의 유형 및 사례

Porter and Kramer(2011)는 효과적인 CSV 활동을 위해 제품 및 시장에 대한 재인식, 가치사슬 생산성 혁신, 그리고 지역 산업 클러스터 형성이라는 세 가지 방법론을 제시하였다.

(1) 제품 및 시장에 대한 재인식의 개념과 사례

제품 및 시장에 대한 재인식은 제품과 시장을 바라보는 기존 관점을 탈피하여 사회적 니즈를 새로운 시장과 고객으로 개발하는 것을 의미한다. 대표적인 전략으로는 BOP(Bottom of Pyramid) 전략이 있다. BOP 전략이란 지금까지 기업들의 고객 대상에서 외면되어 왔던 저소득층을 시장으로 인식하고 그들의 니즈에 맞는 상품과 서비스를 공급하는 전략이다(조동성, 2012).

BOP란 세계 인구 소득 계층 분류에서 피라미드의 최하위 소득계층으로 경제적 빈곤층을 의미한다. 연소득 3천만 달러 미만의 저소득층으로 세계 인구의 약 70%, 약 40억 명가량으로 추산되는 BOP는 그동안 기업의 관심에서 제외되어 왔으나 현재는 총 5조 달러 규모의 거대 소비시장으로 재정의되고 있다(Prahalad, 2012; 유승규, 2015).

표 10-2 대륙별 BOP 인구 비율과 시장규모

구분	아시아	아프리카	남아프리카	동유럽
BOP 인구(억 명)	28.58	4.86	3.60	2.54
BOP 인구비율(%)	83.4	95.1	69.9	63.9
BOP 시장규모(억 달러)	34,370	4,290	5,090	4,580

출처: 유승규, 2015

BOP는 소득은 적지만 기업의 기술과 마케팅을 통해 신상품 혜택을 받고 싶어 하는데(조동성, 2012) 기업은 이들의 구매력에 맞는 제품과 서비스를 제공함으로써 사회적인 요구를 반속시킬 수 있을 뿐만 아니라 새로운 수익원을 발굴할 수 있게 된다. 기업에 의해 수행된 BOP 전략 사업은 소외계층의 새로운 소비문화를 형성하여 사회적 소외계층들을 그동안 제외되어 왔던 사회의 다양한 혜택 영역에 끌어들이는 긍정적 사회 효과를 낳는다(박성규, 2015). 이러한 BOP 전략에 기반한 CSV 활동의 대표적 사례로는 영국 보다폰(Vodafone)의 M-PESA 모바일 송금 서비스가 있다.

제품 및 시장에 대한 재인식을 통한 기업의 CSV 활동 전개는 보다폰의 사례와 같은 사회적 소외계층 문제뿐만 아니라 환경오염, 에너지 문제, 건강, 주거환경, 고령화, 빈곤문제 등 다양한 사회적 요구에 대응하여 기회를 창출할 수 있다. 이는 소비자들의 성숙된 인식과 소비문화에 따른 소비자 구매의 변화가 나타났기 때문인데 실제로 여러 글로벌 기업들이 2011년에 CSV 이론이 성립되기 이전부터 이런 변화에 발 빠르게 대처하며 오늘날 CSV 활동으로 규정되는 사업들을 전개하고 있었다(박성규, 2015). GE는 환경문제에 대해 제품과 시장을 재인식함으로써 CSV 활동을 전개하는 대표적인 회사이다.

케냐 저소득층의 결제 수단이 된 보다폰의 M-PESA 모바일 송금 서비스

- 보다폰(Vodafone)은 1984년 영국 런던에 창립된 이동통신업체로 세계 최대 이동통신업체(2010년 매출 기준)이다. 가입자 수는 전 세계 31개국 3억 4100만 명으로 중국 China Mobile에 이어 세계 2위의 가입자 수를 보유하고 있는 업계 굴지의 회사이다.

- 2007년 3월 케냐의 최대 이동통신사업자 Safaricom과의 제휴(지분투자 40% 및 기술지원)를 통해 M-PESA 모바일 송금 서비스를 제공하기 시작하였다.
  - 은행지점 수가 580개에 불과할 뿐만 아니라 은행계좌 자체가 없어서 금융거래 취약계층에 놓여있던 케냐 저소득층을 배려한 소액 금융거래시장 형성
  - 1500여 개의 지정 점포 및 우체국, 주유소를 통해 송금 서비스가 가능하도록 하였으며 대리점에서 현금인출 및 예금 서비스 제공
  - 가입자끼리 자금이체 시 건당 4.5센트의 부과금을 징수하는 방식의 수익모델 형성
  - 이러한 CSV 활동을 통해 통신불모지인 아프리카 케냐에서 2011년까지 1400만 명의 가입자를 확보함으로써 사업진출의 기반 형성
  - 케냐 GDP의 11%에 달하는 매출 성과를 거둠(임팩트스퀘어, 2014)
  - 탄자니아, 남아프리카로 사업을 확대하고 2013년에는 인도로 진출

출처: 정선영, 2008; 박성규, 2015

환경은 돈이다, GE의 에코매지네이션(Ecomagination)

- GE(General Electric Company)는 1892년 설립된 미국 근거의 세계적인 제조기업으로 전구, 모터, 발전기, 터빈, 항공기 엔진, 우주탐사 위성 등 핵심제품 개발의 선봉장으로 에너지, 기술 인프라, 금융, 소비자, 산업 5개 부문에서 사업을 전개하고 있다. 2015년도 S&P500 8위의 시가총액을 보유한 기업이며(네이버 기업사전) CSV 전담 C레벨(최고경영진) 전략가를 두고 있다(김종대 외, 2006).

- Ecomagination이란 환경(Ecology)과 경제(Economy)를 같은 것으로 바라보는 관점을 기반으로 "Eco"와 GE의 슬로건인 "Imagination at Work"를 합성하여 만든 GE의 친환경사업전략의 명칭이다.

- "Green is green(환경은 돈이다)"

  GE는 환경을 비용이 아닌 수익창출의 분야로 보며 2005년 Jeffrey R. Immelt 회장의 지휘하에 다음을 목표로 친환경사업전략을 추진하였다.

  - 청정기술 연구개발투자 두 배 확대
  - 온실가스배출 절감과 에너지효율 개선
  - 담수사용량 감소와 물 재사용 개선
  - 에코매지네이션 인증제품 매출 증대
  - 에코매지네이션 성과 공유
  - 100년 이상의 제조 역량과 첨단기술 역량을 중심으로 10년 동안 자사의 모든 사업 분야에서 150억 달러(약 17조 5천억 원)를 투자(2015년 기준)하여 친환경 혁신기술을 개발하고 에코매지네이션 인증 제품에 적용

  ex) LEAP 엔진

  첨단소재 세라믹복합소재(CMC, 기존항공기부품금속 대비 무게 2/3배, 강도 2배)를 사용하여 연료소모율과 탄소배출량 15% 절감, 질소산화물배출량 50%

절감, 이미 9,550대(1,340억 달러 규모) 수주를 기록하며 GE 역사상 가장 많이 팔린 엔진이 될 것으로 전망

ex) RailConnect 360

철도운송사업에서 빅데이터를 활용해 개발한 친환경 산업인터넷 기술로 기관차의 운영최적화 시스템을 구축함. 미 동부 최대 철도운영사 Norfolk Southern에서 시스템을 도입한 결과 사용연료가 6.3% 절감하고 열차속도는 10~20% 증가하였으며 1만 대의 기관차 도입 시 승용차 100만 대분의 에너지 및 오염물질 절감효과 기대

- 하드웨어 분야(에코매지네이션: 설계개선, 첨단소재, 통합 하드웨어 접근)와 소프트웨어 분야(산업인터넷: 빅데이터, 머신러닝, 자산/시스템 최적화)를 접목하여 자원생산성을 촉진하는 친환경사업으로 변모

자원생산성

자원에서 추출할 수 있는 에너지의 양. 지속가능한 개발에 있어 최대 난제 중 하나. 개선되지 않을 경우 2030년 자원개발과 에너지 사용이 지금보다 80% 증가 예측

- 에코매지네이션 인증제품 2,000억 달러(232조)매출
2004년 대비 자체 온실가스배출량 34%, 담수사용량 42% 감축

inspired by ecomagination

출처: 박성규, 2015; 조선일보, 2015

앞선 사례들의 기업들이 경제적 가치와 사회적 가치를 동시에 창출하는 사업을 성공시킬 수 있었던 요인은 비용으로 등한시되던 사회적 가치 영역에서 사업기회를 발견하고 핵심역량에 맞는 수익모델로 잘 개발

하였기 때문이다. 사회적 요구는 다양하게 존재하며 이와 관련된 상품과 서비스에 대한 소비자의 수요 욕구 역시 빠르게 증가하고 있다(유승규, 2015). 이러한 기회를 착안하여 기업들은 자사 제품과 시장에 대한 개념을 재인식하고 자사 핵심역량에 부합하는 CSV 사업을 개발함으로써 경쟁력을 제고할 수 있을 것으로 기대된다.

(2) 가치사슬 생산성 혁신의 개념 및 사례

기업의 가치사슬은 기업 활동에서 부가가치가 생성되는 과정으로 원자재 투입, 생산운영, 출고와 물류, 마케팅 및 판매, 서비스 활동 등의 주된 활동들(primary activities)과 기업 인프라, 인적자원관리, 기술관리, 조달활동 등의 보조활동들(supportive activities)로 이뤄진다(Porter, 1996). 이러한 과정들에서 기업의 가치사슬은 수많은 사회문제에 영향을 미치기도 하고 영향을 받기도 한다. 자원, 에너지, 복지, 직무환경, 직원처우, 환경문제 등 다양한 사회적 이슈들이 가치사슬에 반영되어 있는 것이다(박성규, 2015).

가치사슬에 반영된 이러한 사회적 이슈들은 그간 기업의 경제적 비용을 발생시키는 요소들로 부정적으로 인식되었으며 이러한 문제들을 기업들이 등한시하면서 사회적으로 기업에 대한 불만과 문제제기가 끊이지 않았다. 그러나 가치사슬 생산성을 혁신하는 CSV 활동을 진행한 기업들의 가치사슬 내 사회적 이슈들을 해결하는 과정에서 기업의 경제적 가치를 창출할 수 있다는 단초들이 제기되면서 국면에 변화가 발생하고 있다(박흥수 외, 2014; 유승규, 2015).

사업구조가 사회구조를 바꾼다, 그라민 유니클로(Grameen UNIQLO)

- 유니클로(UNIQLO)는 1974년 일본에서 설립된 캐주얼 의류업체인 Fast Retailing의 대표적인 SPA 브랜드로 UNIQLO Japan의 2014년도 기준 매출액은 7조 1560억 원(UNIQLO international은 4조 1360억 원)에 달한다.

- 2010년 방글라데시에서 유니클로는 Grameen Healthcare Trust와 협약하여 Grameen UNIQLO라는 CSV 사업을 전개하였는데 이를 통해 유니클로는 상품 기획, 소재 조달, 생산, 판매 등 가치사슬 전반에 걸쳐 CSV적 관점에서 사업을 실행하였다.

  - 상품 기획: 가격 대비 좋은 소재, 좋은 품질의 UNIQLO 제품을 방글라데시 현지 사정에 맞는 적정 가격에 빈곤층에게도 판매할 수 있도록 상품 기획
  - 소재 조달: 방글라데시 현지의 직물공장과 파트너 계약을 맺어 현지 조달
  - 생산: 현지인이 고용된 현지 공장에서 생산되며 UNIQLO 품질관리 노하우를 적용하여 독자적인 기준의 품질 달성 관리
  - 판매: 위탁판매방식으로 그라민 은행에서 융자를 받은 '그라민 레이디'에게 판매를 위탁하고 그에 따른 판매 수수료를 지불함으로써 판매자들에게 자립의 기회를 제공하며 이슬람 문화로 인해 자유로운 소비가 어려운 여성 소비자들에게는 그라민 레이디들의 방문 판매를 통한 선택의 기회 제공
  - 이익의 재투자: 그라민 유니클로에서 발생한 이익은 주주 배당분에서 제외되고, 다시 그라민 유니클로에 재투자하는 방식의 사업 진행

- 유니클로는 그라민 유니클로를 통해 유통 인프라가 취약한 방글라데시 지역에 새로운 시장을 개척

- 현지인에 의한 지역사회 수익사업구조를 형성함으로써 공급자, 생산자, 판매자, 소비자 등 가치사슬의 다양한 이해관계자에게 사회적 가치와 경제적 가치 창출

• 질 좋은 옷의 공급뿐만 아니라 건강과 관련된 문제 개선

ex) 의료 인프라 취약 지역의 많은 여성들이 제대로 된 여성용품의 부재로 인해 질병에 노출되어 있었으나 그라민 유니클로가 다회용 생리대와 여성용 속옷을 생산하고 공급함으로써 개선

출처: 유니클로 블로그(http://blog.naver.com/uniqlog/144560062); 박성규, 2015

가치사슬 혁신은 지역사회의 근본적인 유통구조와 환경에도 영향을 미치기 때문에 기업들은 자신들의 가치사슬과 사업구조를 고려할 때 사회기반을 건강하게 구축할 새로운 방법들을 함께 고민하며 새로운 사업 기회를 창출해야 할 것이다. 세계 1위의 커피 회사인 네슬레(Nestle) 역시 커피 원두 공급업체에 대한 가치사슬을 재인식하고 가치사슬 내 이해관계자의 사회적 요구에 대한 CSV 사업을 전개함으로써 기업의 이익을 증진시켰다.

Good Food, Good Life, 네슬레의 네스프레소 에코레보레이션

- 네슬레는 앙리 네슬레가 1867년 설립한 스위스 기업으로 세계적인 식품업체임. 적극적인 인수합병과 철저한 현지화 전략, 적극적인 R&D 투자활동을 통해 식료품 분야에서 확장해나간 네슬레 그룹은 현재 14개 산업분야에서 1만여 개의 제품을 출시하고 있으며 전 세계 식품 기업 중 1위를 차지하고 있음. 영양, 수자원, 책임 있는 원자재 조달, 농촌지역개발 분야에서 CSV 활동을 활발하게 전개하고 있음.
  (네슬레 공식 홈페이지 http://www.nestle.co.kr/csv/what-is-csv)

- 네슬레는 1980년대에 사업을 확장하는 과정에서 개발도상국의 소비자와 다수의 이해관계자들을 착취한다는 비판을 많이 받고 있었는데 이러한 경영 양태에 변화가 필요하다고 판단하여 CSV를 통한 경영 패러다임의 변화를 모색하게 됨(김제림, 2014).

- 네슬레 CSV 전개과정

  - 2009년 "Nestle Society Pyramid"(네슬레의 전사적 CSV 경영체계) 구축 자신들의 핵심사업분야와 핵심역량분야에서 CSV 전개
  - 2011년부터 CSV 활동보고서를 발간해 글로벌 선도 이미지 구축
  - 2013년 포춘 선정의 세계에서 존경받는 50대 기업에 식품 분야 1위

- Nespresso Ecolaboration: 네스프레소의 원료생산부터 소싱, 캡슐 재활용, 탄소배출절감 등의 활동을 종합한 네슬레의 대표적 CSV 모델.
  책임 있는 원자재 조달활동인 "Farmer Connect"와 농촌지역개발을 위한 "네스카페 플랜" 진행.

- 고품질의 커피 원두를 안정적으로 공급받게 되면서 생산량 증가.
  기존에 1340억 원 규모였던 네스프레소 사업매출이 2010년 약 3.5조 원으로 증가.

네슬레의 CSV

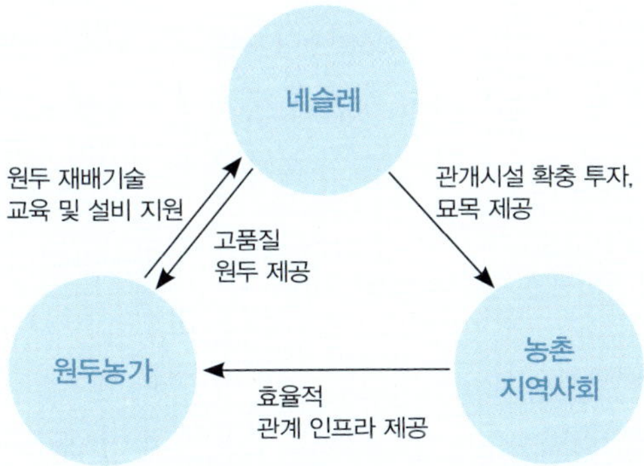

출처: 롤랜드버거(Roland Berger)

- Nespresso Ecolaboration 추진결과
  - 커피 원두 133,000톤 구매
  - 원두 농가 48,000호 교육
  - 커피 묘목 1,200만 그루 보급
  - 2010년 8월 출범 이후 5년 동안 2억 스위스 프랑(2천3백억 원)을 투자하여 매년 전 세계 17만 원두 농가로부터 약 18만 톤의 커피 원두 구매

출처: 네슬레 공식 홈페이지(http://www.nestle.co.kr/csv/what-is-csv); 박진수 외, 2015; 김제림, 2014

이외에도 포장과 운송경로를 재설정하여 폐기물 배출 감축 CSV 활동을 펼쳐서 온실가스 배출을 줄이는 동시에 매장효율성 증가, 물류비용 감소 등으로 약 2천만 달러의 비용을 절감한 Walmart(윤각 외, 2014)의 사례와 직원의 복리후생을 비용이 아닌 투자로 인식하고 CSV 프로그램

으로 직원 건강 증진 정책을 지원한 존슨앤존슨(Johnson & Johnson)의 경우, 신규고용 등에 필요한 2천5백만 달러의 비용을 절감한 것으로 나타났다. 이와 같이 기업의 가치사슬마다 관련된 이해관계자들의 사회적 문제해결과 기업의 경제적 가치 창출을 동시에 추구함으로써 기업은 더 높은 생산성과 더 나은 가치사슬을 보유하게 된다(박성규, 2015).

(3) 지역 산업 클러스터 형성의 개념 및 사례

클러스터(cluster)란 산업집적지를 말하는 것으로 유사업종에서 다른 기능을 수행하는 기업·기관·조직들이 한곳에 모여 있는 것을 말한다. 지역 클러스터 구축은 기업뿐만 아니라 대학·연구소 등의 지역 인프라와 해당 산업과 관련된 다양한 주체들의 직·간접적인 협업을 통해 기업의 생산성과 경쟁력 향상을 목표로 한다(유승규, 2015). 미국의 실리콘밸리가 대표적인 지역 산업 클러스터인데 여기에는 많은 IT기업과 R&D센터의 협력체계가 잘 형성되어 있다. 이러한 지역 클러스터 구축의 특징은 형성에 참여한 기업, 정부, 민간, 지역주민 등 지역사회 구성원 모두가 이를 통해 창출되는 가치를 공유할 수 있게 되는 것이다.

이러한 지역 산업 클러스터의 형성 방법은 지역사회에 존재하는 보다 거시적이고 구조적인 사회적 문제에 대응할 수 있는 방안이다. 앞서 제시한 CISCO의 네트워킹 아카데미 역시 IT 격차라는 사회구조적 문제를 다루면서 기업에 신규고객과 인적자원의 원천이 된 사례이다. 이와 유사하게 세계적 제약회사인 노바티스(Novartis)는 인도의 취약한 의료인프라라는 사회적 문제를 다루면서 CSV 활동을 전개하고 있다.

의료 인프라를 혁신하라, 노바티스의 인도 의료 인프라 개선사업

- 노바티스(Novartis)는 스위스에 본사를 둔 글로벌 제약회사이자 세계 최대의 제약회사로 손꼽히는 굴지의 기업이다. 노바티스는 "책임 있는 기업시민(Responsible Corporate Citizen)"이라는 기업 경영철학을 중심으로 자국에서뿐만 아니라 해외 시장에 있어서도 기업시민 정신을 기치로 기업활동을 전개하고 있다.

- 노바티스는 2007년에 인도 시장에 진출하였는데 이때 가장 먼저 실시한 것이 바로 농촌 지역 주민들을 위한 의료봉사였다. 인도의 농촌 지역 주민들은 의료기관을 찾지도 않을뿐더러 건강에 대한 교육을 받은 경험조차 없는 사람들이 많았다. 노바티스는 농촌 지역 주민들의 건강에 대한 무관심을 심각한 사회문제이자 기업의 매출 장애요소로 인식하고 이를 개선하기 위한 노력에 착수하였다(박진수 외, 2015).

- 건강한 가족(Arogya Parivar) 프로그램
  - 현지인들을 '보건교육자'로 훈련시켜 이들이 주민들의 건강 카운슬러가 되도록 지원하여 의료사각지대에 놓인 주민들에게 보건교육을 제공하며 의학 상식을 교육.
  - 노바티스는 수백 명의 '지역보건교육자'를 교육하고 고용하는 것을 통해서 인도 내 11개 주 3만 3000개 마을에서 4200만 명에게 보건 및 질병 예방에 대해 교육하는 효과를 거둠.
  - 또한 교육에만 그치지 않고 이러한 교육 프로그램에 참여하는 지역주민들에게 결핵약, 설사치료제, 영양제, 칼슘보충제 등의 일반의약품을 원가로 제공(윤석만 외, 2015)

- 또한 노바티스는 실제로 의료기관의 부족 문제와 의료기관에 대한 안정적인 공급망 부족의 문제를 해결하기 위해 노력하였다. 이를 위해 노

바티스는 수백 명의 '지역보건교육자'를 고용했을 뿐만 아니라 약 50,000여 개의 의료기관을 설립하였다. 또한 이들과의 연계를 통해 지역 의료망을 안정적으로 구축하였을 뿐만 아니라 고용문제 해결, 주민의 생활 안정 등 지역사회에 존재했던 사회적 문제 해결에 나서고 있다(박진수 외, 2015).

출처: 박진수 외, 2015; 윤석만 외, 2015

참고문헌

곽숙철(2014),「미국에서 가장 일하기 좋은 기업: CISCO」, 네이버 블로그, 2014. 1. 24.
http://ksc12545.blog.me/150183734289

김시월·이동일·이지현·천혜정(2014),「공유가치창출과 컨슈머리즘」, 한국소비자학회 2014년 춘계학술대회, pp. 196~201.

김제림(2014),「국내 CSV와 해외기업 CSV 사례」, 매일경제, 2014. 3. 7.
http://news.mk.co.kr/newsRead.php?year=2014&no=361311

김종대·조문기(2006),「기업의 환경경영활동에 대한 주식시장의 평가」, 대한경영학회지, 19(6), pp. 2485~2512.

김진우·변선영(2009),「CSR의 동향과 전략적 CSR」, 한국국제경영관리학회 2009년도 추계학술대회, pp. 285~316.

박성규(2015),「국내외 CSV 추진 현황과 발전과제: 해외성공사례 및 국내 50대 기업 현황 분석」, 경희대학교 경영대학원 석사학위논문.

박진수·박광태(2015),「대기업과 중소기업의 협력방안-공유가치창출(CSV) 관점을 중심으로」, 생산성논집(구 생산성연구), 29(2), pp. 253~275.

박흥수·이장우·오명열·유창조·전병준(2014),『경영학회가 제안하는 공유가치창출 전략: CSR에서 CSV로』, 박영사.

송기혁(2012),「CSV, 경제번영과 사회정의로 가는 길」, Donga Business Review, 96, pp. 36~39.

유승규(2015),「공유가치창출 경영이 고객충성도에 미치는 영향에 관한 연구」, 숭실대학교 대학원 박사학위논문.

윤각·류지영(2014),「CSR 신뢰가 고객충성도에 미치는 영향에 관한 이중매개효과모형: CSV 인식과 기업태도, 소비자-기업 동일시의 역할」, 광고학연구, 25(6), pp. 7~26.

윤각·이은주(2014),「기업의 사회적 책임(CSR)과 공유가치창출(CSV)의 효과에 관한 연구: 자기효능감과 관여도를 중심으로」, 광고학연구, 25(2), pp. 53~72.

윤석만·유성운·정종훈·임지수·백민경(2015), 「노바티스, 인도 진출 때 농촌 4,200만 명에 보건교육」, 중앙일보, 2015. 5. 26.
http://news.joins.com/article/17879209

이두희·고동수·김동수(2013), 「공유가치창출(CSV)을 통한 지역산업의 지속가능한 경쟁력 강화방안」, 산업연구원 연구보고서 2013—677.

전승훈(2015), 「기업의 사회공헌활동 유형과 지속성이 기업태도와 구매의도에 미치는 영향」, 고려대학교 언론대학원 석사학위논문.

정관용(2006), 「우리기업의 사회책임경영 현황 및 향후과제」, 지속가능경영원 보고서.

정선영(2008), 「아프리카에선 휴대폰 대리점이 은행」, 아시아경제, 2008. 3. 2.
http://www.asiae.co.kr/news/view.htm?idxno=2008030209233226276

조동성(2007), 『지속가능경영』, 서울경제경영출판사.

______(2012), 「자본주의 5.0 시대의 경제민주화」, 전문경영인연구, 15(3), pp. 23~47.

조선일보(2015), 「GE 에코매지네이션, 친환경 전략 통했다」, 2015. 11. 18.
http://news.chosun.com/site/data/html_dir/2015/11/13/2015111301976.html

Bowen, H. R. and F. E. Johnson(1953), *Social Responsibility of The Businessman*, Harper and Brothers.

Carroll, A. B.(1979), "A Three-Dimensional Conceptual Model of Corporate Performance", *Academy of Management Review*, 4(4), pp. 497~505.

Elkington, J.(1997), "Cannibals with Forks", *The Triple Bottom Line of 21st Century*, Capstone Publishing.

Forbes(2015), "The World's Most Valuable Brands", Forbes.com, 2015. 9. 30.
http://www.forbes.com/powerful-brands/list/#tab:rank

McGuire, J. W.(1963), *Business and Society*, McGraw-Hill.

Porter, M. E.(1996), "What is Strategy?", *Harvard Business Review*, November-December, pp. 61~80.

Porter, M. E. and M. R. Kramer(2006), "The Link between Competitive Advantage and Corporate Social Responsibility", *Harvard Business Review*, 84(12), pp. 78~92.

______________________________(2011), "Creating Shared Value", *Harvard*

Business Review, 89(1/2), pp. 62~77.

Prahalad, C. K.(2012), "Bottom of the Pyramid as a Source of Breakthrough Innovations", *Journal of Product Innovation Management*, 29(1), pp. 6~12.

Visser, W.(2010), *The Age of Responsibility: CSR 2.0 and the New DNA of Business, Hoboken*, John Wiley and Sons.

찾아보기

ㄱ

ㄴ

ㄷ

ㄹ

ㅁ

ㅂ

ㅅ

ㅇ

ㅈ

ㅊ

ㅋ

ㅌ

ㅍ

ㅎ

기타

저자 약력(가나다 순)

김연성 교수는 서울대학교에서 경영학 학사, 석사 그리고 박사학위를 취득하였고, 인하대학교 대학원에서 융합고고학전공으로 문학 석사학위를 받았다. 미국 University of Southern California 경영대학원 초빙교수와 국민은행경제연구소 중소기업연구실장, 인천테크노파크 자문교수를 역임하였고, 현재 인하대학교 경영대학 경영학과 교수로 재직 중이며, 한국연구재단 사회과학단 생산관리/경영과학 전문위원(RB)이다. 한국품질경영학회 차기회장, 한국생산관리학회 수석부회장, 한국서비스경영학회 서비스디자인연구회 회장, 한국상품학회 부회장 등의 학회 활동을 하고 있다. 삼성물산 사원과 벤처기업 CEO를 경험하였고, OBS 경인TV 등에서 MC로도 활동하였다. 주요 연구분야는 서비스 경영, 서비스 품질, 서비스 디자인, 고객만족, 경영품질, 오퍼레이션스(operations)를 통한 가치창출 전략 등이다.

유한주 교수는 서강대학교에서 경영학사, 고려대학교에서 경영학 박사학위를 취득한 후 일본 동경의 히토츠바시(一橋)대학 산업경영연구소와 미국 실리콘밸리에 소재한 산호세주립대학에서 품질경영과 미국 혁신기업에 관한 연구를 한 바 있다. 현재 숭실대학교 경영학부 교수로 재직 중이며 품질경영론, 서비스운영관리론 등을 강의하고 있다. 숭실대 경영대학장과 한국품질경영학회 회장, 한국인정원 국제표준 인정심의위원회 위원을 역임하였으며 현재 동반성장위원회 공익위원, 국토교통부 산하기관 경영평가단장, 산업자원통상부 산하기관 경영평가위원, 방위사업청 정책자문위원, 국가품질상 심사위원 등으로 활동하고 있다. 주요 저서로는 TQM에 의한 경영혁신(한국생산성본부, 1994), 경영품질의 세계기준(한언, 1999), 글로벌 품질경영론(박영사, 2009), 혁신과 리더십(기한재, 2006) 등이 있다.

장정빈 원장은 연세대학교 대학원에서 산업교육을 전공하였다. 6년간의 교사생활을 거쳐 22년간 국민은행 연수원 교수, CS추진팀장, 마케팅 팀장, 지점장, 콜센터장을 역임하였고 HSBC은행 상무로 고객경험(CE, Customer Experience)업무를 총괄하였다. 현재 (재) 한국경영정책연구원 원장과 스마트 경영연구소 소장, 숭실대학교 경영대학원 겸임교수로 재직 중이다. 주요 저서로는 타잔 마케팅(물푸레, 2002), 리마커블 서비스(올림, 2009), 고객의 마음을 훔쳐라(올림, 2013), 공감이 먼저다(올림, 2015), 히든서비스(올림, 2016) 등이 있다.

최정일 교수는 미국 University of Nebraska-Lincoln에서 경영학 박사학위를 취득하였으며, 정보통신정책연구원(KISDI) 연구원, 프랑스 INSEAD Euro-Asia Centre에서 초빙연구원과 미국 보스턴 소재 Merrimack 대학에서 경영학부 교수를 역임한 후 현재 숭실대학교 경영학부 교수로 재직 중이다. International Journal of Quality Innovation(Springer 발간) Associate Editor, Korea Business Review와 한국IT서비스학회지 편집위원을 맡고 있으며, 한국경영학회 상임이사, 한국품질경영학회 포상위원장, 한국서비스경영학회 정보위원장 등의 학회 활동과 국가품질상, 서비스 대상, 국가생산성 대상, 한국의경영대상 등의 심사에 참여하고 있다. 주요 연구 분야는 IT기반의 서비스 수용 및 혁신 전략, 서비스 디자인, 서비스 품질평가, 공유가치창출(CSV)과 지속가능경영 등이다.

황조혜 교수는 서울대학교 식품영양학과를 졸업하고 동 대학 석사학위를 취득한 후, 미국 The Pennsylvania State University에서 호텔레스토랑경영학 박사학위를 취득하였다. 이후 University of Southern Mississippi의 관광경영학과에서 1년간 조교수를 역임하였고, 미국 University of Missouri의 호텔레스토랑경영학과에서 3년간 조교수를 역임하였다. 현재 경희대학교 호텔관광대학의 부교수로 재직 중이며, International Journal of Contemporary Hospitality Management의 Editorial Advisory Board 멤버이다. 이외 한국서비스경영학회 편집위원, 한국관광학회의 호텔외식분과학회 이사, 컨벤션학회 이사, 지식경영학회 이사, 한국국제소믈리에협회 부회장을 맡고 있다. 연구 관심 분야는 서비스경험관리, 수익경영, 푸드마케팅 등이다.

서비스 경영 4.0

2016년 8월 22일 제1판 1쇄 발행
2020년 3월 20일 제1판 5쇄 발행

저 자 최정일 · 김연성 · 유한주 · 장정빈 · 황조혜
발행인 김영훈
기획 영업 전영완
편 집 김병성
발행처 도서출판 문우사 MoonWoo
주 소 경기도 고양시 일산동구 정발산로 24
(장항동, 웨스턴돔타워) 2동 814호
전 화 031) 901-6542
070) 4200-6542
팩 스 031) 906-6542
이 메 일 moonwoosa@hanmail.net
홈페이지 www.munu.co.kr
출판신고번호 제396-2013-000113호

값 20,000원 ISBN 979-11-85994-27-7